DStR-Schriftenreihe

Dirk Meyer-Scharenberg

Finanzierung mit Lebensversicherungen

Finanzierung mit Lebensversicherungen

Strategien zur steueroptimalen Gestaltung

Von

Prof. Dr. Dirk Meyer-Scharenberg

Steuerberater

ord. Professor für Betriebswirtschaftslehre
an der Universität Regensburg

Zweite, völlig überarbeitete Auflage

C.H. BECK'SCHE VERLAGSBUCHHANDLUNG
MÜNCHEN 1996

Die Deutsche Bibliothek – CIP-Einheitsaufnahme

Meyer-Scharenberg, Dirk E.:
Finanzierung mit Lebensversicherungen : Strategien zur steueroptimalen Gestaltung / von Dirk Meyer-Scharenberg. – 2., völlig überarb. Aufl. – München : Beck, 1996
(DStR-Schriftenreihe)
ISBN 3 406 38443 9

ISBN 3 406 38443 9

C. H. Beck'sche Verlagsbuchhandlung (Oscar Beck), München
Satz und Druck der C. H. Beck'schen Buchdruckerei, Nördlingen
Gedruckt auf säurefreiem, alterungsbeständigem Papier
(hergestellt aus chlorfrei gebleichtem Zellstoff)

Vorwort zur zweiten Auflage

Zinsen aus Kapitallebensversicherungen sind steuerfrei, wenn die Laufzeit der Versicherung mindestens zwölf und die Beitragszahlungsdauer mindestens fünf Jahre beträgt. Lebensversicherungen sind daher besonders geeignet, um auf völlig legale Weise Kapital verzinslich anzusparen, ohne daß die Zinserträge versteuert werden müssen. Daneben können die Versicherungsprämien als Vorsorgeaufwendungen im Rahmen der Sonderausgaben abgezogen werden, wobei diese Vergünstigung geringere Bedeutung hat, weil die Höchstbeiträge für Vorsorgeaufwendungen meistens schon durch Kranken- und Rentenversicherungsbeiträge ausgeschöpft sind. Seit 1992 besteht die Gefahr, daß beide Vergünstigungen verloren gehen, wenn eine Kapitallebensversicherung – was häufig vorkommt – zur Sicherung oder zur Tilgung eines Darlehens eingesetzt wird. Nur wenn die drei im Gesetz genannten Ausnahmetatbestände erfüllt sind, bleiben die Steuerprivilegien (weitgehend) erhalten. Werden die neuen Spielregeln verletzt, müssen die in der Versicherungsleistung enthaltenen Zinserträge im Zeitpunkt ihres Zuflusses rückwirkend und vollständig versteuert werden. Angesichts des geballten Zuflusses der über viele Jahre angesammelten Zinsen, erreicht die Steuerbelastung auch bei Normalverdienern sehr schnell den Spitzensteuersatz.

Trotz des jetzt erforderlichen, erhöhten Beratungsaufwandes hat sich an der Vorteilhaftigkeit des Einsatzes von Lebensversicherungen bei Finanzierungen nichts geändert. Die Rückzahlung von Krediten, die beispielsweise beim Erwerb einer Einkunftsquelle aufgenommen wurden, kann durch eine Tilgung über steuerbegünstigte Lebensversicherungen nach wie vor ganz wesentlich erleichtert werden. Wird die Lebensversicherung jedoch steuerschädlich, tritt das Gegenteil ein. Eine im Interesse der privaten Altersvorsorge wünschenswerte schnelle Entschuldung wird erheblich erschwert. Die Sicherstellung der Steuerfreiheit der Lebensversicherungszinsen hat daher einen hohen Stellenwert in der Beratung. Für den Steuerberater ergibt sich allerdings aus der Kompliziertheit der Regelungen nicht nur ein neues Beratungsfeld, sondern auch ein zusätzliches Haftungsrisiko.

Die zweite Auflage mußte aufgrund der gesetzlichen Änderungen sowie einer Fülle neuer Verwaltungsanweisungen vollkommen überarbeitet werden. So wurde die gesetzliche Regelung zwischenzeitlich dahin ergänzt, daß Bagatellfehler bis zu 5000 DM nicht mehr zur Steuerschädlichkeit führen können. Diese Regelung war dringend erforderlich, weil selbst kleinste Nachlässigkeiten zu horrenden Steuerforderungen führen konnten. Außerdem soll die Einhaltung der neuen Spielregeln jetzt in einem gesonderten Feststellungsverfahren geprüft werden. Es ist also nicht mehr so, daß erst nach Ablauf der Versicherungsdauer – also erst nach zwölf oder mehr Jahren – Klarheit über die

Steuerpflicht der Zinserträge gewonnen wird. Vielmehr erfährt der Steuerpflichtige relativ zeitnah, ob er alle Spielregeln beachtet hat oder nicht. Wird ein Gestaltungsfehler frühzeitig erkannt, so hat das den Vorteil, daß sich der Schaden wenigstens noch begrenzen läßt.

Diese Verbesserungen ändern jedoch nichts daran, daß die Bedingungen, die einzuhalten sind, damit eine Lebensversicherung als Sicherheit oder zur Tilgung ohne Verlust der Steuerprivilegien eingesetzt werden kann, in vielen Fällen immer noch sehr kompliziert sind. Durch Checklisten im Anhang habe ich versucht, die Komplexität etwas zu reduzieren. Auf viele Problemfälle wurde ich erst durch zahlreiche Zuschriften aufmerksam gemacht. Hierfür möchte ich Dank sagen und die Bitte aussprechen, mich auch weiterhin mit Problemfällen und Anregungen zu versorgen. Für die Unterstützung bei der Überarbeitung des Manuskripts danke ich Herrn Dipl. Kfm. Andreas Wegner.

Regensburg, im Dezember 1995 *Dirk Meyer-Scharenberg*

Inhaltsübersicht

Inhaltsverzeichnis IX

Abkürzungsverzeichnis XV

Literaturverzeichnis XIX

A. Einführung 1
I. Änderungen der Besteuerung von Lebensversicherungen im Zeitablauf 1
II. Zweck der Gesetzesänderung 2
III. Rechtsgrundlagen im Überblick 4
IV. Betroffene Steuerpflichtige 5

B. Betroffene und nicht betroffene Finanzierungen 7
I. Überblick 7
II. Betroffene Versicherungen 8
III. Einsatz zur Sicherung 12
IV. Einsatz zur Tilgung 19
V. Begriff des Darlehens 22
VI. Ansprüche aus Versicherungsverträgen 25
VII. Einsatz im Erlebensfall 26
VIII. Einsatz während der Versicherungsdauer 29
IX. Einsatz im Rahmen der Einkunftserzielung 29
X. Abgrenzung zwischen Alt- und Neufall 36

C. Steuerliche Folgen schädlicher Finanzierungen 45
I. Umfang der Steuerschädlichkeit 45
II. Besteuerung der vor 1992 erwirtschafteten Zinserträge 49
III. Meldepflicht 51
IV. Gesonderte Feststellung der Steuerpflicht von Zinsen aus einer Lebensversicherung 56

D. Vermeidung steuerschädlicher Finanzierungen 59
I. Vermeidung der Steuerschädlichkeit bei Erstfinanzierungen . . . 59
II. Vermeidung der Steuerschädlichkeit bei Umschuldungen 103
III. Umwidmung des unter Lebensversicherungseinsatz finanzierten Wirtschaftsgutes 111
IV. Möglichkeit des nachträglichen Einsatzes von Lebensversicherungsansprüchen 115

E. Heilung steuerschädlicher Finanzierungen 121
I. Heilungsfähige Finanzierungen 121
II. Heilungsfrist 122

III. Durchführung der Heilung in Altfällen 123
IV. Durchführung der Heilung in Neufällen 128

F. Zusammenfassung der wichtigsten Regeln 135

Anhang 137
I. Rechtsgrundlagen 137
II. Verwaltungsverlautbarungen 140
III. Musterformulare 171
IV. Vorteilhaftigkeit von Zinsaufblähungsmodellen im Vergleich mit normaler Annuitätenfinanzierung und Tilgungsaussetzung 181
V. Rechtsprechung 185
VI. Checklisten für den Einsatz von Lebensversicherungen zur Finanzierung 187

Stichwortverzeichnis 195

Inhaltsverzeichnis

A. Einführung

I. Änderungen der Besteuerung von Lebensversicherungen im Zeitablauf . . . 1
II. Zweck der Gesetzesänderung . . . 2
III. Rechtsgrundlagen im Überblick . . . 4
IV. Betroffene Steuerpflichtige . . . 5

B. Betroffene und nicht betroffene Finanzierungen

I. Überblick . . . 7
II. Betroffene Versicherungen . . . 8
1. Kapitallebensversicherungen . . . 8
2. Direktversicherungen . . . 8
3. Rentenversicherungen . . . 9
a) Rentenversicherung ohne Kapitalwahlrecht . . . 9
b) Rentenversicherung mit Kapitalwahlrecht . . . 10
4. Risikolebensversicherungen . . . 11
5. Fondsgebundene Lebensversicherungen . . . 11
6. Ausländische Lebensversicherungen . . . 11
III. Einsatz zur Sicherung . . . 12
1. Der Begriff „dienen“ . . . 12
2. Pfändung . . . 13
3. AGB-Pfandrecht . . . 13
4. (Un)widerrufliches Bezugsrecht . . . 14
5. Negativklausel . . . 17
6. Policendarlehen . . . 17
7. Weite Sicherungszweckerklärungen . . . 17
8. Zweifelsfragen . . . 18
IV. Einsatz zur Tilgung . . . 19
1. Ausdrückliche Tilgungsvereinbarung . . . 19
2. Konkludente Tilgungsvereinbarung . . . 20
3. Vorausverfügungen . . . 21
V. Begriff des Darlehens . . . 22
VI. Ansprüche aus Versicherungsverträgen . . . 25
VII. Einsatz im Erlebensfall . . . 26
1. Sicherungs-/Tilgungsabrede für den Erlebensfall . . . 26
2. Abtretung nur der Todesfalleistung steuerunschädlich . . . 26

3. Steuerfreiheit der Todesfalleistung auch bei schädlicher Verwendung? . . . 28
VIII. Einsatz während der Versicherungsdauer . . . 29
IX. Einsatz im Rahmen der Einkunftserzielung . . . 29
1. Betriebsausgaben/Werbungskosten . . . 29
2. Steuermindernde Auswirkung irrelevant . . . 30
3. Problemfälle . . . 31
a) Geringfügige Mitbenutzung zur Einkunftserzielung . . . 31
aa) Selbstgenutzte Grundstücke . . . 31
bb) Dispositions- und andere reine Privatkredite . . . 33
b) Gefahr durch Nutzungsänderungen . . . 33
c) Gefahr durch Rechtsprechungsänderungen . . . 34
d) Gefahr durch Änderung der Verwaltungsmeinung . . . 34
X. Abgrenzung zwischen Alt- und Neufall . . . 36
1. Bedeutung der Abgrenzung . . . 36
2. Merkmale des Altfalles . . . 37
a) Entstehung der Darlehensschuld . . . 37
b) Verpflichtung zum Einsatz . . . 38
c) Existenz der Lebensversicherung . . . 40
3. Zinsen aus Altfallschulden . . . 41
4. Problematik von Zwischenanlagen in Altfällen . . . 42
5. Verfassungsmäßigkeit der Altfall-Definition . . . 42

C. Steuerliche Folgen schädlicher Finanzierungen

I. Umfang der Steuerschädlichkeit . . . 45
1. Totalverlust der Steuerprivilegien im Privatvermögen . . . 45
2. Partieller Verlust der Steuerprivilegien im Betriebsvermögen . . . 47
3. Kritik der Ungleichbehandlung . . . 48
II. Besteuerung der vor 1992 erwirtschafteten Zinserträge . . . 49
III. Meldepflicht . . . 51
1. Zweck der Meldung . . . 51
2. Form der Anzeige . . . 51
3. Meldepflichtige Vorgänge . . . 51
4. Meldepflichtige Personen . . . 53
5. Ablauf des Kontrollverfahrens . . . 55
IV. Gesonderte Feststellung der Steuerpflicht von Zinsen aus einer Lebensversicherung . . . 56
1. Steuerschädlichkeitsbescheid . . . 56
2. Steuerunschädlichkeitsbescheid . . . 58

D. Vermeidung steuerschädlicher Finanzierungen

I. Vermeidung der Steuerschädlichkeit bei Erstfinanzierungen 59
1. Überblick 59
2. Nur begünstigte Investitionsobjekte 60
a) Zur dauernden Erzielung von Einkünften bestimmt 60
b) Begünstigte Wirtschaftsgüter 61
aa) Materielle und immaterielle Wirtschaftsgüter 61
bb) Keine Forderungen 62
cc) Keine Verbindlichkeiten 64
3. Begrenzung des Darlehens 65
a) Obergrenze Anschaffungs-/Herstellungskosten 65
b) Ausnahme für Erstfinanzierungen: Anschaffungs- oder Herstellungskosten plus Disagio 66
c) Nachträgliche Verminderung der Anschaffungs- oder Herstellungskosten 67
aa) Anschaffungskostenminderung im engeren Sinne 67
bb) Übertragung stiller Reserven 71
cc) Nicht vollständige Inanspruchnahme des Darlehens 71
d) Kritik der Darlehensbegrenzung 71
4. Begrenzung der eingesetzten Versicherungsansprüche 72
a) Betragsmäßige Begrenzung 72
b) Form und Zeitpunkt der Abtretungsbegrenzung 75
c) Schädlichkeit von Globalabtretungen bzw. weiten Sicherungszweckerklärungen 76
5. Unmittelbare Darlehensverwendung 77
a) Zwischenanlage auf Giro- oder Festgeldkonten 77
b) Zwischenanlage auf Anderkonten 79
c) Problem der „Vermengung von Eigen- und Fremdkapital" ... 80
6. Vermeidung steuerschädlicher Mischfinanzierungen durch getrennte Darlehen 80
a) Zulässigkeit der Aufspaltung in zwei Darlehen 81
b) Kauf von Eigentumswohnungen 81
c) Kauf von Betrieben und Teilbetrieben 82
aa) Ohne Übernahme von Schulden 82
bb) Mit Übernahme von Schulden 84
cc) Stellungnahme 84
d) Kauf von Anteilen an Personengesellschaften 85
e) Einlagenfinanzierung bei Personengesellschaften 86
aa) Problem der unmittelbaren und ausschließlichen Verwendung 86
bb) Gestaltungsvorschläge (insbesondere für Immobilienfonds) 88

cc) Stellungnahme 91
f) Finanzierung von längeren Investitionsvorhaben 92
aa) Bauvorhaben 92
bb) Einrichtung einer Arztpraxis 97
cc) Bauen in mehreren Bauabschnitten 98
g) Schenkung und (vorweggenommene) Erbfolge 98
h) Umwandlungen 100
7. Bagatellgrenze 101
II. Vermeidung der Steuerschädlichkeit bei Umschuldungen 103
1. Überblick 103
2. Begriff der Umschuldung 103
3. Zulässigkeit von Umschuldungen 104
4. Voraussetzungen für die Steuerunschädlichkeit 105
a) Kein neues Disagio 105
b) Berücksichtigung von Tilgungen 106
c) Begrenzung der Abtretung 106
aa) Notwendigkeit der Begrenzung 106
bb) Form der Begrenzung 107
cc) Vereinfachungsregelung bei Disagio 108
dd) Abtretungsbegrenzung bei Policendarlehen 109
d) Mehrere Darlehen 110
e) Erstmaliger Einsatz einer Lebensversicherung 110
f) Zwischenanlage 110
g) Teilumschuldungen 111
III. Umwidmung des unter Lebensversicherungseinsatz finanzierten Wirtschaftsgutes 111
1. Verkauf des Wirtschaftsgutes 111
2. Nutzungsänderung 112
3. Vollabschreibung, Verschrottung 113
4. Umwidmung in Altfällen 113
5. Zwischenanlageproblematik 114
6. Einlagefinanzierung und Anteilskauf bei Personengesellschaften . . 114
IV. Möglichkeit des nachträglichen Einsatzes von Lebensversicherungsansprüchen 115
1. Bei schädlichen Mischfinanzierungen 115
a) Abspaltung eines begünstigten Darlehens 115
b) Berücksichtigung von Tilgungen 116
c) Berücksichtigung eines Disagios 117
d) Alle Umschuldungen begünstigt 118
2. Bei schädlicher Zwischenanlage 118
3. Bei unschädlichen Finanzierungen 118

E. Heilung steuerschädlicher Finanzierungen

I. Heilungsfähige Finanzierungen 121
II. Heilungsfrist 122
III. Durchführung der Heilung in Altfällen 123
1. Notwendigkeit der Heilung 123
2. Form der Heilung 125
3. Beseitigung weiter Sicherungszweckerklärungen nach Ablauf der Heilungsfrist 127
4. Fälligkeit der Lebensversicherung vor Ablauf der Bereinigungsfrist 128
IV. Durchführung der Heilung in Neufällen 128
1. Mitfinanzierung eines Disagios 128
2. Mischfinanzierung mit Gesamtdarlehen 129
3. Kontokorrentkredite 130
4. Weite Sicherungszweckerklärung 131
5. Baufinanzierungen 132
6. Umschuldungen 132
7. Zwischenanlagen 132
8. Immobilienfonds 133
9. Selbstgenutzte Wohnung 133

F. Zusammenfassung der wichtigsten Regeln 135

Anhang

I. Rechtsgrundlagen 137
II. Verwaltungsverlautbarungen 140
1. BMF-Schreiben v. 19. 5. 1993 (Zweiter LV-Erlaß) 140
2. BMF-Schreiben v. 14. 6. 1993 148
3. BMF-Schreiben v. 2. 11. 1993 (Dritter LV-Erlaß) 148
4. BMF-Schreiben v. 16. 11. 1993 154
5. BMF-Schreiben v. 18. 11. 1993 155
6. BMF-Schreiben v. 6. 5. 1994 156
7. BMF-Schreiben v. 22. 7. 1994 157
8. BMF-Schreiben v. 26. 9. 1994 157
9. BMF-Schreiben v. 27. 7. 1995 162
10. OFD Münster v. 8. 7. 1992 165
11. OFD Köln v. 11. 8. 1993 166
12. Fin.Min. Niedersachsen v. 17. 3. 1994 167
13. Amtlicher Vordruck für die Anzeige nach § 29 Abs. 1 EStDV . . . 168

III. Musterformulare 171
1. Formular zur Abtretung von Lebensversicherungsansprüchen mit weiter Sicherungszweckerklärung (steuerschädlich) 171
2. Formular zur Abtretung von Lebensversicherungsansprüchen mit enger Sicherungszweckerklärung (steuerunschädlich) 173
3. Rückzessionsformulare einer Bank 175
a) Änderungsvereinbarung 175
b) Uneingeschränkte Rückabtretung 176
c) Mitteilung an die Versicherungsgesellschaft 177
4. Formular zur Abtretung von Lebensversicherungsansprüchen für den Todesfall (steuerunschädlich) 178
5. Auszug aus den Allgemeinen Geschäftsbedingungen der Banken (Pfandrecht) 179
IV. Vorteilhaftigkeit von Zinsaufblähungsmodellen im Vergleich mit normaler Annuitätenfinanzierung und Tilgungsaussetzung 181
1. Annuitätenfinanzierung 181
2. Tilgungsaussetzungsmodell 182
3. Tilgungsaussetzungs- und Zinsrefinanzierungsmodell 183
4. Vergleich von Annuitätenmodell, Tilgungsaussetzungsmodell und Zinsaufblähungsmodell 184
V. Rechtsprechung 185
FG Nürnberg v. 14. 4. 1983, EFG 1983 S. 601 185
VI. Checklisten für den Einsatz von Lebensversicherungen zur Finanzierung 187
1. Liegt ein potentiell steuerschädlicher Einsatz zur Sicherung oder Tilgung vor? 187
2. Erstfinanzierungen 188
3. Umschuldung/Prolongation 191
4. Umwidmung 192
5. Nachträglicher Einsatz von Versicherungsansprüchen 193
6. Policendarlehen 194
Stichwortverzeichnis 195

Abkürzungsverzeichnis

a. A.	anderer Ansicht
Abs.	Absatz
Abschn.	Abschnitt
AGB	Allgemeine Geschäftsbedingungen
AHK	Anschaffungs- oder Herstellungskosten
Anm.	Anmerkung
AO	Abgabenordnung
Aufl.	Auflage
AVB	Allgemeine Versicherungsbedingungen
Az.	Aktenzeichen
BB	Betriebs-Berater (Zeitschrift)
Beih.	Beiheft
BFH	Bundesfinanzhof
BFH/NV	Sammlung amtlich nicht veröffentlichter Entscheidungen des Bundesfinanzhofs (Zeitschrift)
BGB	Bürgerliches Gesetzbuch
BGHZ	Entscheidungen des Bundesgerichtshofs in Zivilsachen
BMF	Bundesministerium der Finanzen
BStBl.	Bundessteuerblatt
BT-Drucks.	Bundestags-Drucksache
BVerfG	Bundesverfassungsgericht
bzw.	beziehungsweise
d. h.	das heißt
DB	Der Betrieb (Zeitschrift)
ders.	derselbe
DM	Deutsche Mark
DStR	Deutsches Steuerrecht (Zeitschrift)
DStZ	Deutsche Steuer-Zeitung
EDV	Elektronische Datenverarbeitung
EFG	Entscheidungen der Finanzgerichte (Zeitschrift)
ESt	Einkommensteuer
EStDV	Einkommensteuer-Durchführungsverordnung
EStG	Einkommensteuergesetz
EStR	Einkommensteuer-Richtlinien
F.	Fach
f.	folgende
ff.	fortfolgende
FG	Finanzgericht
Fin.Min.	Finanzministerium

FKP . . . . Föderales Konsolidierungs-Programm
FN . . . . Fußnote
FR . . . . Finanz-Rundschau (Zeitschrift)
ggf. . . . . gegebenenfalls
Gl. A. . . . . Gleicher Ansicht
GmbH . . . . . . Gesellschaft mit beschränkter Haftung
h. M. . . . . herrschende Meinung
i. d. R. . . . . in der Regel
i. H. . . . . in Höhe
i. S. d. . . . . im Sinne des
i. V. m. . . . . . . in Verbindung mit
incl. . . . . inclusive
Inf. . . . . Die Information über Steuer und Wirtschaft (Zeitschrift)
KAGG . . . . . . Gesetz über Kapitalanlagegesellschaften
KG . . . . Kapitalgesellschaft
km . . . . Kilometer
KStG . . . . Körperschaftsteuergesetz
LSW . . . . Lexikon des Wirtschaftsrechts (Loseblatt)
LV . . . . Lebensversicherung
m. E. . . . . meines Erachtens
MaBV . . . . Makler und Bauträgerverordnung
Mio. . . . . Million
m. w. N. . . . . . mit weiteren Nachweisen
MwSt . . . . Mehrwertsteuer
Nr. . . . . Nummer
NWB . . . . Neue Wirtschafts-Briefe (Loseblatt)
OFD . . . . Oberfinanzdirektion
OLG . . . . Oberlandesgericht
Pkw . . . . Personenkraftwagen
R . . . . Richtlinie
RdNr. . . . . Randnummer
rkr. . . . . rechtskräftig
Rz. . . . . Randziffer
S. . . . . Seite
sog. . . . . sogenannt(e)
StÄndG . . . . . . Steueränderungsgesetz
StB . . . . Der Steuerberater (Zeitschrift)
str. . . . . strittig
Tz. . . . . Textziffer (von BMF-Schreiben)
u. a. . . . . unter anderem, und andere
usw. . . . . und so weiter
u. U. . . . . unter Umständen
v. . . . . vom
VersR . . . . Versicherungs-Recht

vgl. . . . . vergleiche
VVG . . . . Versicherungsvertragsgesetz
VZ . . . . Veranlagungszeitraum
WEG . . . . Gesetz über das Wohnungseigentum und Dauerwohnrecht (Wohnungseigentumsgesetz)
WM . . . . Wertpapiermitteilungen (Zeitschrift)
WPg . . . . Die Wirtschaftsprüfung (Zeitschrift)
z. B. . . . . zum Beispiel
ZIP . . . . Zeitschrift für Wirtschaftsrecht

Literaturverzeichnis

Baum, Gesonderte Feststellung bei sog. Policendarlehen, NWB 1995 F. 2, S. 6425 ff.
– Gesonderte Feststellung bei Policendarlehen, Änderung der Verordnung zu § 180 Abs. 2 AO, DB 1995, S. 401 f.
Blümich, Einkommensteuergesetz, Kommentar (Loseblatt), Stand Juni 1995
Brandenberg, Steueränderungsgesetz 1992, Die wichtigsten Änderungen bei der Unternehmensbesteuerung, WPg 1992, S. 280 ff.
Broudré, Die Sicherung von Steuervergünstigungen für Policendarlehen, Stuttgart 1994
Dahm, Änderung der Besteuerung von Lebensversicherungsverträgen durch das Steueränderungsgesetz 1992 – endlich Klarheit?, DStZ 1993, S. 385 ff.
Dankmeyer, Einkommensteuergesetz, Kommentar, 1986
Ehlers, Steuerverschärfung bei Finanzierungen über Lebensversicherungen nach dem Steueränderungsgesetz 1992 – unter besonderer Berücksichtigung des Erlasses des Bundesministers der Finanzen vom 21. 12. 1992, BB 1993, Beilage 4
Frotscher, Einkommensteuergesetz, Kommentar, 1995
Herrmann/Heuer/Raupach, Einkommensteuer- und Körperschaftsteuergesetz, Kommentar, (Loseblatt) 20. Aufl., (Stand 1995)
Horlemann, Nochmals: Schuldzinsen für kreditfinanzierten Rentenversicherungsbeitrag als Werbungskosten?, DB 1986, S. 17 f.
– Einschränkung von Finanzierungsmodellen unter Verwendung von Lebensversicherungen durch das Steueränderungsgesetz 1992, Inf. 1992, S. 269 ff. (Teil I), S. 294 ff. (Teil II)
– Die Kapitallebensversicherung und ihre Erträge im deutschen Einkommensteuersystem – Verwendung von Lebensversicherungen zur Darlehenssicherung nach dem Steueränderungsgesetz 1992, BB 1993, S. 2129 ff. (Teil I), S. 2201 ff. (Teil II), S. 2273 ff. (Teil III)
– Zweifelsfragen zur Einschränkung von Finanzierungsmodellen unter Verwendung von Lebensversicherungen – Erläuterungen zum BMF-Schreiben vom 21. 12. 1992 –, Inf. 1993, S. 49 ff.
– Finanzierung mit Lebensversicherung – steuerschädlich?, LSW 1993 Gruppe 5, „Policendarlehen", S. 1985 ff.
– Größere Rechtssicherheit durch überarbeiteten Erlaß des Bundesfinanzministeriums zum Einsatz von Lebensversicherungen bei der Finanzierung, DStR 1993, S. 1014 ff.
– Klärung weiterer Zweifelsfragen bei der Bereinigung steuerschädlicher Verwendungen von Lebensversicherungen zur Sicherung oder Tilgung von

Darlehen, Ergänzungen durch BMF-Schreiben vom 19. 5. 1993, Inf. 1993, S. 296ff.
– Nochmals: Änderung der Besteuerung von Lebensversicherungsverträgen durch das Steueränderungsgesetz 1992 – endlich Klarheit, DStZ 1993, S. 513ff.
– Klärung weiterer Zweifelsfragen zur Finanzierung mit Lebensversicherungen durch erneutes BMF-Schreiben, Inf. 1993, S. 558ff.
– Ertragsteuerliche Behandlung von Lebensversicherungsverträgen unter dem Eindruck des Europäischen Binnenmarktes, DStZ 1994, S. 481ff.
– Das unwiderrufliche Bezugsrecht für den Todesfall bei der Verwendung von Lebensversicherungsverträgen zur Darlehenssicherung oder Darlehenstilgung, Inf. 1994, S. 742ff.
– Verfahrensfragen im Zusammenhang mit der Anzeigepflicht des Darlehensgebers bei der Verwendung von Lebensversicherungsansprüchen zur Darlehensabsicherung, DStR 1994, S. 1793ff.
– Erneut: Klärung von Zweifelsfragen zur Verwendung von Lebensversicherungen, Inf. 1995, S. 166ff.

Jaeger, Die Finanzierung und Kreditsicherung mit Lebensversicherungen: Hinweise für die Praxis, Karlsruhe 1994

Keßler, Aktuelle Fragen zur Besteuerung der Einkünfte aus Kapitalvermögen, NWB F.3 S. 7363ff.

Krawitz, Die einkommensteuerliche Behandlung von beliehenen oder abgetretenen Kapitallebensversicherungen, FR 1991, S. 548ff.

Loy, Finanzierungen unter Einsatz von Lebensversicherungen, Köln 1993

Meyer-Scharenberg, Überarbeiteter Erlaß des BMF zum Einsatz von Lebensversicherungen zur Finanzierung, DStR 1993, S. 825ff.
– Neuer Erlaß zur Lebensversicherung – neue Verschärfungen, DStR 1993, S. 1768ff.

Meyer-Scharenberg/Fleischmann, Einsatz von Lebensversicherungen zur Finanzierung – Kommentierung zum BMF-Schreiben v. 21. 12. 1992, DStR 1993, Beihefter zu Heft 4
– Neue gesetzliche Rahmenbedingungen für den Einsatz von Lebensversicherungen bei Finanzierungen, DStR 1992, S. 309ff.
– Zweifelsfragen zum Steueränderungsgesetz 1992, NWB Blickpunkt Steuern 4/92, S. 1ff.

Nolde, Lebensversicherung und Policendarlehen – ein neuer Dauerbrenner in der Steuerrechtsprechung?, FR 1993, S. 223ff.

Palandt, Bürgerliches Gesetzbuch, 54. Aufl. 1995

Pfalzgraf/Meyer, Abtretung von Ansprüchen aus kapitalbindenden Lebensversicherungen – Steuerschädlichkeit trotz Begrenzung auf die Todesfalleistung?, DStR 1994, S. 964ff.
– Unwiderrufliches Bezugsrecht für den Todesfall – Übergangsregelung, DStR 1994, S. 1644f.

Reuter, Die Lebensversicherung im Steuerrecht, 8. Aufl. 1994

Scheurmann-Kettner/Broudré, Einschränkungen beim Sonderausgabenabzug von Versicherungsbeiträgen, insbesondere Policendarlehen, DB 1993, S. 343ff.
– Steueränderungsgesetz 1992: Änderung beim Abzug von Sonderausgaben, insbesondere Policendarlehen, DB 1992, S. 1108ff.
Schmidt L., Einkommensteuergesetz, Kommentar, 14. Aufl. 1995
Schulze zur Wiesche, Lebensversicherungen eines Gesellschafters zur Besicherung von Krediten einer Personengesellschaft, FR 1993, S. 354ff.
Simons, Policendarlehen – Konzept zur Steuersenkung, Inf. 1989, S. 229ff.
Wacker, Zu Finanzierungszwecken eingesetzte Lebensversicherungen – BMF-Schreiben v. 21. 12. 1992, NWB 1992 F. 3, S. 8497ff.
– Nochmals: Zu Finanzierungszwecken eingesetzte Lebensversicherungen, NWB 1993 F. 3, S. 8723ff.
– Zu Finanzierungszwecken eingesetzte Lebensversicherungen, DB 1993, Heft 10, Beilage 4

A. Einführung

I. Änderungen der Besteuerung von Lebensversicherungen im Zeitablauf

Die Besteuerung von Lebensversicherungen ist in der Vergangenheit bereits mehrfach grundlegend geändert worden. Bis **1974** waren Zinsen aus Lebensversicherungen in keinem Fall zu versteuern, weil es sich nicht um Erträge aus Kapitalüberlassungen handeln sollte.[1] Seit **1975** gehören die rechnungs- und außerrechnungsmäßigen Zinserträge einer Lebensversicherung zu den steuerbaren Kapitalerträgen (§ 20 Abs. 1 Nr. 6 EStG). Die Zinsen sind allerdings steuerbefreit, wenn die Lebensversicherungs-Prämien als Sonderausgaben abziehbar sind, wobei es nicht darauf ankommt, ob sich die Prämien im konkreten Einzelfall wirklich steuermindernd ausgewirkt haben. Die abstrakte Abziehbarkeit genügt. Dafür sind zwei Voraussetzungen zu erfüllen: 1

(1) Versicherungslaufzeit mindestens 12 Jahre,
(2) Beitragszahlungsdauer mindestens fünf Jahre.

Durch das Steuerreformgesetz 1990 wurde für steuerbefreite Lebensversicherungen eine Kapitalertragsteuer mit Abgeltungscharakter eingeführt, die nach dessen Amtsantritt vom Finanzminister Theo Waigel rückwirkend wieder abgeschafft wurde.

Durch das Steueränderungsgesetz 1992 sind die steuerlichen Rahmenbedingungen für Kapitallebensversicherungen erneut entscheidend verändert worden. Die Änderungen kommen zum Tragen, wenn die Versicherung nach dem **13. 2. 1992** bei einer Finanzierung zur Tilgung oder als Sicherheit eingesetzt wird. Faktisch sind aber auch Altfälle von der Neuregelung betroffen. Nach § 52 Abs. 20 Satz 2 EStG sind die Neuregelungen zur Finanzierung grundsätzlich auch auf vor dem 1. 1. 1974 abgeschlossene Versicherungsverträge anzuwenden.[2] Die Nichtbeachtung der neuen Voraussetzungen kann zum Verlust der Sonderausgabenabzugsmöglichkeit für die Versicherungsprämien und – was wesentlich wichtiger ist – der Steuerfreiheit der Lebensversicherungszinsen (§ 20 Abs. 1 Nr. 6 EStG) führen. Grundsätzlich ist es aber auch nach der Neuregelung noch möglich, die Lebensversicherungen bei Finanzierungen z. B. im Rahmen sog. Tilgungsaussetzungsmodelle als Sicherheit einzusetzen. Auch die Aufnahme von Policendarlehen ist nach wie vor möglich. Allerdings sind in beiden Fällen bestimmte, sehr komplizierte Spielregeln zu beachten.

Die genannten Neuregelungen finden im übrigen auch auf ausländische Lebensversicherungen grundsätzlich Anwendung.[3]

---

[1] BFH v. 27. 2. 1970, BStBl. II S. 422.
[2] Vgl. BMF-Schreiben vom 26. 9. 1994, Tz. 8, abgedruckt im Anhang II.8.
[3] Vgl. hierzu im einzelnen RdNr. 31.

II. Zweck der Gesetzesänderung

2 Zweck der Gesetzesänderung war es, sog. Zinsaufblähungsmodelle zu unterbinden. Steuerpflichtige mit hoher Progression können vorteilhafte Liquiditätswirkungen erzielen, wenn sie auf die laufende Tilgung eines Investitionsdarlehens verzichten, die Zinsen permanent refinanzieren und die aufgelaufenen Schulden erst aus der Ablaufleistung einer steuerbefreiten Lebensversicherung zurückzahlen. Die Vorteilhaftigkeit derartiger Finanzierungsmodelle beruht darauf, daß die als Betriebsausgaben oder Werbungskosten abziehbaren Schuldzinsen nicht nur – wie bei der normalen Tilgungsaussetzung – über die gesamte Finanzierungsdauer gleich hoch bleiben, sondern durch die permanente Refinanzierung der Zinsen und Zinseszinsen ständig ansteigen, weshalb man von Zinsaufblähungsmodellen spricht. Die gesamten Zinsaufwendungen und ein Teil der Tilgung läßt sich auf diese Art und Weise aus Steuerersparnissen finanzieren (vgl. Übersichten 1–4 im Anhang IV).

3 Zinsaufblähungsmodelle sind auch nach Einführung der Neuregelung noch möglich. Allerdings darf eine Lebensversicherung dabei nicht mehr als Sicherheit zum Einsatz kommen.

Beispiel: Die Bank verzichtet nicht nur auf die laufende Tilgung des Darlehens, sondern finanziert die laufenden Zinsaufwendungen über einen zusätzlichen Kontokorrentkredit. Damit kommt es zu einer Schulden- und Zinsaufblähung. Die Versicherungssumme wird so bemessen, daß die Ablaufleistung neben der Tilgung des Ursprungsdarlehens auch die Tilgung der aufgelaufenen Zinsen und Zinseszinsen abdeckt.

Die Lebensversicherung wird nicht als Sicherheit eingesetzt. Als zusätzliche Sicherheit für den Kontokorrentkredit dient z. B. eine (schuldenfreie) Immobilie. Der teure Kontokorrentkredit kann schrittweise durch ein zinsgünstiges Hypothekendarlehen abgelöst werden.

4 In der Vergangenheit waren Zinsaufblähungsmodelle mit Policendarlehen besonders beliebt, weil die Zinsen für ein Policendarlehen niedriger sind als die eines Kontokorrentkredites und keine zusätzlichen Sicherheiten erforderlich sind. Denn im Prinzip leiht sich der Versicherungsnehmer nur sein eigenes Geld von der Versicherung zurück.[4]

Beispiel: Die Investition wird zunächst durch ein normales Annuitätendarlehen einer Bank finanziert. Gleichzeitig wird eine Lebensversicherung abgeschlossen. Bei jeder Fälligkeit einer Annuität wird ein Policendarlehen bei der Lebensversicherungsgesellschaft aufgenommen und zur Begleichung der Annuität verwendet. Die Zinsen für das Policendarlehen werden ebenfalls mitfinanziert.

Es kommt somit zum einen zu einer Umschuldung von der Bank auf die Lebensversicherung und zum anderen durch die Mitfinanzierung der Bank- und Policendarlehenszinsen zu einer Schulden- und Zinsaufblähung. Sämtliche Policendarlehen werden durch die Ablaufleistung der Lebensversicherung getilgt.

Da die Lebensversicherung durch Aufnahme eines Policendarlehens automatisch als Sicherheit eingesetzt wird, funktionieren derartige Modelle heute nicht

---

[4] Vgl. *Simons,* Inf. 1989, S. 229ff.

mehr. Denn Zinsen dürfen nicht mehr unter Einsatz von Lebensversicherungsansprüchen finanziert werden.

Fraglich ist, ob der erklärte Gesetzeszweck zu einer einschränkenden Auslegung des Gesetzeswortlautes herangezogen werden kann.[5] So wird die Zinsaufblähung nämlich schon dadurch verhindert, daß die Abtretung bzw. der Einsatz der Versicherungsansprüche auf die Anschaffungs- oder Herstellungskosten begünstigter Wirtschaftsgüter beschränkt worden ist. Wie hoch das abgesicherte Darlehen ist, spielt danach eigentlich keine Rolle mehr. Darüber hinaus fordert das Gesetz, daß das Darlehen unmittelbar und ausschließlich der Finanzierung bestimmter, begünstigter Wirtschaftsgüter dient. Die Merkmale der Ausschließlichkeit und Unmittelbarkeit führen zu zahlreichen Erschwernissen, die mit der Möglichkeit von Zinsaufblähungen nichts zu tun haben. Die Begriffe sollten aus dem Gesetz gestrichen werden. Geschieht dies nicht, stellt sich die Frage, ob die Rechtsprechung zu einer **teleologischen Reduktion** der gesetzlichen Bestimmungen bereit sein wird. **5**

---

[5] So wohl *Horlemann,* Inf. 1993, S. 49.

III. Rechtsgrundlagen im Überblick

6

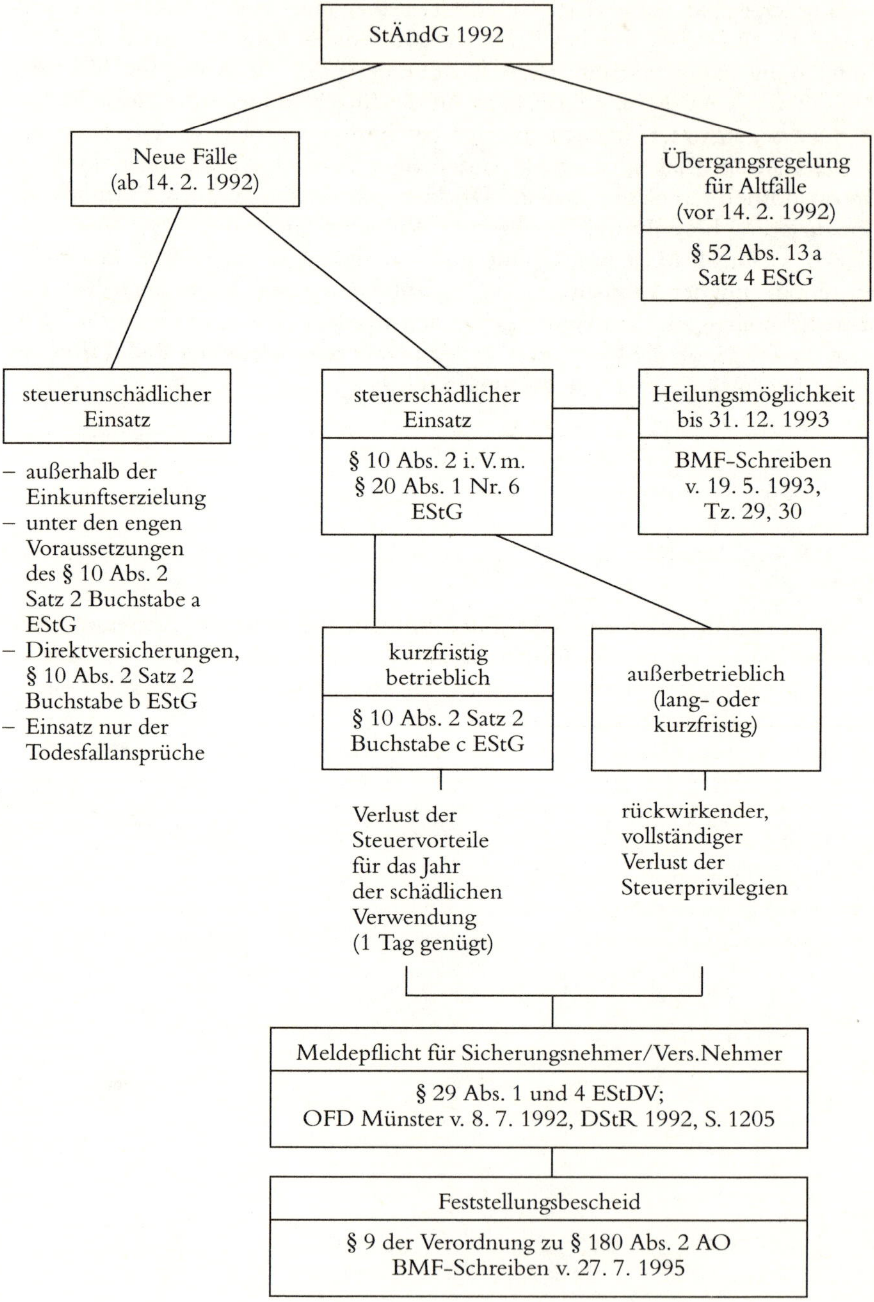

IV. Betroffene Steuerpflichtige

Die Neuregelung trifft nicht alle Steuerpflichtigen in gleicher Weise. Bei guter Vermögens- und/oder Einkommenssituation lassen sich die mit dem Lebensversicherungseinsatz verbundenen Steuervorteile weiter erreichen, ohne in Konflikt mit der Neuregelung zu kommen. 7

Beispiele: (1) Ein sehr **vermögender** Unternehmer möchte ein Investitionsdarlehen aus der Ablaufleistung einer Lebensversicherung tilgen. Die Bank wird in einem solchen Fall auf die Abtretung der Lebensversicherung verzichten können. Die steuerschädliche Verwendung der Lebensversicherung ist damit ausgeschlossen. Denn das bloße Vorhandensein einer Lebensversicherung ist noch kein Einsatz zur Sicherung. Auch die spätere Verwendung der Versicherungsleistung zur Tilgung ist nicht schädlich, wenn vorher keine Sicherungs- oder Tilgungsabrede getroffen wurde.

(2) Ein Jungunternehmer mit **hohem Einkommen**, aber (noch) ohne großes Vermögen, möchte ebenfalls eine Tilgungsaussetzung durchführen. Die Bank wird in diesem Fall auf die Absicherung im Todesfall Wert legen. Dies ist unproblematisch, denn nur der Einsatz von Lebensversicherungsansprüchen während der Dauer des Versicherungsvertrages im Erlebensfall ist potentiell steuerschädlich. Die isolierte Abtretung nur der Todesfalleistung ist niemals steuerschädlich.

(3) Investoren mit **mittlerem Einkommen und Vermögen** werden Schwierigkeiten haben, die Bank zu einer Tilgungsaussetzung zu bewegen, ohne daß eine Abtretung der Erlebensfallansprüche erfolgt. Dieser Personenkreis muß die neuen Spielregeln einhalten.

Personen mit guter und sehr guter Bonität, die ohne die Abtretung von Erlebensfallansprüchen finanzieren können und dies auch tun, müssen die neuen Finanzierungsregeln nicht beachten. Sie können finanzieren wie sie wollen, solange sie die Lebensversicherung nicht abtreten oder auf andere Art und Weise als Kreditsicherheit einsetzen, z. B. durch Hinterlegung der Police, Einräumung des Bezugsrechts, usw. Nur diejenigen, die zur dritten Bonitätskategorie gehören, müssen sich mit den Spitzfindigkeiten der gesetzlichen Neuregelung auseinandersetzen. Sie leben in der dauernden Gefahr, die neuen Spielregeln zu irgendeinem Zeitpunkt der Versicherungsdauer von 12 bis 30 Jahren ungewollt zu verletzen und so ihre Steuervorteile rückwirkend und vollständig zu verlieren. Insbesondere die Begriffe „unmittelbar und ausschließlich" machen es sehr schwierig, die nachfolgend erläuterten Finanzierungsregeln über die gesamte Laufzeit der Finanzierung einzuhalten. 8

(einstweilen frei) **9–20**

B. Betroffene und nicht betroffene Finanzierungen

I. Überblick 21

	betroffen	nicht betroffen	RdNr.
Versicherungen	Kapitallebensversicherung Rentenversicherung fondsgebundene LV ausländische LV	Direktversicherung Risikolebensversicherung	22ff.
Einsatz zur Sicherung	Abtretung, Verpfändung, Hinterlegung, Pfändung, Negativklausel, Policendarlehen, Unwiderrufliches Bezugsrecht	AGB-Pfandrecht (str.) Widerrufliches Bezugsrecht	41ff.
Einsatz zur Tilgung	ausdrückliche Tilgungsabrede bankinitiierte Vorausverfügung	konkludente Tilgungsabrede (str.) Verwendung zur Tilgung ohne vorherige Abrede routinemäßige Vorausverfügung	61ff.
Darlehen	Darlehen i. S. d. § 607 BGB kreditähnliche Verhältnisse (z. B. Stundungen, Ratenzahlungen) Kontokorrentbelastungen	stille Beteiligungen, Zinsverbindlichkeit, Eventualverbindlichkeit (Bürgschaft) (technische) Abwicklungskonten	66ff.
Einsatz während der Versicherungsdauer	Sicherungs- oder Tilgungsabrede vor Fälligkeit der Ansprüche (Todesfall-, Ablaufleistung, Rückkaufswert)	keine Sicherungs- oder Tilgungsabrede	91
Einsatz im Erlebensfall	vollständiger oder teilweiser Einsatz jeglicher Erlebensfallansprüche	Einsatz nur der Todesfallleistung	74ff.
Einsatz im steuerrelevanten Bereich	Liegt vor, wenn die Darlehenskosten zu irgendeinem Zeitpunkt der Laufzeit des Darlehens, wenn auch nur kurzfristig, wenigstens zu einem Bruchteil dem Grunde nach Werbungskosten oder Betriebsausgaben sind.	Die Darlehenszinsen sind niemals Werbungskosten bzw. Betriebsausgaben.	92ff.
Zeitlicher Anwendungsbereich	Neufälle Altfälle, bei denen eine weite Sicherungszweckerklärung besteht	reine Altfälle	111ff.

II. Betroffene Versicherungen

1. *Kapitallebensversicherungen*

22 Primär betroffen von der Neuregelung sind steuerbegünstigte Kapitallebensversicherungen im Sinne des § 10 Abs. 1 Nr. 2 Buchstabe b Doppelbuchstabe dd EStG:

„Kapitalversicherungen gegen laufende Beitragsleistungen mit Sparanteil, wenn der Vertrag für die Dauer von mindestens 12 Jahren abgeschlossen worden ist."

Kapitalversicherungen gegen Einmalbeitrag sind nicht steuerbegünstigt, die Zinserträge also in jedem Fall steuerpflichtig. Laufende Beitragsleistungen liegen vor, wenn wenigstens fünf Jahresbeiträge gezahlt werden müssen. Diese Voraussetzung ist auch erfüllt, wenn eine Einmalzahlung auf ein Prämiendepot gezahlt wird, aus dem die fünf Jahresbeiträge gespeist werden. Die Zinserträge des Prämiendepots hat der Versicherungsnehmer zu versteuern. Sie fallen nicht unter die Befreiung des § 20 Abs. 1 Nr. 6 EStG.

2. *Direktversicherungen*

23 Diese Versicherungen sind gemäß § 10 Abs. 2 Satz 2 Buchstabe b EStG von der Neuregelung ausdrücklich ausgenommen worden, obwohl es sich um typische steuerbegünstigte Kapitallebens- oder Rentenversicherungen handelt. Der Arbeitgeber schließt als Versicherungsnehmer eine Lebensversicherung auf das Leben eines Arbeitnehmers ab, der bezugsberechtigte Person ist (§ 4b EStG). Es handelt sich um eine Form der betrieblichen Altersversorgung. Der Arbeitnehmer hat die vom Arbeitgeber gezahlten Prämien als geldwerte Vorteile zu versteuern. Bis zur Höhe von 3000 DM/Jahr ist eine Pauschalversteuerung mit 15% möglich (§ 40b EStG).

Der Arbeitgeber kann die Direktversicherung zur Finanzierung einsetzen, indem er sie beleiht (Policendarlehen) oder als Sicherheit abtritt. Eine steuerschädliche Verwendung der Versicherung ginge damit zu Lasten des Arbeitnehmers, der die Ablaufleistung versteuern müßte. Um dies zu vermeiden, wurden die Direktversicherungen von der Neuregelung ausgenommen.

Eine Versicherung, bei der das typische Todesfallwagnis und – bereits bei Vertragsabschluß – das Rentenwagnis ausgeschlossen worden ist, ist keine Direktversicherung, sondern ein atypischer Sparvertrag, der nicht unter die Steuerbefreiung des § 20 Abs. 1 Nr. 6 EStG fällt.[1] Nach neuer Verwaltungsauffassung[2] liegt eine Direktversicherung außerdem nur vor, wenn der Todesfallschutz während der gesamten Versicherungsdauer mindestens 50 v. H. der

[1] BFH v. 9. 11. 1990, BStBl. 1991 II S. 189.
[2] Fin.Min. Niedersachsen, Erlaß vom 17. 3. 1994, abgedruckt im Anhang II.12.

„vereinbarten Kapitalleistung" beträgt. Vereinbarte Kapitalleistung ist meines Erachtens die Versicherungssumme, nicht die Ablaufleistung. Kapitallebensversicherungen mit geringerem Todesfallschutz – Absenkungen bis auf 10 v. H. sind in der Praxis nicht selten – fallen nicht unter den Ausnahmetatbestand des § 10 Abs. 2 Satz 2 Buchstabe b EStG. Die Finanzverwaltung begründet ihre Auffassung mit der Maßgeblichkeit der in § 1 Abs. 2 Satz 1 Betriebsrentengesetz enthaltenen arbeitsrechtlichen Definition der Direktversicherung, die während der gesamten Versicherungsvertragsdauer einen Risikoschutz voraussetze, der „nicht von untergeordneter Bedeutung" sein dürfe. Für Altfälle soll eine Übergangsregelung in Vorbereitung sein.

3. Rentenversicherungen

Ebenfalls von der Neuregelung betroffen sind steuerbegünstigte Rentenversicherungen **24**

- ohne Kapitalwahlrecht (§ 10 Abs. 1 Nr. 2 Buchstabe b Doppelbuchstabe bb EStG) und
- mit Kapitalwahlrecht gegen laufende Beitragsleistung, wenn das Kapitalwahlrecht nicht vor Ablauf von 12 Jahren seit Vertragsabschluß ausgeübt werden kann (§ 10 Abs. 1 Nr. 2 Buchstabe b Doppelbuchstabe cc EStG).

Werden diese Rentenversicherungen im Zusammenhang mit einer schädlichen Finanzierung beliehen (Policendarlehen) oder als Sicherheit eingesetzt, können die Versicherungsprämien nicht mehr als **Sonderausgaben** abgezogen werden. Sofern sich die Beiträge in früheren Jahren steuermindernd ausgewirkt haben, kommt es zur Nachversteuerung. Bei entsprechender Ausübung eines vorhandenen Kapitalwahlrechts (Wahl der Kapitalabfindung) fallen steuerpflichtige Einkünfte aus Kapitalvermögen an.

a) Rentenversicherung ohne Kapitalwahlrecht

Bei einer Rentenversicherung ohne Kapitalwahlrecht kann es wegen der schädlichen Verwendung nicht zu einer Besteuerung von Zinserträgen kommen. Denn die Rentenversicherung führt bei Auszahlung der Rente nicht zu Einkünften aus Kapitalvermögen, sondern ausschließlich zu sonstigen Einkünften im Sinne des § 22 EStG, die mit dem Ertragsanteil steuerpflichtig sind.[3] **25**

Eine mit der Kapitallebensversicherung vergleichbare **Steuerbefreiung** für die in den Rentenleistungen enthaltenen Ertragsanteile gibt es nicht. Allerdings werden die tatsächlich erwirtschafteten Zinserträge durch die pauschalierte Ertragsanteilsbesteuerung nicht voll erfaßt, weil das Gesetz derzeit noch eine Verzinsung von nur 5,5% unterstellt und bis einschließlich VZ 1993 auch von einer veralteten Sterbetafel (1970/72) ausging. Im Rahmen des Föderalen Kon- **26**

---

[3] BMF-Schreiben v. 31. 8. 1979, BStBl. I S. 592, Tz. 10.1.

solidierungs-Programms (FKP, Solidarpakt) wurde die Tabelle des § 22 EStG unter Zugrundelegung der Sterbetafel von 1986/88 überarbeitet. Diese Neuregelung gilt mit Wirkung ab VZ 1994.

Beispiel:

Versicherungsbeginn	2/93
Alter	33 Jahre
Geschlecht	männlich
Beitrag	350 DM/Monat
Beitragsdauer	12 Jahre
Rentenbeginn	2/2005
Alter bei Rentenbeginn	45 Jahre
Laufzeit der Rente (Sterbetafel 1986/88)	29,89
jährliche Rente	6529 DM
Summe der Rentenzahlungen	195 151 DM
steuerpflichtiger Ertragsanteil (48%, ab VZ 1994)	3134 DM
insgesamt zu versteuern	93 672 DM

	Summe der Rentenzahlungen	195 151 DM
./.	Summe der Beiträge	50 400 DM
=	tatsächlicher Zinsertrag	144 751 DM
./.	versteuerte Ertragsanteile	93 672 DM
=	nicht versteuerter Zinsertrag	**51 079 DM**

Diese „faktische Steuerbefreiung" wird durch eine steuerschädliche Verwendung der Rentenversicherung nicht berührt.

b) Rentenversicherung mit Kapitalwahlrecht

27 Bei einer Rentenversicherung mit Kapitalwahlrecht, die für schädliche Finanzierungen eingesetzt wurde, können steuerpflichtige Einkünfte aus Kapitalvermögen dann anfallen, wenn die Kapitalabfindung gewählt wird.[4]

Beispiel: Sachverhalt wie im letzten Beispiel mit der Maßgabe, daß es sich um eine Rentenversicherung mit Kapitalwahrecht handelt. Das Wahlrecht wird ausgeübt.

	Abfindung nach 12 Jahren	76 376 DM
./.	Summe der Beiträge	50 400 DM
=	Zinsanteil	25 976 DM

Der steuerpflichtige Zinsanteil ist von der Versicherungsgesellschaft entweder exakt oder – sofern dies schwierig ist – nach einer vereinfachten Formel[5] zu ermitteln. Die Formel führt i. d. R. zu einem niedrigeren Zinsanteil.

28 Bei Rentenversicherungen mit Kapitalwahlrecht könnte man argumentieren, daß die Nichtausübung des Kapitalwahlrechts eine Verfügung über die Zinserträge darstellt, die als Zufluß im Sinne des § 11 EStG zu werten ist. Das geschieht jedoch nicht.[6] Wählt der Steuerpflichtige die Rente, wirkt sich die steuerschädliche Verwendung nur beim Sonderausgabenabzug aus.

---

[4] BMF-Schreiben v. 31. 8. 1979, BStBl. I S. 592 Tz. 10.2.

[5] BMF-Schreiben v. 31. 8. 1979, BStBl. I S. 592; v. 13. 11. 1985, BStBl. I S. 661.

[6] BMF-Schreiben v. 31. 8. 1979, BStBl. I S. 592 Tz. 10.

Die Abtretung einer Rentenversicherung mit Kapitalwahlrecht zur Absicherung eines Darlehens führt nicht automatisch dazu, daß der Vertrag entsprechend dem zur Direktversicherung ergangenen BFH-Urteil vom 9. 11. 1990[7] als nicht unter die Steuerbefreiung des § 20 Abs. 1 Nr. 6 EStG fallender atypischer Sparvertrag zu beurteilen wäre. Allein durch die Abtretung wird weder das Kapitalwahlrecht bereits ausgeübt noch – wie im Urteilsfall – die Möglichkeit des Rentenbezugs vertraglich ausgeschlossen.[8] Vor Beginn der Rentenbezugszeit kann der Versicherungsnehmer vielmehr frei entscheiden, ob er die Rente beziehen oder das Kapitalwahlrecht ausüben möchte. Auch besteht kein Zwang, das Darlehen zu tilgen. Möglicherweise ist es (aus steuerlichen Gründen) wesentlich sinnvoller, das Darlehen weiterlaufen zu lassen.

4. *Risikolebensversicherungen*

Reine Risikolebensversicherungen gewähren nur einen Todesfallschutz. Sie **29**
sind von der Neuregelung des § 10 Abs. 2 EStG nicht betroffen. Denn es fehlt ein entsprechender Verweis auf § 10 Abs. 1 Nr. 2 Buchstabe b Doppelbuchstabe aa EStG.

5. *Fondsgebundene Lebensversicherungen*

Prämien zu derartigen Versicherungen sind nicht als Sonderausgaben ab- **30**
zugsfähig. Sie werden daher im neuen § 10 Abs. 2 EStG nicht erwähnt. Dennoch kann es zum Verlust der Steuerbefreiung für die erwirtschafteten Kapitalerträge kommen, wenn die Lebensversicherung steuerschädlich eingesetzt wird. Denn die Steuerbefreiung der Kapitalerträge richtet sich nach den gleichen Voraussetzungen wie bei „normalen" Kapitallebensversicherungen. Das ergibt sich aus § 20 Abs. 1 Nr. 6 Satz 4 EStG: „Die Sätze 1 bis 3 sind auf Kapitalerträge aus fondsgebundenen Lebensversicherungen entsprechend anzuwenden".

6. *Ausländische Lebensversicherungen*

Beiträge zu ausländischen Lebensversicherungen konnten bisher nur dann als **31**
Sonderausgaben abgezogen werden, wenn die Versicherungsgesellschaft eine Erlaubnis zum Geschäftsbetrieb im Inland besaß. Diese Anforderungen wurden ab dem Veranlagungszeitraum 1993 durch § 52 Abs. 12 Satz 2 EStG gelockert. Bei Gesellschaften mit Sitz oder Geschäftsleitung im Bereich der Europäischen Gemeinschaft ist die Genehmigung nicht mehr erforderlich. Nach Mei-

---

[7] BStBl. 1991 II S. 189.

[8] Diese Einschätzung wird auch von der Finanzverwaltung geteilt (vgl. BMF-Schreiben vom 20. 9. 1995, DStR 1995, S. 1589).

nung der Finanzverwaltung schlagen die erhöhten Anforderungen für ausländische Versicherungsunternehmen auch auf die Steuerbefreiung nach § 20 Abs. 1 Nr. 6 EStG durch. Bei Gesellschaften aus Nicht-EG-Ländern ohne Genehmigung zum Geschäftsbetrieb im Inland soll die Steuerbefreiung folglich nicht gelten. Im Schrifttum[9] wird die Ansicht vertreten, daß die erhöhten Anforderungen nur für den Sonderausgabenabzug, nicht aber für die Steuerbefreiung der Zinsen gelten.

Um die steuerlichen Vergünstigungen – Sonderausgabenabzug sowie Steuerfreiheit der Erträge – nicht zu gefährden, sind auch bei Auslandsversicherungen die geänderten Spielregeln des Steueränderungsgesetzes 1992 für Finanzierungen generell zu beachten. Als problematisch könnte es sich sowohl bei Abtretungsbegrenzungen in Neufällen als auch bei Heilungen in Altfällen erweisen, daß teilweise nach ausländischem Recht eine dingliche Begrenzung der Sicherungsabtretungen auf eine bestimmte Summe überhaupt nicht möglich ist.

32–40 *(einstweilen frei)*

III. Einsatz zur Sicherung

– Vgl. BMF vom 19. 5. 1993, Tz. 3 (*abgedruckt im* Anhang II.1); BMF vom 2. 11. 1993, Tz. 1 (*abgedruckt im* Anhang II.3); BMF vom 26. 9. 1994, Tz. 5 (*abgedruckt im* Anhang II.8) –

1. Der Begriff „dienen“

41 Die Ansprüche aus Versicherungsverträgen müssen der Sicherung eines Darlehens „dienen“. Durch die Formulierung werden sowohl schuldrechtliche als auch dingliche Formen des Einsatzes zur Absicherung eines Kredites erfaßt.

Im ersten Lebensversicherungserlaß hatte die Finanzverwaltung das Dienen der Lebensversicherung zur Sicherung einschränkend dahingehend ausgelegt, daß „vor ihrer Fälligkeit eine Tilgungs/Sicherungsabrede zwischen Darlehensgeber und Darlehensnehmer getroffen worden ist“.

Im dritten Lebensversicherungserlaß vom 2. 11. 1993 behält sich die Finanzverwaltung nunmehr ganz generell eine weite Begriffsauslegung vor, indem sie ausdrücklich klarstellt, daß in Tz. 3 Satz 2 des zweiten Lebensversicherungserlasses lediglich *beispielhaft* aufgezählt werde, unter welchen Voraussetzungen Lebensversicherungsansprüche zur Sicherung oder Tilgung eines Darlehens *dienen* würden.

Die Finanzverwaltung nennt die **Abtretung** (offene oder stille Zession), die **Verpfändung** und die **Hinterlegung** der Versicherungspolice als typische For-

---

[9] Vgl. *Horlemann,* DStZ 1994, S. 483f.

men des Einsatzes zur Sicherung. Die mittelbare Absicherung (z. B. Bürgschaft/Aval) eines Darlehens soll genügen.[10]

Beispiel: Ein Jungunternehmer sichert ein Darlehen zur Finanzierung von Umlaufvermögen durch eine Bürgschaft seines Vaters ab. Zur Absicherung seiner Regreßansprüche verlangt der Vater vom Sohn die Abtretung einer Lebensversicherung. Die mittelbare Absicherung des Darlehens durch die Lebensversicherung soll steuerschädlich sein.

Unerheblich ist, ob der Versicherungsnehmer sein eigenes Darlehen absi- 42
chert oder das eines (fremden) Dritten. Weder führt dies per se zur Steuerschädlichkeit, noch läßt sich die steuerschädliche Verwendung dadurch umgehen.

Beispiele: (1) Der Vater sichert einen Bankkredit des Sohnes mit seiner Lebensversicherung ab. Von der Darlehensverwendung durch den Sohn hängt es ab, ob der Vater seine Steuervorteile verliert.

(2) Der Gesellschafter einer GmbH sichert mit seiner Lebensversicherung ein Bankdarlehen ab, das die Gesellschaft aufgenommen hat. Dieser Umstand allein führt noch nicht zur Steuerschädlichkeit.

2. Pfändung

Eine Sicherungsabrede liegt bei einer **Pfändung** der Lebensversicherung 43
nicht vor. Offenbar befürchtete die Finanzverwaltung, daß die einvernehmliche Pfändung zur Umgehung des Abzugsverbotes genutzt werden könnte, was im Hinblick auf die verheerenden Folgen für die Kreditwürdigkeit (Eintragung ins Schuldnerverzeichnis) abwegig erscheint. Meines Erachtens dürften derartige Gestaltungen leicht zu erkennen und mit § 42 AO wirksam zu bekämpfen sein. Im zweiten Lebensversicherungserlaß ist die Pfändung gleichwohl ausdrücklich als potentiell steuerschädlicher Einsatz genannt.[11]

Beispiel: Eine Bank pfändet eine Lebensversicherung zur Abdeckung eines Betriebsmittelkredits. Dadurch tritt Steuerschädlichkeit ein. Die Bank hat im Ergebnis weniger Sicherheiten als vorher, weil ein Teil der Ablaufleistung an den Fiskus fließt.

3. AGB-Pfandrecht

In einem rechtsgeschäftlich vereinbarten Pfandrecht erblickt die Finanzver- 44
waltung neuerdings – unabhängig davon, ob der Gläubiger tatsächlich von seinem Pfandrecht Gebrauch macht – per se ein (möglicherweise steuerschädliches) „Dienen" der Versicherungsansprüche. Unter Nr. 5 des BMF-Schreibens vom 26. 9. 1994 wird daher darauf hingewiesen, daß auch ein formularmäßig, d.h. in **AGB-Form** im Darlehensvertrag enthaltenes Pfandrecht insoweit

---

[10] Vgl. *Wacker,* NWB F. 3, S. 8499; ablehnend *Dahm,* DStZ 1993, S. 387.
[11] Kritisch *Dahm,* DStZ 1993, S. 387.

rechtsgeschäftlich vereinbart sei und daher rechtswirksam ausgeschlossen werden müsse, um die Steuerschädlichkeit des Einsatzes von Ansprüchen aus Lebensversicherungsverträgen in solchen Fällen zu vermeiden. Da alle Banken ein solches Pfandrecht in ihren AGB vorsehen[12] und dieses bisher wohl von keinem Kunden rechtsgeschäftlich ausgeschlossen wurde, wären an sich alle Finanzierungen steuerschädlich, weil durch das AGB-Pfandrecht sämtliche Forderungen der Bank abgesichert sind. Es würde durch das AGB-Pfandrecht praktisch der Zustand wiederhergestellt, der vor der Einführung der verschärften Anforderungen des § 10 Abs. 2 EStG durch das Steueränderungsgesetz 1992 aufgrund der früher üblichen weiten Sicherungszweckerklärungen bestand. Mit anderen Worten: Sämtliche Aktivitäten des Jahres 1993 von Banken, Versicherungen und Steuerberatern zur Heilung steuerschädlich gewordener Altfälle durch Beseitigung der weiten Sicherungsklauseln wären vergeblich gewesen. Diese Gefahr wird jedoch weder von den zuständigen Beamten im BMF noch von Bankjuristen gesehen. Aufgrund einer neuen Entscheidung des BGH vom 14. 7. 1994 IX ZR 110/93[13] soll dann keine Gefahr für die Steuerprivilegien der Lebensversicherung bestehen, wenn – wovon auszugehen ist – eine enge Sicherungszweckerklärung besteht.[14] Ist die mit der Lebensversicherung abgesicherte Hauptschuld getilgt, muß die Bank die Sicherheit selbst dann freigeben, wenn sie noch ungesicherte Zinsforderungen gegenüber dem Kunden hat. Eine Verwertung der Lebensversicherung zur Begleichung der Restforderungen soll nach der Rechtsprechung nicht zulässig sein. Somit führt das AGB-Pfandrecht im Normalfall nicht dazu, daß Lebensversicherungsansprüche auch der Sicherung steuerschädlicher Kredite dienen.

4. *(Un)widerrufliches Bezugsrecht*

45 In den o. g. Erlassen nicht erwähnt ist die Einräumung des (un)widerruflichen **Bezugsrechts**. Im Schrifttum[15] wird dieser Vorgang stets als Einsatz der Lebensversicherung gewertet. Meines Erachtens muß differenziert werden.

Beispiele: (1) Bei Abschluß der Lebensversicherung hat der Ehemann seine Ehefrau als Bezugsberechtigte nicht nur für den Todesfall, sondern auch – was untypisch ist – für den Erlebensfall benannt. Die Ehefrau gewährt ihrem Mann einige Jahre später einen Betriebsmittelkredit. An die Lebensversicherung wird dabei überhaupt nicht gedacht. Mangels eines sachlichen Zusammenhangs mit der Kreditgewährung liegt ein Einsatz der Lebensversicherung zur Sicherung meines Erachtens nicht vor.

---

[12] Vgl. hierzu das Muster eines AGB-Pfandrechts im Anhang III.5.

[13] ZIP 1994, S. 1347 und WM 1994, S. 1711.

[14] Diese neue Entscheidung hat *Horlemann,* Inf. 1995, S. 166 (167) offensichtlich übersehen, wenn er fordert, „die Anwendung der Pfandrechtsklausel ausdrücklich abzubedingen bzw. einzuschränken".

[15] Vgl. *Ehlers,* BB 1993, Beilage 4, S. 3; *Wacker,* DB 1993, Beilage 4, S. 7; Verband der Lebensversicherungsunternehmen, Rundschreiben 4/1993, S. 5.

(2) Der Kreditnehmer räumt der Bank anläßlich der Darlehensgewährung das Bezugsrecht ein. Es liegt ein Einsatz zur Sicherung vor, der allerdings nicht meldepflichtig ist, wenn man den Erläuterungen zum Ausfüllen des amtlichen Vordrucks folgt.

Die Unterscheidung war meines Erachtens durch den ersten LV-Erlaß gedeckt, wonach nur der Einsatz aufgrund einer Sicherungsabrede zwischen Darlehensgeber und Darlehensnehmer potentiell steuerschädlich sein kann. An einer solchen Abrede fehlt es im ersten Fall, während im zweiten Fall der sachliche Zusammenhang unterstellt werden kann.

In einem eigenen Schreiben[16] hierzu nimmt die Finanzverwaltung speziell zur **46**
Einräumung eines *unwiderruflichen* Bezugsrechts für den Todesfall Stellung.

Nach einer Entscheidung des BGH vom 17. 2. 1966[17] stehe bei einer Lebensversicherung mit geteilter Begünstigung für den Todes- und Erlebensfall dem unwiderruflich Bezugsberechtigten der Todesfalleistung auch ein Recht auf einen zur Auszahlung gelangten Rückkaufswert zu, solange ihm das Recht auf die Todesfalleistung zustehe, d. h. bis zum Ende der Versicherungsdauer im Erlebensfall. Ein Widerruf oder eine Änderung der Bezugsberechtigung sei ohne die Zustimmung des Bezugsberechtigten nicht möglich.

Damit stellt sich die Frage, ob die unwiderrufliche Einräumung des Bezugsrechts dazu führt, daß auch die Erlebensfallansprüche automatisch der Sicherung des Darlehens dienen.[18]

Die Finanzverwaltung vertritt hierzu im o. g. Schreiben die Ansicht, daß von einem derartigen schädlichen Sicherungszusammenhang sogar in den Fällen auszugehen ist, in denen das Kündigungsrecht beim Versicherungsnehmer verbleibt: eine Pfändung der Versicherungsansprüche beim Versicherungsnehmer durch Dritte wäre nämlich in diesen Fällen deshalb erfolglos, weil der unwiderruflich Bezugsberechtigte (Darlehensgeber) insoweit ein begünstigtes Widerspruchsrecht habe.

Da der Versicherungsnehmer die Versicherungsansprüche für den Erlebensfall auch nicht an einen weiteren Gläubiger abtreten oder verpfänden könne, folge daraus, daß die Versicherungsansprüche im Erlebensfall nicht mehr anderweitig zur Sicherung eingesetzt werden könnten: „Jede Kündigung, sei es durch den Versicherungsnehmer oder den Sicherungsnehmer (z. B. bei Eintritt des Sicherungsfalls), würde auch im Erlebensfall dazu führen, daß der bis dahin angesparte Rückkaufswert an den für den Todesfall unwiderruflich Bezugsberechtigten auszuzahlen wäre.“[19]

Nach Auffassung der Finanzverwaltung liegt somit in der unwiderruflichen

---

[16] BMF-Schreiben v. 6. 5. 1994, abgedruckt im Anhang II.6.

[17] BGHZ 45, S. 162.

[18] *Pfalzgraf/Meyer,* DStR 1994, S. 1644 (1645) weisen in diesem Zusammenhang darauf hin, daß unwiderrufliche Bezugsrechte in der Praxis der Banken kaum eine Rolle spielten, was bereits durch deren fehlende formularmäßige Existenz dokumentiert werde.

[19] BMF-Schreiben v. 6. 5. 1994, abgedruckt im Anhang II.6.

Bezugsberechtigung für den Todesfall ein Dienen der Versicherungsansprüche auch im Erlebensfall.[20]

Aus Gründen des Vertrauensschutzes will die Finanzverwaltung die entsprechenden Konsequenzen – Versagung des Sonderausgabenabzugs sowie der Steuerfreiheit der Erträge – aber erstmals in solchen Fällen ziehen, in denen ein unwiderrufliches Bezugsrecht für den Todesfall zur Besicherung von Darlehen **nach dem 30. Juni 1994** eingeräumt worden ist.[21]

Viele Formularverträge sehen ein *widerrufliches* Bezugsrecht für die kreditgebende Bank bzw. Versicherung vor.[22] Dies ist m. E. unproblematisch.

Die erforderliche Differenzierung wird noch einmal durch die folgende Übersicht verdeutlicht.

47

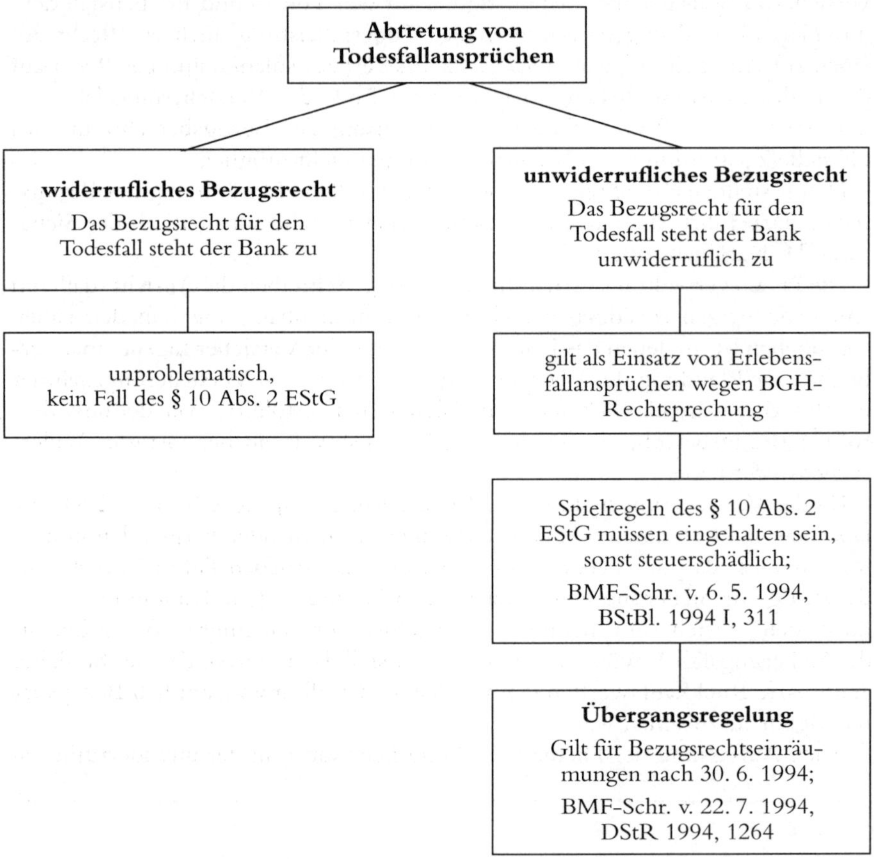

[20] Vgl. hierzu die Kritik an dieser Schlußfolgerung bei *Horlemann,* Inf. 1994, S. 742 (743).

[21] Vgl. BMF-Schreiben v. 22. 7. 1994, abgedruckt im Anhang II.7.

[22] *Pfalzgraf/Meyer,* DStR 1994, S. 964ff. weisen darauf hin, daß ein widerrufliches Bezugsrecht für die Kreditsicherung keine relevante Rechtsposition darstelle.

5. Negativklausel

Nach Ansicht einiger Angehöriger der Finanzverwaltung[23] soll auch eine **Negativvereinbarung** steuerschädlich sein, nach der sich der Schuldner verpflichtet, seine Lebensversicherung an keinen anderen Gläubiger abzutreten, weil hierin nach allgemeinem Verständnis unter Bankkaufleuten eine Sicherungsabrede zwischen Darlehensgeber und Darlehensnehmer liege. Als Sicherheit dient jedoch meines Erachtens nur das *Versprechen*, die Lebensversicherung nicht abzutreten, nicht aber die Versicherung selbst. Letzteres ist aber erforderlich, damit eine steuerschädliche Verwendung in Betracht kommt. 48

Um jedoch auch diesbezüglich auf der sicheren Seite zu sein, sollte die jetzt ebenfalls in Tz. 1 des Erlasses vom 2. 11. 1993 niedergelegte Auffassung der Finanzverwaltung beachtet und daher grundsätzlich von der Vereinbarung einer derartigen Negativklausel abgesehen werden.[24]

6. Policendarlehen

Die Aufnahme eines **Policendarlehens** ist immer auch ein Einsatz zur Sicherung, weil das Policendarlehen stets nur bis zur Höhe des Beleihungswertes gewährt wird, der insoweit als Sicherheit dient, ohne daß es einer Abtretung oder anderweitigen Sicherungsabrede bedarf. Einige Versicherungsgesellschaften sprechen statt von Policendarlehen auch von **Vorauszahlungen**. Auf die Bezeichnung kommt es nicht an. Auch eine verzinsliche Vorauszahlung ist steuerrechtlich ein Darlehen, das durch die Ansprüche aus der Lebensversicherung abgesichert ist.[25] 49

Aufgrund des § 39 VVG ergibt sich eine Absicherung von rückständigen Zinsen aus dem Policendarlehen durch die Versicherungsansprüche. Um die Steuerschädlichkeit zu vermeiden, muß die Versicherungsgesellschaft auf diese Rechte verzichten.

7. Weite Sicherungszweckerklärungen

Versicherungsansprüche dürfen nur noch in begrenzter Höhe zur Finanzierung begünstigter Wirtschaftsgüter eingesetzt werden (enger Sicherungszweck). Wird mit der Bank vereinbart, daß die für eine begünstigte Finanzierung eingesetzte Lebensversicherung auch der Absicherung von Zinsen und/ 50

---

[23] Vgl. *Horlemann*, Inf. 1992, 295; *ders.*, Inf. 1993, S. 51; *Wacker*, NWB F. 3, S. 8499; a. A. *Meyer-Scharenberg/Fleischmann*, DStR 1992, 310; *Dahm*, DStZ 1993, S. 387; ähnlich *Brandenberg*, WPg 1992, S. 281.

[24] Vgl. hierzu auch *Broudré*, 1994, S. 16.

[25] BFH v. 29. 4. 1966, BStBl. 1966 III, S. 421; v. 19. 12. 1973, BStBl. 1974 II, S. 237.

oder anderen Krediten dienen soll (weiter Sicherungszweck), kommt es sofort zur Steuerschädlichkeit. Derartige Sicherungsvereinbarungen waren früher üblich. Heute dürfen sie nur noch bei reinen Todesfallabtretungen vorkommen.

8. Zweifelsfragen

51 Die Übertragung von vertraglichen Gestaltungsrechten (z. B. Kündigungsrecht) auf den Kreditgeber und **Verfügungsbeschränkungen** zugunsten des Gläubigers soll nach Ansicht des Verbandes der Lebensversicherer[26] als Einsatz zur Sicherung gewertet werden können. Die Frage spielt eine Rolle im Zusammenhang mit reinen Todesfallabtretungen (vgl. RdNr. 76), die an sich immer steuerunschädlich sind. Eine Beschränkung des Kündigungsrechts in der Weise, daß Kreditgeber und Kreditnehmer nur noch gemeinsam kündigen können, ist bei einer Todesfallabtretung üblich. Dies führt nicht etwa dazu, daß auch Erlebensfallansprüche als zur Sicherheit eingesetzt anzusehen sind. Etwas anderes würde möglicherweise gelten, wenn das ausschließliche Kündigungsrecht allein dem Kreditgeber zustünde.

Meines Erachtens gilt für die Übertragung von Gestaltungsrechten das gleiche wie für eine Negativvereinbarung. Aus Vorsichtsgründen sollte darauf verzichtet werden.

Nur das bloße Vorhandensein einer Lebensversicherung ist eindeutig noch kein Einsatz zur Sicherung.

52 Abweichend von der h. M. hält *Ehlers*[27] die **stille Zession nicht für steuerschädlich**. Denn nach der Rechtsprechung der Zivilgerichte[28] sind Abtretungen von Ansprüchen aus Lebensversicherungen nur wirksam, wenn sie dem Versicherer von dem bisherigen Berechtigten schriftlich angezeigt werden. Das Fehlen einer solchen Anzeige führt zur absoluten Unwirksamkeit der Abtretung mit der Folge, daß z. B. später ausgebrachte Pfändungen oder andere Abtretungen, die angezeigt wurden, vorrangig sind. Begründet wird diese Rechtsprechung mit der Regelung des § 13 Abs. 4 der Allgemeinen Versicherungsbedingungen (AVB), der die Wirksamkeit einer Abtretung von der schriftlichen Anzeige an den Versicherer abhängig macht.

53 Versicherungsgesellschaften vergeben häufig zinsgünstige Hypothekendarlehen, wenn der Darlehensnehmer gleichzeitig eine neue Lebensversicherung abschließt. Im Darlehensvertrag findet sich dann regelmäßig eine Bestimmung, wonach die **Lebensversicherung** während der Darlehenslaufzeit **nicht gekündigt werden darf und laufend bedient werden** muß. Eine solche Bedingung dient nicht der Absicherung des Kredits, sondern soll verhindern, daß

---

[26] Vgl. Rundschreiben 68/92, S. 4.

[27] *Ehlers,* BB 1993, Beilage 4, S. 3.

[28] OLG München v. 13. 6. 1986, VersR 1987, S. 810; OLG Karlsruhe v. 16. 3. 1988, VersR 1989, S. 34.

Lebensversicherungen nur zum Schein abgeschlossen werden, um günstige Zinskonditionen zu erlangen. Die Klausel ist daher meines Erachtens keine potentiell steuerschädliche Abrede.

Eine Hinterlegung der Versicherungspolice beim Darlehensgeber (Sicherungsverwahrung) im Falle der Beschränkung der Abtretung auf den Todesfall stellt im übrigen keine schädliche Hinterlegung für den Erlebensfall dar.[29] **54**

(einstweilen frei) **55–60**

IV. Einsatz zur Tilgung

– Vgl. BMF vom 19. 5. 1993, Tz. 3 (*abgedruckt im* Anhang II.1); BMF vom 2. 11. 1993, Tz. 1 (*abgedruckt im* Anhang II.3) –

1. Ausdrückliche Tilgungsvereinbarung

Inzwischen kann es wohl als unstrittig gelten, daß es auch einen schädlichen Einsatz zur Tilgung ohne vorhergehenden Einsatz zur Sicherung gibt. Das Gesetz geht von einer solchen Möglichkeit aus. Die Tz. 3 des Lebensversicherungserlasses vom 19. 5. 1993 ist offenbar so zu verstehen, daß eine ausdrückliche Tilgungsabrede für sich allein genügt, um einen ggf. steuerschädlichen Einsatz zur Tilgung zu begründen. **61**

Beispiel: Im Vertrag über einen Betriebsmittelkredit (= steuerschädliche Verwendung) findet sich folgende Formulierung: „Der Kredit wird aus der Ablaufleistung der XY-Lebensversicherung getilgt." Da die Rechtslage unklar ist, sollte auf derartige Absichtserklärungen verzichtet werden.

Die ausdrückliche Tilgungsabrede kann grundsätzlich sowohl in schriftlicher als auch in **mündlicher Form** getroffen werden, wobei im Falle mündlicher Abreden der Frage des Nachweises eine erhöhte Bedeutung zukommen dürfte. Soweit sich aus Aktennotizen der Bank oder dem Schriftverkehr mit der Bank einwandfrei ergibt, daß eine Tilgung aus der Ablaufleistung der Lebensversicherung und nicht aus dem freien Vermögen beabsichtigt war, liegt eine mündliche Tilgungsabrede unwiderlegbar vor.

Sofern der Darlehensvertrag eine (einfache) Schriftformklausel enthält – was der Regelfall sein dürfte –, ist eine mündliche Tilgungsabrede meines Erachtens zivilrechtlich gleichwohl wirksam, da die Parteien mit der mündlichen Nebenabrede gleichzeitig konkludent den Formzwang formlos aufheben können.[30]

Etwas anderes – zivilrechtliche Unwirksamkeit – könnte nur bei einer sog. *qualifizierten Schriftformklausel* (ausdrückliche Vereinbarung des Schriftformzwangs für die Aufhebung der Schriftformklausel) gelten,[31] was allerdings

---

[29] Vgl. *Broudré,* 1994, S. 19.

[30] Vgl. *Heinrichs,* in: *Palandt,* Bürgerliches Gesetzbuch, 54. Aufl. 1995, § 125 Tz. 14.

[31] Vgl. BGH v. 17. 4. 1991, WM 1991, S. 1398.

auch strittig erscheint.[32] Liegt eine zivilrechtlich unwirksame mündliche Tilgungsabrede vor, stellt sich die Frage, ob die Versicherung gleichwohl – wegen § 41 AO – der Tilgung dient.

2. *Konkludente Tilgungsvereinbarung*

62 Die bloße **wirtschaftliche Verknüpfung** durch Übereinstimmung von Darlehens- und Versicherungslaufzeit begründet weder einen Einsatz zur Sicherung noch zur Tilgung.

Demgemäß hält *Broudré*[33] die bloße Absicht, Lebensversicherungsansprüche zur Tilgung eines Darlehens zu verwenden, ohne zusätzliche objektive Abrede nicht für ausreichend, ein „Dienen" i. S. des § 10 Abs. 2 Satz 2 EStG anzunehmen.

Beispiel: Gleichzeitig mit der Aufnahme eines Bankkredites wird eine Lebensversicherung abgeschlossen, deren Fälligkeit mit der des Bankkredites übereinstimmt. Die Versicherungssumme wird so bemessen, daß die Ablaufleistung zur Kredittilgung ausreicht. Beide Verträge sind in der Weise miteinander verknüpft, daß die finanziellen Auswirkungen des Gesamtpaketes aus Bankkredit und Versicherung prospektmäßig durch Beispielrechnungen dargestellt werden und/oder Bankkredit und Versicherung von derselben Person gegen Provision vermittelt werden.

63 Eine steuerschädliche Sicherungs- oder Tilgungsabrede kann in derartigen Planungen meines Erachtens nicht erblickt werden. Restriktiver erscheint demgegenüber die Auffassung von *Horlemann*:[34]

„Allerdings kann m. E. die schädliche Verwendung dann aus der Tatsache der Kredittilgung mit den Ansprüchen aus dem Versicherungsvertrag hergeleitet werden, wenn ein wirtschaftlicher Gesamtzusammenhang rechtlich bzw. **tatsächlich** erkennbar zwischen Darlehens- und Versicherungsvertrag hergestellt werden kann.

In dieser **wirtschaftlichen Verknüpfung** der fälligen Versicherungsansprüche mit einer Kredittilgung liegt m. E. die Bedeutung der zweiten Variante, die zur Steuerschädlichkeit führen kann, nämlich die Verwendung zur Tilgung eines Darlehens. Während der Dauer der Versicherung können sonst nämlich die noch nicht fälligen Ansprüche nur mittelbar zur Tilgung eines Darlehens eingesetzt werden, indem ein Policendarlehen zur Tilgung anderer Kredite verwendet wird und die Ansprüche aus dem Versicherungsvertrag als Sicherheit für das Policendarlehen zur Verfügung stehen."

Welcher Art die steuerschädliche „wirtschaftliche Verknüpfung" sein soll, sagt *Horlemann* nicht. Er räumt allerdings ein, daß sich die Finanzverwaltung durch das Abstellen auf eine Sicherungs- und/oder Tilgungsabrede gebunden hat, konkludentes Handeln nicht als schädlich anzusehen.

64 Die wirtschaftliche Verknüpfung stellt für *Wacker*[35] ein **Indiz für eine mündliche Tilgungsabrede** dar. Bei einer Tilgungsaussetzung **sei das Bestehen ei-**

---

[32] A. A. *Heinrichs*, in: *Palandt*, Bürgerliches Gesetzbuch, 54. Aufl. 1995, § 125 Tz. 14 m. w. N.

[33] Vgl. *Broudré*, 1994, S. 15.

[34] *Horlemann*, Inf. 1993, S. 52.

[35] Anläßlich eines Seminars am 16. 11. 1993 in Düsseldorf.

ner mündlichen Tilgungsabrede generell zu vermuten. Um diese Vermutung zu widerlegen, müsse der Steuerpflichtige nachweisen, daß die Tilgung aus anderem (freien) Vermögen möglich und gewollt sei. Die Tilgungsaussetzung muß also mit Blick auf dieses sonstige Vermögen und nicht etwa mit Blick auf die Lebensversicherung gewährt worden sein. Diese Auffassung halte ich zwar für überzogen, aus Vorsichtsgründen sollte jedoch jeder Hinweis darauf, daß die Tilgungsaussetzung im Hinblick auf die Versicherung gewährt wird, vermieden werden. Die Lebensversicherung sollte also am besten erst einige Zeit nach dem Darlehnsvertrag abgeschlossen werden. Die Ablaufleistung sollte deutlich höher oder niedriger sein als das Darlehen. Die Fälligkeiten von Darlehen und Lebensversicherung sollten nicht genau übereinstimmen (Beispiel: Darlehen 10 Jahre Laufzeit, Lebensversicherung 12 Jahre Laufzeit. Das Darlehen wird später bis zur Fälligkeit der Lebensversicherung verlängert). Im Darlehnsvertrag darf sich kein Hinweis auf die beabsichtigte Art der Tilgung durch die Lebensversicherung befinden. Vielmehr sollte in den Darlehnsvertrag die Tilgung aus anderen Quellen (Wertpapierverkauf, Erbschaft, usw.) aufgenommen werden. Wer ganz sicher gehen will, sollte keine völlige Aussetzung der Tilgung mehr vereinbaren, sondern immer eine (geringfügige) Tilgung vorsehen.

3. *Vorausverfügungen*

Hierbei handelt es sich um die schlichte „Mitteilung" an die Lebensversicherungsgesellschaft, auf welches Bankkonto die Versicherungsleistung bei Fälligkeit überwiesen werden soll. Zwei Fälle sind zu unterscheiden:[36] **65**

(1) routinemäßige Vorausverfügung
(2) bankinitiierte Vorausverfügung

Im Normalfall schreibt die Lebensversicherungsgesellschaft ihre Kunden kurz vor Ablauf der Versicherung an, um zu erfragen, auf welches Konto die Ablaufleistung ausgezahlt werden soll. Der Versicherungsnehmer wird diese Anfrage regelmäßig zügig beantworten, um Zinsnachteile zu vermeiden (*routinemäßige Vorausverfügung*). Im Erlaß vom 2. 11. 1993 wird zunächst klargestellt, daß eine routinemäßige Vorausverfügung („bei dem geschilderten Sachverhalt") über die Versicherungsleistung „grundsätzlich" weder eine Sicherungs- noch eine Tilgungsabrede darstellt.

Nur die Fälle der bankinitiierten Vorausverfügung sollen zur Steuerschädlichkeit führen können, vorausgesetzt, daß der mit der Ablaufleistung zu tilgende Kredit nicht die neuen Bedingungen für eine steuerunschädliche Finanzierung erfüllt.

Beispiel: (1) Ein Schuldner kann seinen Verpflichtungen aus einem Warenkredit nicht mehr nachkommen. Die Bank möchte den Kredit fällig stellen. Der Schuldner bittet

[36] Vgl. *Broudré,* 1994, S. 18 Beispiel 13.

darum, den Kredit um einige Monate zu verlängern, da dann seine Lebensversicherung fällig wird, die er zur Schuldentilgung verwenden könnte. Mit Blick auf diese Versicherung verzichtet die Bank auf die außerordentliche Kündigung und gewährt eine Tilgungsaussetzung. Eine Abtretung der Lebensversicherung wird nicht vereinbart, da dies bei einem Warenkredit stets zur Steuerschädlichkeit führen würde. Um zu verhindern, daß die Ablaufleistung an einen anderen Gläubiger ausgezahlt wird, verlangt die Bank, daß der Schuldner eine (verbindliche) Zahlungsanweisung (= bankinitiierte Vorausverfügung) zu ihren Gunsten erteilt.

(2) Bereits bei der Aufnahme des Warenkredits, dessen Tilgung bis zur Fälligkeit einer vorhandenen oder neu abgeschlossenen Lebensversicherung ausgesetzt wurde, verlangt die Bank, daß der Schuldner seine Versicherungsgesellschaft (unwiderruflich) anweist, die Ablaufleistung nur an die kreditgebende Bank auszuzahlen.

V. Begriff des Darlehens

– Vgl. BMF vom 18. 11. 1993 (*abgedruckt im* Anhang II.5); BMF vom 26. 9. 1994, Tz. 4 (*abgedruckt im* Anhang II.8) –

66 Die Lebensversicherung muß der Sicherung oder Tilgung eines Darlehens dienen, wobei es nicht darauf ankommt, ob ein Darlehen des Versicherungsnehmers oder eines Dritten (z. B. von Angehörigen oder der eigenen GmbH) abgesichert wird. Der Darlehensbegriff ist auslegungsbedürftig. Nicht jede Verbindlichkeit stellt ein Darlehen i. S. des § 10 Abs. 2 EStG dar.

Beispiel: (1) Ein Bürge verlangt zur Absicherung seiner Regreßforderungen die Abtretung einer Lebensversicherung. Eine **Eventualverpflichtung** ist kein Darlehen.[37]

(2) Aufgrund einer Globalabtretung bzw. weiten Sicherungszweckerklärung kann die Bank eine Lebensversicherung auch verwerten, wenn der Schuldner seine Zinsverbindlichkeiten nicht bezahlt. Die Entstehung einer **Zinsverbindlichkeit** ist noch kein Darlehen.

(3) Zur Absicherung seiner Forderung auf Einlagenrückgewähr im Kündigungsfall läßt sich ein typisch stiller Gesellschafter vom Geschäftsherren eine Lebensversicherung abtreten. Eine **stille Beteiligung** ist kein Darlehen.

67 Andererseits kann nicht ausgeschlossen werden, daß der Darlehensbegriff des § 10 Abs. 2 EStG über den zivilrechtlichen Darlehensbegriff i. S. des § 607 BGB hinausgeht, da es insoweit keine Maßgeblichkeit des Zivilrechts gibt.[38] Die **Stundung** eines Kaufpreises, die Einräumung eines Zahlungsziels und die Vereinbarung von Ratenzahlungen sind wirtschaftlich vergleichbare Formen der Kreditgewährung, die ebenfalls unter die Neuregelung fallen sollen.[39]

Beispiel: (1) Das Finanzamt stundet einem Einzelunternehmer gegen Abtretung einer Lebensversicherung
(a) Einkommen-, Vermögen-,
(b) Umsatz- und Gewerbesteuer.
Betrachtet man die Stundung als Darlehensgewährung i. S. des § 10 Abs. 2 EStG, ist der

---

[37] Sofern die Bürgschaft der Absicherung eines Darlehens dient, gilt dies (mittelbar) auch für die Lebensversicherung, wodurch Steuerschädlichkeit eintreten kann. Vgl. RdNr. 41.

[38] Das verkennt *Dahm,* DStZ 1993, S. 388.

[39] Vgl. *Wacker,* DB 1993, Heft 10, Beilage 4, S. 5f.

Einsatz der Lebensversicherung im zweiten Fall steuerschädlich, weil die Stundungszinsen Betriebsausgaben oder Werbungskosten sind.

(2) Das Finanzamt stundet einer GmbH Körperschaft- und Vermögensteuer gegen Abtretung einer Lebensversicherung durch den Gesellschafter.

Obwohl diese Steuern das körperschaftsteuerpflichtige Einkommen nicht mindern dürfen, können Stundungszinsen als Betriebsausgaben abgezogen werden.[40] Der Lebensversicherungseinsatz zur Erlangung einer Steuerstundung wäre demnach bei Kapitalgesellschaften immer steuerschädlich.

Rückständige Zinsverbindlichkeiten werden zu einem Darlehen, wenn sie nicht innerhalb von einem Jahr nach ihrer Entstehung beglichen worden sind. Wird eine Stundung vereinbart, liegt ab diesem Zeitpunkt ein Darlehen i. S. des § 10 Abs. 2 Satz 2 EStG vor.[41]

In einem BMF-Schreiben vom 18. 11. 1993 zur Frage der Steuerschädlichkeit 68
bei Belastung des laufenden Darlehenskontos mit fälligen Zinsen, Gebühren für Kontoführung sowie Gebühren für die Haus-Zeitschrift wird danach differenziert, ob das Darlehenskonto in der Form eines Festkredits oder eines Kontokorrentkredits geführt wird:

„Wird das Konto in der Form eines Kontokorrentkredits geführt, so stellt jede Belastung mit Zinsen, Kontoführungsgebühren, Gebühren für die Haus-Zeitschrift usw. eine Darlehens-Teilvalutierung dar, die nach dem 13. 2. 1992 bei Absicherung oder Tilgungsvereinbarung durch Lebensversicherungsansprüche für den Erlebensfall zur Steuerschädlichkeit führen würde.

Wird das Darlehenskonto in Form eines Fest-Kredits geführt, kommt es darauf an, wie die Zinsen, Gebühren und Kosten gezahlt werden. Werden diese Zahlungen mit den laufenden Tilgungsraten in der Weise geleistet, daß die Rate zunächst für diese Aufwendungen verwendet wird, hat sich das Darlehen insoweit nicht erhöht. Der Vorgang ist nicht steuerschädlich. Erhöhen hingegen die Zinsen, Gebühren und Kosten das Darlehenskonto und werden diese Aufwendungen erst bei Laufzeitende des Darlehens, z. B. mit der letzten Rate, verrechnet, liegt eine steuerschädliche Darlehenserhöhung vor. Zu einer steuerschädlichen Darlehenserhöhung kann es allerdings auch kommen, wenn der Darlehensnehmer seiner Zahlungsverpflichtung nicht nachkommt und z. B. eine Rate gestundet wird."

Gemäß dem BMF-Schreiben vom 26. 9. 1994, das im übrigen unter der 69
Nr. 4 nahezu wörtlich die Ausführungen des oben schon erwähnten BMF-Schreibens vom 18. 11. 1993 übernimmt, soll es aus Vereinfachungsgründen nicht zu beanstanden sein, wenn bei vereinbarter laufender Zahlung von Zinsen, Gebühren und Kosten der Darlehensvaluta aus technischen Abwicklungsgründen zunächst Zinsen, Gebühren und Kosten zugerechnet, diese sodann aber mit der nächstfälligen Zahlung wieder ausgeglichen werden.

Entsprechendes soll bei sog. Abwicklungskonten gelten, „bei denen vereinbarungsgemäß die fälligen Zinsen auf dem Darlehenskonto belastet und rechnerisch der Darlehensvaluta hinzugerechnet werden, wenn der entsprechende Zinsbetrag unverzüglich bezahlt wird und ein zusätzlicher Kreditrahmen nicht eingeräumt wird."

---

[40] § 10 Nr. 2 KStG i. V. m. § 234 AO.

[41] Vgl. *Broudré,* 1994, S. 50.

70 Die Problematik der Belastung eines Darlehenskontos mit Zinsen, Gebühren und Kosten wird noch einmal in nachfolgender Übersicht verdeutlicht:

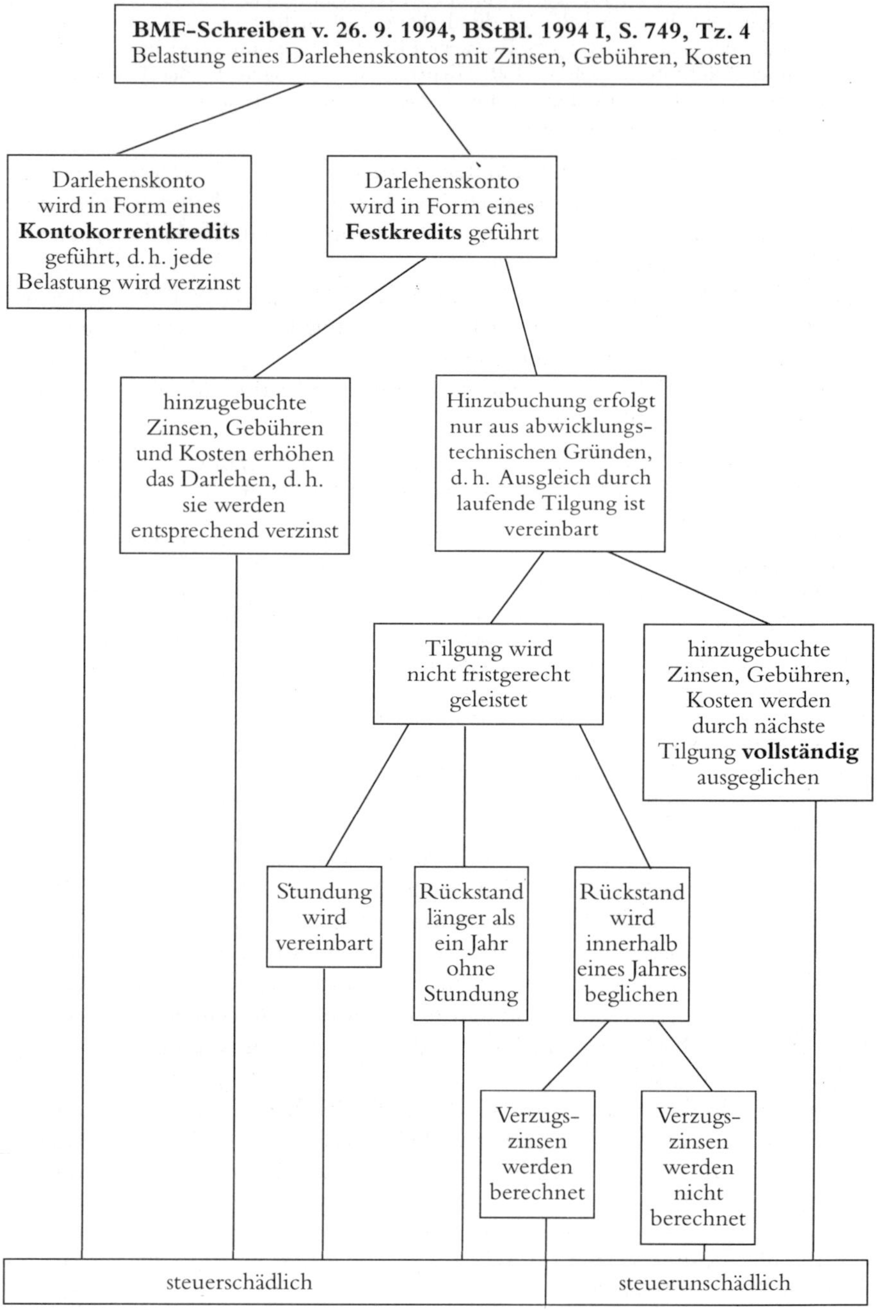

Fraglich ist, ob zinslose Stundungen deshalb nicht unter die Neuregelung fallen, weil es an Finanzierungskosten fehlt. Denn nur Darlehen, deren Zinsen Betriebsausgaben oder Werbungskosten sind, können die Steuerschädlichkeit bewirken. Auch bei ausdrücklich vereinbarter **Zinslosigkeit** ist für steuerliche Zwecke aber dann ein Zinsanteil auf der Basis von 5,5% herauszurechnen, wenn die Laufzeit der Forderung mehr als ein Jahr beträgt und es sich nicht um eine Vereinbarung unter nahen Angehörigen, sondern unter Fremden handelt.[42] 71

Ein Zinsanteil ist wirtschaftlich gesehen insbesondere dann in einer unverzinslichen Geldleistungsverpflichtung enthalten, wenn unterstellt werden kann, daß bei einer sofortigen Begleichung der Verpflichtung ein geringerer Geldaufwand erforderlich wäre als bei einer zukünftigen Tilgung der Verpflichtung.[43]

Die – im Hinblick auf die abgetretene Lebensversicherung steuerschädlichen – zinsähnlichen Betriebsausgaben würden dann in der jährlichen Zuschreibung des Barwerts der Verbindlichkeit bzw. in der entsprechenden Auflösung der zunächst gebildeten aktiven Rechnungsabgrenzung stecken.

Gegen eine über den zivilrechtlichen Darlehensbegriff hinausgehende Ausle- 72
gung spricht meines Erachtens die Entstehungsgeschichte der Vorschrift. So wurde der Begriff „Darlehen" erst aufgrund eines Vorschlags des Finanzausschusses[44] an die Stelle der noch im Gesetzentwurf der Regierungsfraktionen[45] enthaltenen Formulierung („... Sicherung eines Kredits ...") gesetzt. Darin liegt meines Erachtens eine Einengung des Anwendungsbereiches gegenüber dem weiten wirtschaftlichen Begriff der Kreditgewährung, zumal diese Finanzierungen mit Zinsaufblähungsmodellen nichts zu tun haben.

VI. Ansprüche aus Versicherungsverträgen

– Vgl. BMF vom 19. 5. 1993, Tz. 2 (*abgedruckt im* Anhang II. 1) –

Ansprüche aus Lebensversicherungsverträgen sind die Summe aller im To- 73
desfall oder am Ende der Laufzeit eines Versicherungsvertrages zu erbringenden Leistungen (Versicherungssumme, Ablaufleistung, Überschußanteile). Bei Rentenversicherungen kommen Ansprüche auf Kapitalabfindung, Beitragsrückgewähr und Rentenzahlungen vor. Diese Ansprüche entstehen pro rata temporis über die Versicherungslaufzeit und schlagen sich für den Versicherungsnehmer in einer kontinuierlichen Erhöhung des sog. Rückkauf- und Beleihungswertes seiner Versicherung erkennbar nieder. Letztlich ist es unerheblich, ob alle oder nur bestimmte Ansprüche zur Finanzierung eingesetzt werden. Auch minimale Teilabtretungen können die Steuerschädlichkeit auslösen.

[42] BFH v. 21. 10. 1980, BStBl. 1981 II S. 160.
[43] Vgl. R 38 Abs. 3 EStR 1993.
[44] BT-Drucks. 12/1506, S. 20.
[45] BT-Drucks. 12/1108, S. 6.

VII. Einsatz im Erlebensfall

– Vgl. BMF vom 19. 5. 1993, Tz. 3 (*abgedruckt im* Anhang II. 1); BMF vom 2. 11. 1993, Tz. 1 (*abgedruckt im* Anhang II.3) –

1. Sicherungs-/Tilgungsabrede für den Erlebensfall

74 Ansprüche aus Versicherungsverträgen dienen währen deren Dauer im Erlebensfall der Tilgung oder Sicherung eines Darlehens, wenn sie gepfändet werden oder vor ihrer Fälligkeit eine Tilgungs-/Sicherungsabrede zwischen Darlehensgeber und -nehmer getroffen worden ist. Steuerlich unschädlich ist, wenn

a) nach Fälligkeit der Versicherung im Erlebensfall die Versicherungsleistung zur Darlehenstilgung verwendet wird, ohne daß vorher eine Tilgungs-/Sicherungsabrede getroffen worden ist,
b) nach Eintritt des Versicherungsfalles durch Tod der versicherten Person die Versicherungsleistung zur Darlehenstilgung verwendet wird, ohne daß eine Sicherungsabrede für den Erlebensfall getroffen worden ist.

Steuerschädlichkeit tritt demnach ein, wenn für den Erlebensfall eine **Sicherungsabrede** getroffen oder Versicherungsansprüche ohne vorherige Abrede gepfändet worden sind.

Beispiel: (1) Ein Kreditnehmer tritt seinem Kreditgeber die Ansprüche aus einer Lebensversicherung im Wege der stillen Zession ab. Mit der Ablaufleistung der Lebensversicherung tilgt er den Kredit.
Da die Lebensversicherung während der Dauer des Versicherungsvertrags Sicherungszwecken diente, liegt eine steuerschädliche Verwendung vor.
(2) Der Kreditnehmer geht während der Kreditlaufzeit keinerlei Bindungen ein und tilgt den Kredit aus der Lebensversicherungsleistung ohne vorhergehende Verpflichtung.
In diesem Fall liegt kein steuerschädlicher Einsatz der Versicherungsansprüche vor. Der Darlehensgeber wird in der Regel aber andere Sicherheiten verlangen und sich nicht mit dem unverbindlichen Versprechen des Kreditnehmers begnügen, das Darlehen eines Tages mit der Ablaufleistung der Versicherung zu tilgen.

75 Steuerschädlichkeit tritt nach dem Wortlaut des Erlasses vom 19. 5. 1993 auch durch eine für den Erlebensfall getroffene **Tilgungsabrede** ein.

Nachdem sich die Finanzverwaltung im letzten Satz der Tz. 1 des Erlasses vom 2. 11. 1993 von der bisherigen, abschließenden Definition des Begriffs „dienen“ verabschiedet hat, besteht nunmehr die Gefahr, daß auch in solchen Fällen eine steuerschädliche Tilgungsabrede unterstellt werden könnte, in denen man dies nicht unbedingt sofort vermuten würde (vgl. hierzu im einzelnen RdNr. 61–65).

2. Abtretung nur der Todesfalleistung steuerunschädlich

76 Ansprüche aus Versicherungsverträgen, die nur für den Todesfall der Tilgung oder Sicherung eines Darlehens dienen, fallen nicht unter die Einschrän-

kung des § 10 Abs. 2 Satz 2 EStG und des § 20 Abs. 1 Nr. 6 Satz 3 EStG. Potentiell steuerschädlich ist nur die Absicherung im Erlebensfall. Beschränkt sich die Abtretung auf die Todesfalleistung, können somit auch Darlehen abgesichert werden, die die neuen Anforderungen des § 10 Abs. 2 Satz 2 Buchstabe a EStG nicht erfüllen.

Beispiel: (1) Eine Bausparkasse verlangt den Abschluß einer Risikolebensversicherung, um die Tilgung eines zur Finanzierung von Renovierungskosten (= steuerschädlich) verwendeten Bauspardarlehens im Falle des Todes des Darlehensnehmers sicherzustellen. Der Darlehensnehmer tritt statt dessen die Todesfalleistung einer vorhandenen Kapitallebensversicherung ab, um die Kosten für einen Neuabschluß zu sparen.

(2) Ein Betriebsmittelkredit (= steuerschädlich) wird für den Fall des Todes durch eine Lebensversicherung abgesichert. Für den Erlebensfall besteht keine Sicherungsabrede.

Die Finanzierungen sind steuerunschädlich, da kein Einsatz im Erlebensfall vorliegt.

Pfalzgraf/Meyer[46] sehen bei der Abtretung nur der Todesfalleistung Parallelen zur Einräumung eines unwiderruflichen Bezugsrechts (vgl. hierzu RdNr. 46–47) und befürchten daher, daß auch eine solchermaßen begrenzte, allgemein als steuerunschädlich angesehene Todesfallabtretung Ansprüche auf den Rückkaufwert auch im Erlebensfall begründen und damit zur Steuerschädlichkeit führen könnte. Sie befinden sich damit allerdings – wie sie selbst einräumen – im Widerspruch zur herrschenden Meinung im Schrifttum sowie bei der Finanzverwaltung.[47]

Mir erscheint dieser Gedanke eher abwegig, zumal er in letzter Konsequenz bedeuten würde, daß entgegen dem insoweit eindeutigen Gesetzeswortlaut auch eine auf den reinen Todesfall begrenzte Abtretung bei Nichtbeachtung der Finanzierungsspielregeln generell steuerschädlich wäre.

Bei einer auf die Todesfalleistung beschränkten Abtretung steht das Kündi- **77**
gungsrecht nach wie vor dem Versicherungsnehmer zu. Durch Kündigung würde der Darlehensgeber seine Todesfallabsicherung verlieren. Um dies zu verhindern, könnte er den Darlehensnehmer verpflichten, das Kündigungsrecht nicht auszuüben. Fraglich ist, ob hierin der Einsatz der Erlebensfallansprüche zu sehen ist. Meines Erachtens ist das nicht der Fall. Vielmehr geht es nur um die Erhaltung des Todesfallschutzes. Für den Erlebensfall hat die Bank keine zusätzliche Sicherheit. Es verhält sich somit ähnlich wie bei einer Negativklausel. Nachdem diese jedoch von den Vertretern der Finanzverwaltung als Einsatz von Erlebensfallansprüchen gewertet wird, sollten Kündigungsausschlußvereinbarungen nicht getroffen werden.

Die von den Banken und Versicherungen neuerdings verwendeten Formulare für Todesfallabtretungen enthalten eine Übertragung des **Kündigungsrechts** auf die finanzierende Bank bzw. Versicherungsgesellschaft, mit der Maßgabe,

---

[46] Vgl. *Pfalzgraf/Meyer,* DStR 1994, S. 965f.
[47] Vgl. *Pfalzgraf/Meyer,* DStR 1994, S. 965 m. w. N.

daß das Kündigungsrecht nur noch gemeinsam vom Versicherungsnehmer und von der finanzierenden Gesellschaft ausgeübt werden kann. Dadurch soll verhindert werden, daß der Versicherungsnehmer durch Kündigung des Vertrages den Wert der Todesfallabtretung aushöhlt. Eine solche Vereinbarung wird allgemein als steuerunschädlich angesehen.[48] Problematisch wäre lediglich die Übertragung des alleinigen Kündigungsrechts auf die kreditgebende Institution.

Regelmäßig wird außerdem vereinbart, daß das **Bezugsrecht** im Todesfall der Bank zusteht. Hierbei handelt es sich um ein widerrufliches Bezugsrecht, das unproblematisch ist. Wird das Bezugsrecht dagegen ausdrücklich als „unwiderruflich" bezeichnet, liegt keine reine Todesfallabtretung vor. Vielmehr werden durch diese Ausgestaltung des Bezugsrechts auch die Erlebensfallansprüche als Sicherheit eingesetzt, was regelmäßig zur Steuerschädlichkeit führen wird.[49]

Bei einer reinen Todesfallabtretung führt eine **weite Sicherungszweckerklärung** nicht zur Steuerschädlichkeit, weil diese nur für den Todesfall gilt. Auch die **Hinterlegung** der Versicherungspolice führt nicht dazu, daß Erlebensfallansprüche als Sicherheit dienen.[50]

3. Steuerfreiheit der Todesfalleistung auch bei schädlicher Verwendung?

78 In einem früheren Erlaßentwurf wollte die Finanzverwaltung die Todesfalleistungen generell nicht besteuern, weil kein Einsatz im Erlebensfall im Sinne einer Verwendung der aus der Versicherung fließenden Gelder vorliege. Ein steuerschädlicher Einsatz von Erlebensfallansprüchen würde danach durch den vorzeitigen Tod der versicherten Person geheilt werden.

Beispiel: Eine Lebensversicherung (Versicherungssumme 100000 DM) wurde als Sicherheit für einen Kredit zur Anschaffung festverzinslicher Wertpapiere (= Forderungen) abgetreten und damit steuerschädlich eingesetzt. Der Versicherungsnehmer stirbt bereits ein Jahr nach Versicherungsbeginn. Die Todesfalleistung von 100000 DM wird zur Tilgung des Bankkredits verwendet.

Broudré[51] weist in diesem Zusammenhang ausdrücklich darauf hin, daß der Eintritt des Versicherungsfalles durch Tod der versicherten Person nicht zu einer rückwirkenden Heilung einer gegebenenfalls zu Lebzeiten vereinbarten schädlichen Verwendung der Lebensversicherungsansprüche führe.

79 Die „Amnestieregelung" hätte möglicherweise Gestaltungen mit extrem langer Versicherungsdauer provoziert, um die Besteuerung der Zins- und Überschußanteile zu vermeiden.

---

[48] Gl. A. *Jäger,* 1994, S. 90.
[49] Vgl. oben RdNr. 46f.
[50] Vgl. *Broudré,* 1994, S. 19.
[51] *Broudré,* 1994, S. 19.

Beispiel: Sachverhalt wie im letzten Beispiel mit der Maßgabe, daß die Versicherung auf das Endalter 95 abgeschlossen wird. Sie wird daher aller Wahrscheinlichkeit nach nicht durch Zeitablauf, sondern durch den Tod des Versicherungsnehmers enden, da dessen statistische Lebenserwartung (erheblich) geringer ist als die vereinbarte Vertragslaufzeit.

Um derartige Steuermodelle nicht zu begünstigen, war die Behandlung der **80**
Todesfalleistung im endgültigen Erlaß nicht mehr ausdrücklich enthalten. Die Entstehungsgeschichte zeigt jedoch, daß die Auslegung des Tatbestandsmerkmals „Erlebensfall" nicht ganz zweifelsfrei ist.[51a]

(einstweilen frei) **81–90**

VIII. Einsatz während der Versicherungsdauer

Bei bestimmten Vertragstypen kommt es zu **Teilauszahlungen während** **91**
der Laufzeit des Vertrages. In diesem Sonderfall stellt sich die Frage, ob die Verwendung der Teilauszahlungen zur Tilgung von Krediten steuerschädlich sein kann. Obwohl der Vertrag im Zeitpunkt der Teilauszahlung noch nicht beendet ist, sondern weiterläuft, wird man für steuerliche Zwecke von einer teilweisen Beendigung ausgehen können. Bei wirtschaftlicher Betrachtung liegt damit kein Einsatz zur Tilgung während der Versicherungsdauer vor.

IX. Einsatz im Rahmen der Einkunftserzielung

– Vgl. BMF vom 19. 5. 1993, Tz. 4 (*abgedruckt im* Anhang II.1) –

1. Betriebsausgaben/Werbungskosten

Zweck der Neuregelung war es, die steuerliche Vorteilhaftigkeit von Zins- **92**
aufblähungsmodellen zu beseitigen. Derartige Modelle sind für den Steuerpflichtigen nur sinnvoll, wenn die Zinsen als **Betriebsausgaben** oder **Werbungskosten** abgezogen werden können. Potentiell steuerschädlich sind daher nur Finanzierungen im Rahmen der sieben Einkunftsarten. Das Abzugsverbot greift nicht, wenn die Finanzierungskosten weder Betriebsausgaben noch Werbungskosten sind. Allerdings genügt es, wenn die Finanzierungskosten teilweise und/oder zeitweilig Betriebsausgaben- bzw. Werbungskostencharakter haben.

[51a] Für eine generelle Steuerbefreiung der Todesfalleistung *Nolde,* in: *Herrmann/Heuer/Raupach,* § 10 EStG grüne Blätter S. 29; *Scheurmann-Kettner/Broudré,* DB 1992, S. 1109; ablehnend *Wacker,* DB 1993, Beilage 4, S. 8; *Ehlers,* BB 1993, Beilage 4, S. 3.

2. Steuermindernde Auswirkung irrelevant

93 Unerheblich ist, ob die Zinsen **tatsächlich steuermindernd** als Betriebsausgaben oder Werbungskosten geltend gemacht wurden. Es soll genügen, wenn dem Grunde nach Werbungskosten oder Betriebsausgaben vorliegen.

Beispiele: (1) Ein Steuerpflichtiger finanziert einen privaten Pkw, den er für Fahrten zur Arbeitsstätte benutzt, mit einem Darlehen, das durch eine Lebensversicherung abgesichert ist. Die anteiligen Pkw-Kosten für Fahrten zur Arbeit sind – unabhängig davon, ob das Fahrzeug ein Arbeitsmittel ist oder nicht[52] – *dem Grunde nach* Werbungskosten. Derartige Aufwendungen können aber nur pauschaliert mit 0,70 DM/km geltend gemacht werden. Auf die echten Kosten kommt es nicht an. Der Steuerpflichtige meint daher, er könne finanzieren wie er will.
Obwohl sich die tatsächlichen Finanzierungskosten nicht steuermindernd auswirken können, handelt es sich um eine Finanzierung im Rahmen der Einkunftserzielung.

(2) Ein Arbeitnehmer hat ein häusliches Arbeitszimmer. Die anteiligen Kosten betragen 1000 DM. Da die Summe aller Werbungskosten unter dem Werbungskostenpauschbetrag von 2000 DM liegt, wirken sich die Finanzierungskosten des Arbeitszimmers nicht steuermindernd aus. Trotzdem liegt ein Lebensversicherungseinsatz im steuerrelevanten Bereich vor.

(3) Ein Steuerpflichtiger setzt die mit seinem Arbeitszimmer zusammenhängenden (geringfügigen) Finanzierungskosten bewußt nicht als Werbungskosten ab, weil er glaubt, sich dadurch die Steuerprivilegien seiner Lebensversicherung erhalten zu können. Das ist jedoch nicht möglich. Die Steuerschädlichkeit hängt nicht davon ab, ob sich die Zinsen steuermindernd ausgewirkt haben.[53]

In allen Beispielsfällen handelt es sich um begünstigte Wirtschaftsgüter, so daß eine Finanzierung unter Einsatz von Lebensversicherungen prinzipiell möglich ist. Steuerschädlichkeit tritt nicht ein, wenn alle neuen Spielregeln über die Gesamtlaufzeit der Finanzierung eingehalten werden. Zur Steuerschädlichkeit kommt es aber beispielsweise, wenn die Darlehensmittel länger als 30 Tage auf einem Girokonto liegen, bevor sie zur Finanzierung eingesetzt werden.

94 Umgekehrt tritt eine Steuerschädlichkeit nicht deshalb ein, weil die Finanzierungskosten (ausnahmsweise) als **Sonderausgaben** oder **außergewöhnliche Belastungen** abziehbar sind. Denn das Gesetz spricht ausdrücklich nur von Betriebsausgaben und Werbungskosten, nicht aber von „steuerlich absetzbaren Aufwendungen“.[54]

Beispiel: Ein Steuerpflichtiger hat einen Einfamilienhausneubau erworben. Im Rahmen des § 10e EStG setzt er folgende Finanzierungskosten an:
(1) Disagio und Zinsen vor Bezug (sog. Vorkosten, § 10e Abs. 6 EStG)
(2) 3 Jahre lang 12000 DM (§ 10e Abs. 6a EStG)

---

[52] BFH v. 1. 10. 1982, BStBl. 1983 II S. 17 (19 letzter Absatz). Die Problematik verkennt *Dahm,* DStZ 1993, S. 388.

[53] Gl. A. *Horlemann,* Inf. 1993, S. 52; *Scheurmann-Kettner/Broudré* (DB 1993, S. 345) halten dies für „selbstverständlich“..; *Wacker,* NWB F. 3, S. 8501.

[54] Gl. A. *Broudré,* 1994, S. 10, 22.

Der Einsatz der Lebensversicherung ist in jedem Fall steuerunschädlich, sofern und solange das Einfamilienhaus *ausschließlich* eigenen Wohnzwecken dient.

Wird eine auf Einnahmenerzielung gerichtete Tätigkeit von der Finanzverwaltung als **Liebhaberei** qualifiziert, weil es an der Gewinn- bzw. Überschußerzielungsabsicht fehlt, liegt ebenfalls ein Lebensversicherungseinsatz im steuerirrelevanten Bereich vor. Der Einsatz der Lebensversicherung ist dann nicht steuerschädlich. 95

Beispiel: Ein mit einer Lebensversicherung abgesichertes Darlehen zur Anschaffung einer Immobilie wird vor der Fälligkeit des Kaufpreises ausbezahlt und für zwei Monate als Festgeld angelegt.

Festgeldzinsen für 2 Monate (6%)	6000 DM
Schuldzinsen für 2 Monate (7%)	7000 DM
Verlust aus Liebhaberei	./. 1000 DM

Mangels Überschußerzielungsabsicht tritt durch die Festgeldanlage keine Steuerschädlichkeit ein.

Etwas anderes gilt nur dann, wenn die Liebhaberei nicht von Anfang an vorliegt, sondern erst zu einem späteren Zeitpunkt mit Wirkung für die Zukunft angenommen wird. In diesem Fall liegt bis zum Beurteilungswechsel eine steuerrelevante Betätigung vor.

3. Problemfälle

a) Geringfügige Mitbenutzung zur Einkunftserzielung

– Vgl. BMF vom 19. 5. 1993, Tz. 25 (*abgedruckt im* Anhang II. 1) –

aa) Selbstgenutzte Grundstücke

Bei Immobilien, die zu eigenen Wohnzwecken genutzt werden, müssen die 96
neuen Finanzierungsregeln – so die gängige, aber ungenaue Darstellung in der Literatur – nicht beachtet werden, d. h. man kann finanzieren wie man will. Man kann also beispielsweise ein Disagio ohne Abtretungsbegrenzung vereinbaren oder andere Werbungskosten durch ein Gesamtdarlehen mitfinanzieren, ohne daß ein Problem für die als Sicherheit eingesetzte Lebensversicherung entsteht. Denn die Finanzierung erfolgt im steuerlich irrelevanten Privatbereich, d. h. die Finanzierungskosten sind weder Betriebsausgaben noch Werbungskosten. Das gilt allerdings nur dann, wenn die Immobilie **ausschließlich** privat genutzt wird. Diese Voraussetzung erfüllt aber fast keine selbstgenutzte Immobilie, was leicht übersehen wird.

Als problematisch sofort zu erkennen ist der Fall des **häuslichen Arbeitszimmers**. Ist ein solches vorhanden, sind die anteilig darauf entfallenden Finanzierungskosten Werbungskosten bzw. Betriebsausgaben. Jedes noch so kleine Arbeitszimmer macht die Finanzierung somit steuerrelevant. Das bedeutet allerdings nicht, daß allein dadurch schon Steuerschädlichkeit eintreten kann. Es bedeutet vielmehr nur, daß die neuen Finanzierungsregeln eingehalten werden 97 müssen. Da eine Immobilie zu den begünstigten Wirtschaftsgütern gehört, kann Steuerschädlichkeit nur eintreten, wenn bei der Erstfinanzierung schädliche Aufwendungen mitfinanziert, der Lebensversicherungseinsatz nicht begrenzt oder die Darlehensmittel zu lange auf einem Festgeld- oder Girokonto zwischenangelegt wurden. Auch bei Umschuldung, Prolongation und Umwidmung können Fehler passieren, die zum Verlust der Steuerprivilegien führen.

98 Aber auch wer (noch) kein Arbeitszimmer hat, wird sich mit seiner Finanzierung – was nicht so ohne weiteres zu erkennen ist – regelmäßig im steuerrelevanten Bereich befinden. Denn zu jeder Immobilie gehört eine **Garage** und in der steht ein Auto, das zu Fahrten zwischen Wohnung und Arbeitsstätte – also steuerrelevant – genutzt wird. In die Pkw-Kosten gehen neben den normalen Unterhaltskosten auch die Kosten der Garage (anteilige Abschreibungen und Zinsen) ein:[55]

> „Zutreffend ist das FG davon ausgegangen, daß mit dem Pauschsatz nach § 9 Abs. 1 Nr. 4 EStG nur die normalen Kosten, die durch Fahrten mit einem eigenen Kraftfahrzeug zwischen Wohnung und Arbeitsstätte entstehen, abgegolten werden. Normale Kosten sind solche Aufwendungen, die mit der laufenden Benutzung des Kraftfahrzeuges typischerweise zusammenhängen. Dazu gehören auch Aufwendungen, die der Arbeitnehmer für die Unterbringung seines Fahrzeugs am Wohnort (z. B. in einer Garage) oder am Ort seiner Arbeitsstätte während der Arbeitszeit macht."

Die auf die Garage entfallenden anteiligen Finanzierungskosten sind also dem Grunde nach Werbungskosten. Dafür spielt es keine Rolle, daß die Aufwendungen sich nur bei Dienstreisen steuermindernd auswirken können, weil es nur hier auf die tatsächlich entstandenen Kilometer-Kosten ankommt, während die Fahrten zwischen Wohnung und Arbeitsstätte mit 0,70 DM/km abgegolten sind. Es kommt auch nicht darauf an, ob das Fahrzeug überwiegend, d. h. zu mehr als 50%, für berufliche Fahrten eingesetzt wird und damit ein Arbeitsmittel darstellt. Dies hätte nur zur Folge, daß auch der auf Privatfahrten entfallende Finanzierungskostenanteil abziehbar wäre. Damit genügt die einmalige Benutzung des Pkw's während der (mindestens) zwölfjährigen Versicherungslaufzeit für Fahrten zur Arbeit, um die Steuerrelevanz der Finanzierung und damit die potentielle Steuerschädlichkeit des Lebensversicherungseinsatzes herbeizuführen. Wird eine gebrauchte Eigentumswohnung (ohne Garage und Arbeitszimmer) erworben, könnte eine Finanzierung im steuerrelevanten Bereich auch deshalb vorliegen, weil die automatisch miterworbenen **Rücklagen für Instandhaltungen** Einkünfte aus Kapitalvermögen hervorbringen, wodurch ein Teil der Schuldzinsen Werbungskostencharakter erlangt. Deshalb müssen die neuen Finanzierungsregeln auch bei selbstgenutzten Immobilien eingehalten werden. In Altfällen kann eine Steuerschädlichkeit allerdings nur durch eine weite Sicherungszweckerklärung oder anläßlich einer Umschuldung eintreten.

---

[55] BFH v. 2. 2. 1979, BStBl. II S. 372.

bb) Dispositions- und andere reine Privatkredite

Bei sehr vielen als privat eingestuften Finanzierungen kann man nicht sicher sein, daß während der gesamten Darlehenslaufzeit keine steuerrelevante Nutzung vorliegen wird. Derartige Finanzierungen befinden sich daher immer in der Gefahr, steuerrelevant zu werden. Dies kann – muß aber nicht – gleichbedeutend sein mit dem Eintritt der Steuerschädlichkeit. 99

Beispiele: (1) Ein „privater" Dispositionskredit wird durch Abtretung einer Lebensversicherung besichert. Da mit derartigen Krediten üblicherweise keine Wirtschaftsgüter, sondern laufende Aufwendungen finanziert werden, führt jede Berührung mit der Einkunftserzielung zur Steuerschädlichkeit.

richtig	falsch
Über den Kredit werden ausschließlich private Kosten bezahlt	Über das Konto werden gelegentlich auch Werbungskosten bezahlt: Kfz-Steuer und Versicherung, Fortbildungskosten, Fachzeitschriften; Miete, sofern Arbeitszimmer vorhanden ist

(2) Ein Darlehen zur Anschaffung einer Segelyacht wird mit einer Lebensversicherung abgesichert. Die Abtretung wurde nicht in der bei steuerrelevanten Finanzierungen erforderlichen Weise begrenzt.

richtig	falsch
Die Segelyacht wird ausschließlich zu Privatfahrten genutzt.	Die Segelyacht wird gelegentlich (einmal genügt) vermietet.[56]

Da eine Segelyacht zu den begünstigten Wirtschaftsgütern gehört, kann die Steuerschädlichkeit durch Einhaltung der Spielregeln für von vornherein steuerrelevante Finanzierungen vermieden werden.

Daraus folgt: **Es ist grob fahrlässig anzunehmen, daß es Finanzierungen gibt, bei denen die neuen Spielregeln für den Lebensversicherungseinsatz nicht eingehalten werden müssen.**

b) Gefahr durch Nutzungsänderungen

– Vgl. BMF vom 19. 5. 1993, Tz. 18 (*abgedruckt im* Anhang II. 1) –

Die einschränkenden Finanzierungsregeln des § 10 Abs. 2 Satz 2 EStG sind grundsätzlich nur relevant, wenn die Zinsen des abgesicherten Darlehens Betriebsausgaben oder Werbungskosten sind. Ist dies nicht der Fall, besteht zwar 100

[56] Für die Frage, ob Liebhaberei vorliegt und aus diesem Grunde immer noch eine Finanzierung im steuerirrelevanten Bereich vorliegt, dürfen nur die während der Vermietungsphase angefallenen Kosten berücksichtigt werden. Vgl. *Schmidt,* § 21 EStG RdNr. 13.

kein unmittelbarer Anlaß, die Grundsätze zu beachten. Es ist jedoch **dringend zu empfehlen**, auch bei Investitionen außerhalb der Einkunftserzielung die Bedingungen einzuhalten. Denn die Nutzung eines Wirtschaftsgutes kann sich ändern, mit der Folge, daß die Zinsen plötzlich Betriebsausgaben oder Werbungskosten sind.

Beispiel: Im selbstgenutzten Einfamilienhaus wird ein Zimmer untervermietet, ein häusliches Arbeitszimmer eingerichtet oder die Garage für den Betriebs-Pkw genutzt. Die private Segelyacht oder das Wochenendhaus wird zeitweise vermietet.

Da solche Nutzungsänderungen erfahrungsgemäß nicht vorher mit dem Steuerberater besprochen werden, ist der Einsatz der Lebensversicherung nur dann unschädlich, wenn die Finanzierungsregeln im Zeitpunkt der Nutzungsänderung bereits eingehalten waren. Das ist nur möglich, wenn sie von vornherein beachtet wurden.

c) Gefahr durch Rechtsprechungsänderungen

101 Problematisch können auch Änderungen der Rechtsprechung sein, wenn sie dazu führen, daß als nicht abziehbar angesehene Zinsen plötzlich als Betriebsausgaben oder Werbungskosten anerkannt werden. Gefährdet sind insoweit Kredite zur Finanzierung von heute noch als steuerlich irrelevant angesehenen Erbauseinandersetzungen, Pflichtteilsansprüchen, Vermächtnissen usw.

Beispiel: Der Alleinerbe eines Betriebes muß ein Darlehen aufnehmen, um ein Vermächtnis zu erfüllen. Eine derartige Verwendung von Darlehen ist potentiell steuerschädlich (Anschaffung negativer Wirtschaftsgüter). Nach derzeitiger Rechtsprechung[57] können die Zinsen jedoch nicht als Betriebsausgaben abgesetzt werden. Der Erbe glaubt deshalb, seine Lebensversicherung ohne Beachtung der neuen Spielregeln als Kreditsicherheit einsetzen zu können.

Nach zwei Jahren ändert der BFH seine Rechtsprechung. Er folgt der herrschenden Meinung im Schrifttum, wonach die Zinsen doch als Betriebsausgaben abziehbar sind. Durch die Änderung der Rechtsprechung werden die Zinsen nachträglich und rückwirkend als Betriebsausgaben anerkannt. Der Einsatz der Lebensversicherung erfolgte also im steuerrelevanten Bereich. Die Abtretung erweist sich als steuerschädlich.

Die Vertrauensschutzregelung nach § 176 AO hilft in diesem Fall nicht weiter, weil kein Steuerbescheid aufgehoben oder geändert werden muß, um die Lebensversicherungszinsen besteuern zu können. Denn die Zinsen sind erst im Zuflußzeitpunkt zu versteuern, und der liegt in der Zukunft.

d) Gefahr durch Änderung der Verwaltungsmeinung

102 Nach der Rechtsprechung des BFH[58] sind Zinsaufwendungen für ein Darlehen, das zur Finanzierung eines Einmalbeitrags in die gesetzliche Rentenversicherung aufgenommen wurde, Werbungskosten bei den sonstigen Einkünften

---

[57] BFH v. 28. 4. 1992, BFH/NV 1992, S. 658.
[58] BFH v. 21. 7. 1981, BStBl. 1982 II, S. 41.

(§ 22 EStG). Die Finanzverwaltung will diese Rechtsprechung nicht auf private Rentenversicherungen mit Aufschubdauer anwenden, weil es hier – anders als bei der gesetzlichen Rentenversicherung – ein Kündigungsrecht gibt.

Kommt es bei einer **aufgeschobenen** Rentenversicherung während der Aufschubdauer, also vor Beginn der Rentenzahlungen, entweder zu einer Kündigung gemäß §§ 165, 176 Versicherungsvertragsgesetz oder zu einer Beitragsrückgewähr wegen Todes der rentenberechtigten Person, entstehen **keine steuerbaren Renteneinkünfte**, auch wenn der zurückgezahlte Betrag, was – außer in den ersten Jahren – regelmäßig der Fall sein dürfte, höher ist als die Summe der geleisteten Versicherungsbeiträge. Finanzverwaltung[59] und Schrifttum[60] ziehen aus dem Umstand, daß in Ausnahmefällen keine steuerbaren Renteneinkünfte entstehen, die Schlußfolgerung, daß **Schuldzinsen für ein Darlehen** zur Finanzierung einer Einmalprämie nicht als vorab entstandene Werbungskosten im Rahmen des § 22 EStG abgezogen werden können, weil der Zusammenhang mit der Einkunftserzielung nicht sicher ist.

Das Zinsabzugsverbot ist meines Erachtens abzulehnen, weil für die Frage, ob Werbungskosten vorliegen, vom normalen Verlauf der Dinge auszugehen ist. Danach kann nicht angenommen werden, daß derjenige, der eine Rentenversicherung – noch dazu **ohne** Kapitalwahlrecht – abschließt, die Versicherung (zu sehr ungünstigen Konditionen) vorzeitig kündigen will oder annimmt, er werde vor Rentenbeginn sterben. Vielmehr ist davon auszugehen, daß Renteneinkünfte erzielt werden sollen und aller Wahrscheinlichkeit nach auch erzielt werden. Die Schuldzinsen sind daher ganz eindeutig durch die Einkunftserzielung veranlaßt.[61]

Sollte die Finanzverwaltung sich irgendwann dieser Ansicht anschließen, wären alle Rentenversicherungen steuerschädlich, deren Beiträge unter Einsatz von Lebensversicherungsansprüchen fremdfinanziert wurden. Denn ein Rentenstammrecht ist nach Meinung der Finanzverwaltung kein begünstigtes Wirtschaftsgut, sondern eine Forderung.

(einstweilen frei) **103–110**

---

[59] Amtlich nicht veröffentlichtes Ergebnis der Besprechung der obersten Finanzbehörden des Bundes und der Länder, Sitzung ESt V/84 – Top 14a –, zitiert nach *p. e.*, DB 1985, S. 1868.

[60] Vgl. *Horlemann*, DB 1986, S. 17; *ders.*, Inf. 1993, S. 52; *Keßler*, NWB F. 3, S. 7367; *Puhl*, in: *Dankmeyer*, § 22 EStG RdNr. 15; *Scheurmann-Kettner/Broudré*, DB 1993, S. 343–353.

[61] Gl. A. *Reuter*, 1994, RdNr. 174, S. 77.

X. Abgrenzung zwischen Alt- und Neufall

1. *Bedeutung der Abgrenzung*

– Vgl. BMF vom 19. 5. 1993, Tz. 12, 26–30 (*abgedruckt im* Anhang II.1); BMF vom 2. 11. 1993, Tz. 18 (*abgedruckt im* Anhang II.3); BMF vom 26. 9. 1994, Tz. 2, 4, 6 (*abgedruckt im* Anhang II.8) –

111 Die sog. Altfälle sollten nach dem Willen des Gesetzgebers von der Neuregelung an sich nicht betroffen sein. Nach der Übergangsregelung in § 52 Abs. 12 Satz 3 EStG kann eine Versicherung in Altfällen nicht allein deshalb steuerschädlich werden, weil das abgesicherte Darlehen für einen aus heutiger Sicht steuerschädlichen Zweck verwendet wurde. Steuerschädlichkeit kann jedoch eintreten, wenn anläßlich einer **Umschuldung** oder Prolongation, die bereits in der Änderung der Darlehenskonditionen nach Ablauf der Zinsbindung gesehen wird, bestimmte Spielregeln nicht beachtet werden. Außerdem besteht in allen Altfällen die Gefahr, daß die als Sicherheit eingesetzte (Alt)Versicherung steuerschädlich wird, weil sie aufgrund der in allen alten Darlehensverträgen enthaltenen sog. **weiten Sicherungszweckerklärungen** auch für neue Darlehen automatisch als Sicherheit dient (vgl. RdNr. 344). Um dies zu verhindern, mußten alle Altfälle überprüft und die weiten Sicherungszweckerklärungen beseitigt werden. Aus anderen Gründen (z. B. Umwidmung) kann Steuerschädlichkeit in Altfällen nicht eintreten.

112 Nach § 52 Abs. 12 Satz 3 EStG ist die Neuregelung erstmals auf Versicherungsverträge anzuwenden, bei denen die Ansprüche aus dem Versicherungsvertrag nach dem Stichtag 13. 2. 1992 zur Tilgung oder Sicherung eines Darlehens dienen. Die Neufälle lassen sich wie folgt in drei Gruppen einteilen, was allerdings für die steuerrechtlichen Folgen ohne Bedeutung ist und nur die Bandbreite der Problemfälle verdeutlichen soll:

(1) *(lupenreine) Neufälle:*
Hierbei handelt es sich um Finanzierungen, die erstmals nach dem 13. 2. 1992 durchgeführt werden sollen.

(2) *(Grenz-)Neufälle:*
Hierbei handelt es sich um Finanzierungen, die schon vor dem 13. 2. 1992 eingeleitet wurden, aber nicht unter die Übergangsregelung fallen, weil mindestens eine der drei Voraussetzungen für das Vorliegen eines Altfalles (vollständige Valutierung des Darlehens, Verpflichtung zur Abtretung der Lebensversicherung, Abschluß der Versicherung) erst nach dem 13. 2. 1992 erfüllt wurde.

(3) *(unechte) Altfälle:*
Hierbei handelt es sich um
- Zinsverbindlichkeiten aus Altkrediten, soweit sie den Darlehensbegriff des § 10 Abs. 2 Satz 2 EStG erfüllen. Sie teilen nicht das Schicksal der Hauptschuld, sondern sind als Neufall einzustufen.
- Kontokorrentkredite, deren Salden sich nach dem 13. 2. 1992 erhöht haben;
- (Alt-)Darlehen, die erstmals nach dem 13. 2. 1992 durch eine Versicherung abgesichert werden;
- Finanzierungsmodelle mit Policendarlehen, sofern vor dem 14. 2. 1992 keine Verpflichtung zum Einsatz der Lebensversicherung vereinbart wurde.

2. Merkmale des Altfalles

Nach der Definition des § 52 Abs. 12 Satz 3 EStG liegt ein begünstigter Altfall vor, wenn der Steuerpflichtige nachweist, daß bis zum 13. 2. 1992 die Darlehensschuld entstanden war und er sich verpflichtet hatte, die Ansprüche aus dem Versicherungsvertrag zur Tilgung oder Sicherung einzusetzen. Vor dem Stichtag müssen also drei Voraussetzungen nebeneinander erfüllt sein: 113

(1) Die **Darlehensschuld** muß vor dem Stichtag **entstanden** sein.
(2) Die **Verpflichtung**, die Ansprüche aus der Versicherung zur Sicherung oder Tilgung einzusetzen, muß vor dem Stichtag entstanden sein.
(3) Unklar ist, ob auch die **Lebensversicherung** vor dem Stichtag **abgeschlossen** worden sein oder als abgeschlossen gelten muß.

a) Entstehung der Darlehensschuld

Eine Darlehensschuld ist nach Meinung der Finanzverwaltung (Tz. 26 des BMF-Schreibens vom 19. 5. 1993) erst mit der Hingabe der Darlehensmittel (**Valutierung**) entstanden. Der Abschluß des Darlehensvertrages genügt also noch nicht. Auch eine **Teilvalutierung** reicht nicht aus (Tz. 28 des BMF-Schreibens vom 19. 5. 1993). Das Gesamtdarlehen wird also nicht „automatisch" nach dem Umfang der Valutierung vor bzw. nach dem Stichtag in einen jeweils getrennt zu beurteilenden Alt- und einen Neufall aufgeteilt, was meines Erachtens auch eine vertretbare Lösung wäre. Vielmehr handelt es sich zunächst immer in voller Höhe um einen Neufall. Somit kommt es nicht darauf an, ob die schädliche Verwendung vor oder nach dem Stichtag erfolgte. 114

Beispiel: Sämtliche Kosten eines Bauvorhabens wurden über einen Gesamtkredit finanziert. Durch die Mitfinanzierung von Werbungskosten liegt insgesamt eine schädliche Finanzierung vor:

(1) Vor dem 14. 2. 1992 wurden auch Werbungskosten, nach dem 13. 2. 1992 nur Herstellungskosten über den Kredit finanziert. Da die Teilvalutierung vor dem Stichtag nicht als separat zu behandelnder Altfall anerkannt wird, liegt insgesamt eine steuerschädliche Finanzierung vor.
(2) Vor dem 14. 2. 1992 wurden nur Herstellungskosten in Höhe von 100 000 DM finanziert, die durch eine Lebensversicherungsabtretung in Höhe von 100 000 DM besichert wurden. Nach dem 13. 2. 1992 wurden auch Werbungskosten finanziert, jedoch ohne Einsatz zusätzlicher Lebensversicherungsansprüche. Da es nur auf das Gesamtdarlehen ankommt, liegt eine steuerschädliche Verwendung vor.

Sollte die Qualifikation als steuerschädlicher Altfall für ein vor dem 14. 2. 1992 teilvalutiertes Darlehen „gerettet" werden, mußte es durch eine ausdrückliche Vereinbarung zwischen Kreditgeber und Kreditnehmer in zwei oder mehr Darlehen aufgeteilt werden. 115

Daneben mußte bis spätestens zum 31. 12. 1993 gemäß Tz. 29 i. V. m. Tz. 12

Abs. 2 des BMF-Schreibens vom 19. 5. 1993 eine entsprechende Einschränkung der Sicherungsansprüche vereinbart worden sein.[62]

116 Eine weitere Konsequenz ist, daß **Kontokorrentkonten** nur dann die Altfalldefinition erfüllen, wenn der Schuldsaldo nach dem 13. 2. 1992 entweder unverändert geblieben oder gesunken ist, was nur selten der Fall sein dürfte. Im Regelfall wird sich der Kontostand nach dem Stichtag schon durch die Belastung mit den Kontokorrentzinsen erhöht haben, weshalb immer ein (steuerschädlicher) Neufall vorliegt, der nach Tz. 30 des BMF-Schreibens vom 19. 5. 1993 geheilt werden kann, indem die Abtretung bis zum 31. 12. 1993 *vollständig* aufgehoben wird.

117 In diesem Zusammenhang weist *Broudré*[63] darauf hin, daß in Höhe des niedrigsten Kontokorrentsaldos seit dem 13. 2. 1992 – auch im Falle danach erfolgter Erhöhungen dieses Saldos – grundsätzlich immer ein Altfall vorliege, der nach den Grundsätzen für Umschuldungen in Altfällen steuerunschädlich auf ein Festdarlehen umgeschuldet werden könnte.

Bei zwischenzeitlicher Überschreitung des Saldos vom 13. 2. 1992 müßte die Umschuldung meines Erachtens aber – zusammen mit der Begrenzung der Abtretung der Versicherungsansprüche auf den niedrigsten Saldo seit dem 13. 2. 1992 – spätestens bis zum Ende der Heilungsfrist gemäß Tz. 29 i. V. m. Tz. 12 Abs. 2 des BMF-Schreibens vom 19. 5. 1993, d. h. bis zum 31. 12. 1993 erfolgt sein, da ansonsten insgesamt und unheilbar Steuerschädlichkeit eingetreten ist.

Im übrigen wurde diese für den Steuerpflichtigen günstige Rückführungsmöglichkeit inzwischen im BMF-Schreiben vom 26. 9. 1994 (Tz. 2) ausdrücklich bestätigt (vgl. hierzu ausführlich RdNr. 364).

118 Fraglich war, ob ein normales Altfalldarlehen dadurch zum Kontokorrentkredit werden kann, daß die Zinsen für dieses Darlehen nicht auf einem separaten Kreditabwicklungskonto, sondern auf dem Darlehenskonto selbst verbucht werden, was der Praxis vieler Banken entspricht. Die OFD Köln[64] wollte dies – bezogen auf die Refinanzierung von Berlin-Darlehen – immer dann bejahen, wenn die Belastung des Darlehenskontos nicht durch eine **taggleiche Gutschrift** wieder ausgeglichen wurde. Im BMF-Schreiben vom 26. 9. 1994 (Tz. 4) wird auf die Taggleichheit aus Vereinfachungsgründen verzichtet. Es soll genügen, wenn die auf dem Darlehenskonto saldoerhöhend verbuchten Beträge mit der **„nächstfälligen Tilgungsrate"** ausgeglichen wurden. Hatte sich diese verspätet, dürfte ein Neufall vorliegen.

b) Verpflichtung zum Einsatz

119 Neben der Darlehensschuld muß auch die Verpflichtung, die Versicherungsansprüche zur Sicherung oder Tilgung einzusetzen, vor dem 14. 2. 1992 be-

---

62 Vgl. *Broudré,* 1994, S. 90f.
63 Vgl. *Broudré,* 1994, S. 98f.
64 Verfügung v. 11. 8. 1993, abgedruckt im Anhang II.11.

standen haben. Wird eine solche Verpflichtung erst nach dem 13. 2. 1992 eingegangen, kommt die Übergangsregelung nicht mehr zur Anwendung.

Beispiel: Wurde ein Kredit, z. B. im Rahmen eines Zwei-Konten-Modells, zwar mit Rücksicht auf das Vorhandensein einer Lebensversicherung, aber ohne deren Abtretung tilgungsfrei gestellt, greift die Übergangsregelung nicht ein, wenn die Versicherung z. B. auf Verlangen der Bank erst nach dem 13. 2. 1992 abgetreten wird. Die nachträgliche Abtretung kann also steuerschädlich sein, wenn das abgesicherte Darlehen aus einer schädlichen Verwendung entstammt.

Es reicht aus, wenn die vertragliche Verpflichtung zum Einsatz der Versicherungsansprüche vor dem 14. 2. 1992 begründet wurde. Dagegen muß die **Abtretung** selbst nicht schon vor dem Stichtag erfolgt sein.

Beispiel: Sachverhalt wie im letzten Fall. Die Abtretung erfolgte am 20. 2. 1992. Es liegt ein Altfall vor, wenn nach dem Darlehensvertrag eine Verpflichtung bestand, die Lebensversicherung z. B. auf erste Anforderung der Bank abzutreten.

Der Steuerpflichtige trägt die Beweislast für das Vorliegen eines Altfalles. Er muß entsprechende **Nachweise** (Kontoauszüge, Verträge) vorlegen. Bloßes Glaubhaftmachen genügt nicht („es sei denn, der Steuerpflichtige weist nach . . .").[65]

Finanzierungen mit Tilgungsaussetzung werden die Altfalldefinition regel- **120**
mäßig erfüllen, weil die Abtretung der Lebensversicherung in diesen Fällen standardmäßig immer erfolgte. Dies war bei den **Umschuldungsmodellen mit Policendarlehen** (systembedingt) nicht erforderlich. Da die Lebensversicherungsansprüche als Sicherheit für die aufzunehmenden Policendarlehen dienten, war eine Abtretung an die Bank nicht möglich. Häufig wußte die Bank nicht einmal, daß die Annuitäten durch Policendarlehen umgeschuldet wurden. Fehlt es an der vor dem 14. 2. 1992 eingegangenen Verpflichtung, die Lebensversicherungsansprüche als Sicherheit oder zur Tilgung einzusetzen, **erfüllt das umzuschuldende (Bank-)Darlehen nicht die Altfalldefinition**.[66] Im Hinblick auf die Gesetzesänderung haben allerdings viele Steuerpflichtige aus Vorsichtsgründen eine zusätzliche Sicherungs- oder Tilgungsvereinbarung mit der Bank getroffen. Vor dem 14. 2. 1992 muß nur die Vereinbarung mit der Bank vorliegen, wonach die Lebensversicherung als Sicherheit bzw. zur Tilgung einzusetzen ist. Der Vollzug dieser Vereinbarung kann auch noch nach dem 13. 2. 1992 erfolgen. Die Form des Einsatzes zur Sicherung ist beliebig. Es muß sich nicht um eine offene Zession handeln. Die stille Zession ist ebenfalls möglich.

Liegt die **Zusatzvereinbarung mit der Bank** nicht vor, handelt es sich bei dem umzuschuldenden Darlehen um einen Neufall, für den bisher keine

---

65 *Scheurmann-Kettner/Broudré,* DB 1993, S. 351.
66 Gl. A. *Broudré,* 1994, S. 56.

Lebensversicherung zur Sicherung oder Tilgung eingesetzt war. Nach dem 13. 2. 1992 darf ein Policendarlehen daher nicht zur Umschuldung verwendet werden, es sei denn, das alte Darlehen diente ausnahmsweise ausschließlich und unmittelbar der Finanzierung begünstigter Anschaffungs- oder Herstellungskosten. Nach Tz. 15 des BMF-Schreibens vom 19. 5. 1993 kann eine Lebensversicherung nachträglich auch dann zum Einsatz gebracht werden, wenn ein Mischdarlehen vorliegt und die darin enthaltenen begünstigten Anschaffungs- oder Herstellungskosten herausgelöst werden, wobei zwischenzeitliche Tilgungen anteilig zu berücksichtigen sind. Das durch Umschuldung herausgelöste steuerunschädliche Ablösedarlehen kann durch Abtretung einer Lebensversicherung gesichert oder mit Policendarlehen getilgt werden. Das Policendarlehen kann meines Erachtens auch unmittelbar zur Umschuldung des Mischdarlehens eingesetzt werden, solange die Summe aller Policendarlehen die begünstigten Anschaffungs- oder Herstellungskosten nicht übersteigt.

c) Existenz der Lebensversicherung

121 Die Abtretungsverpflichtung bezieht sich auf Ansprüche aus „dem“ Versicherungsvertrag, nicht aus „einem“ (noch abzuschließenden) Vertrag. Daraus wird allgemein (stillschweigend) geschlossen, daß die Lebensversicherung vor dem 13. 2. 1992 vorhanden gewesen sein muß. Die Finanzverwaltung erkennt hier allerdings – abweichend von allgemeinen steuerrechtlichen Prinzipien – eine beschränkte Rückwirkung an.

Nach den sog. Drei-Monats-Erlassen[67] gilt als steuerliches Abschlußdatum der im Versicherungsvertrag genannte Tag des technischen Versicherungsbeginns, sofern die Policierung und die erste Prämienzahlung innerhalb von drei Monaten nach diesem Stichtag erfolgt. Wird die Dreimonatsfrist überschritten, ist der Zeitpunkt der ersten Prämienzahlung maßgebend.

Beispiel: Am 13. 2. 1992 wird der Versicherungsantrag unterschrieben. Eine Gesundheitsprüfung ist erforderlich. Der Versicherungsschein kann daher erst am 13. 5. 1992 ausgestellt werden. Die erste Prämie wurde durch Scheck am gleichen Tag bezahlt. Als (technischer) Versicherungsbeginn wurde der 13. 2. 1992 festgelegt. Die „Rückdatierung“ ist steuerlich anzuerkennen.

122 Geht man davon aus, daß die Altfalldefinition den Bezug zu einer ganz bestimmten Lebensversicherung verlangt, stellt sich die Frage, ob die Altfallqualifikation dadurch verlorengeht, daß die Lebensversicherung ausgetauscht wird.

Beispiel: Ein Altfalldarlehen mit einer Laufzeit von 20 Jahren ist durch eine Lebensversicherung abgesichert, deren Laufzeit 12 Jahre beträgt. Nach Fälligkeit der Lebensversicherung am 1. 1. 1994 wird eine neue Lebensversicherung abgeschlossen und als Sicherheit abgetreten.

---

[67] BMF-Schreiben v. 20. 7. 1990, BStBl. I S. 324; v. 7. 2. 1991, BStBl. 1992 I S. 214.

Meines Erachtens zeigt dieses Beispiel, daß es wohl nicht darauf ankommen kann, welche Lebensversicherung als Sicherheit eingesetzt wird. Der Austausch ist daher meines Erachtens steuerunschädlich möglich.

Unter dem Gesichtspunkt, die Beteiligten bei der Wahl ihrer Vertragspartner nicht unnötig einzuengen, ist ein steuerunschädlicher Sicherheitentausch im BMF-Schreiben vom 26. 9. 1994 unter Nr. 6 ausdrücklich zugelassen worden:

„Handelt es sich dem Grund nach um einen Altfall i. S. des § 52 Abs. 13a Satz 4 EStG und sind die Ansprüche aus Lebensversicherungsverträgen somit steuerunschädlich eingesetzt, kann es nicht zur Steuerschädlichkeit führen, wenn zur Sicherung oder Tilgung vereinbarungsgemäß Ansprüche aus anderen Lebensversicherungsverträgen eingesetzt werden. Voraussetzung ist allerdings, daß die übrigen Voraussetzungen der Steuerunschädlichkeit eingehalten werden. So darf z. B. bei einer Umschuldung der abgetretene Betrag nicht höher sein als das Umschuldungsdarlehen, das seinerseits nicht höher sein darf als die Restvaluta des umzuschuldenden Darlehens."

3. Zinsen aus Altfallschulden

– Vgl. BMF vom 19. 5. 1993, Tz. 27 (*abgedruckt im* Anhang II. 1) –

123 Zinsverbindlichkeiten, die aus einem schädlichen Altdarlehen nach dem 13. 2. 1992 entstanden sind, fallen nicht unter die Übergangsregelung (unechte Altschulden, echte Neufälle). Sie teilen nicht etwa das Schicksal der Hauptschuld und können daher nicht unter Einsatz von Lebensversicherungen finanziert werden. Daher können insbesondere Finanzierungskonzepte mit Policendarlehen nicht unverändert fortgesetzt werden.

Beispiel: Das Annuitätendarlehen einer Bank, für das eine Verpflichtung zum Einsatz einer Lebensversicherung besteht, wurde vor dem 14. 2. 1992 in der Weise auf eine Lebensversicherungsgesellschaft umgeschuldet, daß immer dann, wenn eine Annuität fällig wurde, ein Policendarlehen in entsprechender Höhe aufgenommen und zur Begleichung der Annuität verwendet wurde. Der Einsatz eines einzigen Policendarlehens zur Tilgung einer nach dem 13. 2. 1992 entstandenen Annuität würde zur Steuerschädlichkeit der betroffenen Lebensversicherung führen, weil Zinsen finanziert werden.

124 **Policendarlehen** können nur noch bis zur Höhe der in den Annuitäten enthaltenen Tilgungsanteile steuerunschädlich eingesetzt werden, sofern eine Zusatzvereinbarung mit der Bank bestand, die Lebensversicherung als Sicherheit oder zur Tilgung einzusetzen. Denn insoweit liegt eine Umschuldung in echten Altfällen vor. Da der Erlaß die Finanzierungskonzepte mit Policendarlehen ausdrücklich erwähnt, als steuerschädlich aber nur die Tilgung der nach dem 13. 2. 1992 entstandenen Zinsverpflichtung ansieht, dürfte eine auf den Tilgungsanteil begrenzte Umschuldung auch nach Meinung der Finanzverwaltung zulässig sein.

125 Nach Ansicht von *Wacker*[68] bedarf es zusätzlich einer **ausdrücklichen Vereinbarung** zwischen Gläubiger und Schuldner, daß die geleisteten Zahlungen

---

[68] Vgl. *Wacker,* DB 1993, Heft 10, Beilage 4, S. 12.

auf den Tilgungs- und nicht – wie es § 367 BGB vorsieht – zunächst auf den Zinsanteil verrechnet werden. Anderslautende Vertragsklauseln müssen also aufgehoben werden. Es genügt nicht, wenn ein Betrag in Höhe des Tilgungsanteils überwiesen wird. Hierin liegt keine konkludente Vertragsänderung. Meines Erachtens gilt hier die Vorrangfiktion der Tz. 10 analog, so daß keine Steuerschädlichkeit eintritt, wenn es an der von *Wacker* geforderten Vereinbarung fehlt.

4. Problematik von Zwischenanlagen in Altfällen

– Vgl. BMF vom 19. 5. 1993, Tz. 17 (*abgedruckt im* Anhang II.1); BMF vom 2. 11. 1993, Tz. 19 (*abgedruckt im* Anhang II.3) –

126 Nach Ansicht von *Horlemann*[69] ist es für die Anwendung der Übergangsregelung nicht erforderlich, daß das Darlehen bereits vor dem 14. 2. 1992 zur Finanzierung **verwendet** worden ist. Eine Valutierung vor dem Stichtag genügt, damit ein Altfall vorliegt.

Beispiel: (1) Das Darlehen für einen Wareneinkauf wurde am 1. 2. 1992 ausbezahlt. Bis zur Überweisung an den Verkäufer am 30. 2. 1992 wurde das Geld
(a) auf einem Girokonto (fast zinslos) stehengelassen;
(b) auf einem Festgeldkonto angelegt;
(c) auf ein Notaranderkonto überwiesen.

(2) Ein Policendarlehen wurde vor dem 14. 2. 1992 aufgenommen, auf einem Festgeldkonto zwischenangelegt und nach dem Stichtag verwendet, um eine
(a) vor dem 14. 2. 1992
(b) nach dem 14. 2. 1992
entstandene Annuität umzuschulden.

Nach Ansicht von *Horlemann* liegen Altfälle vor. Durch die Art der endgültigen Verwendung der Altdarlehen soll es nicht zur Steuerschädlichkeit kommen können. Betrachtet man dagegen – was wohl der augenblicklichen Verwaltungsmeinung entspricht – bereits das Stehenlassen der Darlehensvaluta auf einem verzinslichen Bankkonto für mehr als 30 Tage als – wenn auch nur vorübergehende – Verwendung, liegt in der Auflösung des Guthabens und endgültigen Verwendung eine sog. **Umwidmung**. In Neufällen dürfen die anläßlich einer Umwidmung frei werdenden Mittel nur für begünstigte Zwekke verwendet werden (Tz. 17 des BMF-Schreibens vom 19. 5. 1993). Es spricht viel dafür, dies in Altfällen nicht zu verlangen („Einmal Altfall, immer Altfall"). Die Rechtslage ist jedoch unklar.

5. Verfassungsmäßigkeit der Altfall-Definition

127 Die aus einem Altdarlehen nach dem 13. 2. 1992 entstehenden **Zinsverbindlichkeiten** sind keine Altschulden, sondern Neufälle. Sie teilen nicht das Schicksal der Hauptschuld. Die Zinsen dürfen nicht unter Einsatz von Lebens-

[69] Vgl. *Horlemann,* Inf. 1993, S. 57.

versicherungen getilgt oder durch eine Lebensversicherung abgesichert werden.

Beispiel: (1) Im Rahmen eines Tilgungsaussetzungsmodells wurden die jährlichen Zinsen aus dem Ursprungsdarlehen über Policendarlehen aus einer zweiten Lebensversicherung finanziert.

(2) Die Annuitäten eines nicht durch eine Lebensversicherung abgesicherten Bankkredites wurden durch Policendarlehen finanziert.

Werden Zinsverbindlichkeiten, die nach dem 13. 2. 1992 entstanden sind, **128**
durch Policendarlehen finanziert, führt dies zur Steuerschädlichkeit. Auch die Finanzierung des Tilgungsanteils kann zur Steuerschädlichkeit führen, wenn sich der Darlehensnehmer nicht vor dem 14. 2. 1992 verpflichtet hatte, die Lebensversicherung als Sicherheit oder zur Tilgung einzusetzen. Denn nur durch eine derartige Vereinbarung entsteht ein Altfall im Sinne der Übergangsregelung.

Eine Verfassungsbeschwerde gegen diese (unechte) Rückwirkung der Gesetzesänderung wurde vom Bundesverfassungsgericht[70] mit folgender Begründung nicht zur Entscheidung angenommen:

„Ein Unternehmer, der am Markt Leistungen anbietet und sich dabei durchaus legitimerweise eine bestimmte auch langjährige Gesetzeslage zunutze macht, genießt keinen grundrechtlich verankerten Vertrauensschutz dahingehend, daß diese für ihn vorteilhafte Gesetzeslage unverändert bleibt. Wenn er überdies, wie die Beschwerdeführer es getan haben, seine Erwerbsgrundlage so gestaltet, daß sie an den Fortbestand langfristiger Versicherungsverträge gekoppelt ist, und dieser Fortbestand seinerseits davon abhängt, daß es zu keinen Gesetzesänderungen kommt, handelt er auf eigenes Risiko. Dies gilt zumal in einem Rechtsbereich wie dem Steuerrecht, in dem es erfahrungsgemäß häufig zu Gesetzesänderungen kommt.

Die Beschwerdeführer konnten sich nicht ohne weiteres darauf verlassen, daß die steuerliche Begünstigung von Lebensversicherungsverträgen für alle Zukunft auch für solche Fälle fortbestehen würde, in denen die Verträge nicht zur privaten Vorsorge, sondern zur Finanzierung betrieblicher Investitionen eingesetzt werden. Diese Vertragsverwendung war, wenngleich sie lange Zeit vom Gesetzestext gedeckt gewesen sein mag, vom Sinn und Zweck der Steuervergünstigung nicht gerechtfertigt, und zwar auch nicht in Fällen von Familienunternehmen.

Der Gesetzgeber hat dem Vertrauensschutz insoweit Rechnung getragen, als einem Versicherungsnehmer, der seine Lebensversicherung bereits vor dem Stichtag konkret beliehen hatte, die alte Rechtslage zugute kommt. Zu einem weitergehenden Schutz war er verfassungsrechtlich nicht verpflichtet. Wenn der Gesetzgeber die von den Beschwerdeführern für notwendig gehaltene Übergangsregelung („einmal beleihbar und beliehen, immer beleihbar“) getroffen hätte, bliebe die verfassungsrechtlich naheliegende Gesetzesänderung über Jahre hin zu einem nicht unerheblichen Teil ohne Wirkung.“

Es besteht also kein Vertrauensschutz in dem Fortbestand einer vorteilhaften Gesetzeslage. Nicht entschieden wurde die Frage, ob es gerechtfertigt ist, Zinserträge zu besteuern, die vor 1992 erwirtschaftet wurden. Hierin liegt meines Erachtens eine echte Rückwirkung, die verfassungswidrig ist (vgl. RdNr. 151).

(einstweilen frei) **129–140**

[70] BVerfG v. 5. 10. 1992 – 2 BvR 1.510/92 –, Inf. 1993, S. 47.

C. Steuerliche Folgen schädlicher Finanzierungen

I. Umfang der Steuerschädlichkeit

1. Totalverlust der Steuerprivilegien im Privatvermögen

Schon ein Tag einer geringfügigen schädlichen Verwendung kann zum vollständigen und rückwirkenden Verlust der Steuerprivilegien führen. Die Rechtsfolgen lassen sich durch keine Maßnahme nachträglich wieder beseitigen. 141

Beispiel: Eine Lebensversicherung mit 25 Jahren Laufzeit, in die 40000 DM an Beiträgen eingezahlt wurden und die eine Ablaufleistung von 100000 DM hat, wird im 24. Jahr als Sicherheit für einen Kredit zur Finanzierung von Renovierungskosten eines Miethauses abgetreten. Die Abtretung ist steuerschädlich, weil mit dem Darlehen nicht Anschaffungs- oder Herstellungskosten eines Wirtschaftsgutes, sondern Werbungskosten finanziert werden. Die in der Ablaufleistung der Versicherung enthaltenen Zinserträge von 60000 DM, die über 25 Jahre erwirtschaftet wurden, sind im Jahr der Auszahlung der Ablaufleistung in voller Höhe als Einkünfte aus Kapitalvermögen steuerpflichtig. Die Versicherungsgesellschaft muß Kapitalertragsteuer einbehalten. Soweit die Beiträge in den 25 Jahren der Laufzeit als Sonderausgaben abgesetzt wurden, findet eine Nachversteuerung statt. Die Nachversteuerung des Sonderausgabenabzugs und die Besteuerung der Zinserträge erstreckt sich auch auf Jahre vor Inkrafttreten des Gesetzes.

Als Folge der schädlichen Verwendung werden die in der Ablauf- oder Todesfalleistung enthaltenen (rechnungs- und außerrechnungsmäßigen) Zinsen als Einkünfte aus Kapitalvermögen (§ 20 Abs. 1 Nr. 6 EStG) im **Zuflußzeitpunkt** der Besteuerung unterworfen. Der Zufluß erfolgt im Zeitpunkt der Auszahlung der Versicherungsleistung an die Bezugsberechtigten. Der Besteuerung unterliegen somit auch Zinserträge, die vor dem Inkrafttreten der Neuregelung gutgeschrieben wurden. 142

Sofern die Zinsen ausnahmsweise zur Beitragsermäßigung verwendet werden, fließen sie bereits im Zeitpunkt der Beitragsentrichtung zu.[1] Soweit der Freibetrag für Einkünfte aus Kapitalvermögen noch nicht ausgeschöpft ist, könnte erwogen werden, eine schädlich gewordene Versicherung auf Beitragsverrechnung umzustellen. Diese Maßnahme könnte sich auch zur Vermeidung progressionsbedingter Härten durch den geballten Zufluß der Zinserträge am Ende der Laufzeit bzw. bei Eintritt des Versicherungsfalles eignen.

Die in der Versicherungsleistung enthaltenen Zinserträge stellen eine Vergütung für eine mehrjährige Tätigkeit in Gestalt der Kapitalüberlassung dar. Es stellt sich daher die Frage, ob die vorteilhafte Drittelregelung des § 34 Abs. 3

---

[1] BMF-Schreiben v. 31. 8. 1979, BStBl. I S. 592 Tz. 6.

EStG angewendet werden kann. Die ältere BFH-Rechtsprechung[2] hatte dies verneint. Nachdem die neuere Rechtsprechung[3] großzügiger geworden ist und die Vorschrift nunmehr auch im Bereich der betrieblichen Einkünfte – wenn auch nur unter eingeschränkten Bedingungen – für anwendbar hält, steht einer Anwendung im Rahmen des § 20 EStG meines Erachtens[4] nichts mehr entgegen. Verfügt der Einkunftserzieler im Zuflußjahr über ein niedriges sonstiges zu versteuerndes Einkommen, z. B. aufgrund von Verlusten aus Vermietung und Verpachtung, kann er es erreichen, daß die Zinserträge zu einem niedrigeren Steuersatz besteuert werden, als es der Höhe der Einnahmen an sich entspricht (Progressionskappung). Für Zwecke der Ermittlung des auf die Zinserträge anzuwendenden Steuersatzes geht die Zahlung nämlich nur mit einem Drittel in das zu versteuernde Einkommen des Zuflußjahres ein. Der sich so ergebende Steuersatz – im besten Fall 0% – ist dann maßgeblich für die Versteuerung der ganzen Einmalzahlung.

Da die Todesfalleistung einer steuerschädlich gewordenen Kapitallebensversicherung regelmäßig der Erbschaftsteuer unterliegen wird, ist an die Anwendung des § 35 EStG zu denken, der zu einer Ermäßigung der Einkommensteuer führen kann.

143 Sofern sich die Versicherungsbeiträge als **Sonderausgaben** steuermindernd ausgewirkt haben, werden die Steuervorteile rückgängig gemacht (sog. Nachversteuerung, § 10 Abs. 5 Nr. 1 EStG, § 30 Abs. 2 EStDV). Die Nachversteuerung erfolgt nicht durch Änderung bestandskräftiger Steuerbescheide, sondern durch Erhebung einer Nachsteuer im Jahr der schädlichen Verwendung (§ 30 Abs. 1 EStDV, R 88 EStR 1993).

144 Die Versicherungsgesellschaft muß **Kapitalertragsteuer** einbehalten (§ 43 Abs. 1 Nr. 4 EStG, § 29 Abs. 1 EStDV, § 52 Abs. 20 EStG), sofern sie eine Mitteilung des Finanzamts über die steuerschädliche Verwendung erhalten hat.

145 Die **Bestandskraft von Bescheiden** steht einer rückwirkenden Beseitigung der Steuerprivilegien nicht entgegen. Die Rückgängigmachung des Sonderausgabenabzugs erfordert keine Änderung von Bescheiden. Vielmehr wird nur die steuerliche Auswirkung in einer Schattenveranlagung ermittelt und als Nachsteuer im Jahr der Aufdeckung der steuerschädlichen Verwendung nacherhoben. Eine Festsetzungsverjährung gibt es insoweit also nicht. Auch die Besteuerung der Zinserträge erfordert regelmäßig keine Aufhebung oder Änderung bestandskräftiger Bescheide. Da die Zinserträge im Normalfall erst mit der Ablauf- bzw. Todesfalleistung zufließen, ergeben sich keine Probleme.

---

[2] BFH v. 22. 4. 1966, BStBl. III S. 462.

[3] Vgl. dazu *Schmidt,* 1995, § 34 EStG RdNr. 49.

[4] Gl. A. (bzgl. der Kritik an der restriktiven Auffassung des BFH) *Lindberg* in: *Blümich,* EStG, § 34, RdNr. 102, der außerdem darauf hinweist, daß der BFH im Urteil vom 10. 6. 1983, BStBl. II S. 642 eine enge Auslegung des Begriffs „Entlohnung" im Sinne des § 34 Abs. 3 EStG ausdrücklich ablehnt. Im Gegenteil sei der Begriff der „Entlohnung" weiter als der Begriff „Arbeitslohn", weil er auch Einnahmen erfasse, die in anderen Einkunftsarten erzielt werden.

Sollten die Erträge ausnahmsweise schon früher zugeflossen sein, weil die Überschüsse aus der Lebensversicherung mit Beiträgen verrechnet wurden, dürfte in der schädlichen Verwendung ein Ereignis mit Wirkung für die Vergangenheit zu sehen sein, das nach § 175 Abs. 1 Nr. 2 AO zur Änderung bestandskräftiger Bescheide berechtigt. In diesen Fällen beginnt die Festsetzungsverjährung erst mit Ablauf des Kalenderjahres, in dem das rückwirkende Ereignis eintritt (Anlaufhemmung, § 175 Abs. 1 Satz 2 AO).

2. Partieller Verlust der Steuerprivilegien im Betriebsvermögen

Für Finanzierungen im Betriebsbereich gibt es in § 10 Abs. 2 Satz 2 Buch- **146**
stabe c EStG eine schadensbegrenzende Regelung, vorausgesetzt

„... die Ansprüche aus Versicherungsverträgen dienen insgesamt nicht länger als drei Jahre **der Sicherung** betrieblich veranlaßter Darlehen; in diesen Fällen können die Versicherungsbeiträge in den Veranlagungszeiträumen nicht als Sonderausgaben abgezogen werden, in denen die Ansprüche aus Versicherungsverträgen der Sicherung des Darlehens dienen".

Diese Ausnahmeregelung für den betrieblichen Bereich wurde eingeführt, damit kurzfristige Liquiditätsengpässe unter Einsatz von Lebensversicherungsansprüchen überbrückt werden können.[5] Begünstigt wurden nach dem ausdrücklichen Gesetzeswortlaut aber nur **Sicherungs**vereinbarungen, so daß auch kurzfristige **Tilgungs**vereinbarungen stets zur vollen Steuerschädlichkeit führen. Ein Widerruf der Tilgungsvereinbarung wäre also wirkungslos.

Es gehen also nur die Steuervorteile des Jahres verloren, in dem eine schädliche Verwendung vorliegt. Voraussetzung ist, daß die Summe aller Tage mit schädlichen Verwendungen drei Jahre nicht überschreitet. In Altfällen beginnt die Drei-Jahres-Frist mit Ablauf des 13. 2. 1992. Es kommt nicht darauf an, ob eine einzige schädliche Verwendung vorliegt oder mehrere Verwendungen, die „insgesamt" nicht mehr als drei Jahre (= 1095 Tage) betragen.

Ein z. B. wegen einer weiten Sicherungszweckerklärung seit dem 14. 2. 1992 **durchgängig** steuerschädlicher Altfall konnte also im betrieblichen Bereich noch bis zum 13. 2. 1995 (obwohl hier wegen des Schaltjahres 1992 insgesamt 1096 Tage anfallen, werden die drei (zusammenhängenden) Jahre des Gesetzeswortlautes nicht überschritten) unter Verlust der Steuervorteile für die drei „schädlichen" Jahre im übrigen bereinigt werden.

Anzahl der Tage mit steuerschädlicher Verwendung	insgesamt höchstens 1095 Tage oder drei zusammenhängende Kalenderjahre (incl. Schaltjahre)	insgesamt mehr als 1095 Tage bzw. drei zusammenhängende Kalenderjahre
Rechtsfolge	Verlust der Steuervorteile des Jahres, in dem eine schädliche Verwendung vorlag (1 Tag genügt)	Totalverlust der Steuerprivilegien

[5] Vgl. *Broudré,* 1994, S. 84.

147 Andererseits genügt ein einziger Tag pro Jahr, um die Steuervorteile für ein ganzes Jahr zu beseitigen. Daraus folgt, daß die Steuervorteile für mehr als drei Jahre verlorengehen können, ohne daß es zu einem Totalverlust der Steuerprivilegien kommt. Hier sind sehr ungeschickte Gestaltungen denkbar.

Beispiel: Ein Unternehmer tritt am 30. 12. 1992 eine Lebensversicherung zur Absicherung eines Betriebsmittelkredites an die Bank ab. Am 2. 1. 1995 zahlt er das Darlehen zurück. Die schädliche Verwendung dauert nur zwei Jahre und vier Tage, endet also vor Ablauf der Dreijahresfrist. Somit gehen die Steuerprivilegien nicht insgesamt, sondern nur für die Dauer der schädlichen Verwendung verloren. Da jede auch noch so kurzfristige schädliche Verwendung zum Verlust der Steuerprivilegien für das gesamte Kalenderjahr führt, sind die in den Jahren 1992–1995 gutgeschriebenen Zinsen steuerpflichtig, die Versicherungsprämien nicht als Sonderausgaben abziehbar.

Hätte er die Abtretung erst am 1. 1. 1993 vorgenommen und das Darlehen schon am 31. 12. 1994 zurückgezahlt, wären die Steuerprivilegien statt in vier nur in zwei Jahren verlorengegangen.

Maßgeblich sind hierbei jeweils die Zeiträume, in denen das abgesicherte Konto **tatsächlich** einen **Negativsaldo** aufweist.[6]

Die Beurteilung der Veranlassung des Darlehens als „betrieblich" richtet sich im übrigen nach der Rechtsprechung des BFH[7] nach der **tatsächlichen Mittelverwendung**.[8] Demnach können eindeutig privat veranlaßte Schulden nicht durch einen bloßen Willensakt zu (negativem) Betriebsvermögen werden.

Kommt es zum partiellen Verlust der Steuerbefreiung der Zinsen, sind nur diejenigen Zinsen zu versteuern, die in Veranlagungszeiträumen gutgeschrieben werden, in denen der Sonderausgabenabzug zu versagen ist. Schlußgewinne und andere Gutschriften, die in späteren Kalenderjahren nachträglich für den Zeitraum der schädlichen Verwendung erfolgen, sind nicht betroffen. Umgekehrt sind Nachzahlungen steuerpflichtig, wenn sie in Zeiträumen gutgeschrieben werden, in denen eine schädliche Verwendung vorliegt.

148 *Broudré*[9] weist noch darauf hin, daß die Drei-Jahres-Frist für jeden zur Sicherung eingesetzten Lebensversicherungsvertrag *gesondert* zu berechnen ist: „Es führt also nicht zur vollen Steuerschädlichkeit des einen Lebensversicherungsvertrages, wenn dieser vor Ablauf der auf ihn entfallenden Drei-Jahres-Frist als Sicherheit freigegeben und ein anderer Lebensversicherungsvertrag als Sicherheit hingegeben wird (Sicherheitentausch)."[10]

3. *Kritik der Ungleichbehandlung*

149 Der Gesetzgeber hat nur für betriebliche Darlehen eine schadensbegrenzende Regelung eingeführt. Für den Bereich der Überschußeinkünfte gibt es keine

---

[6] Vgl. *Broudré,* 1994, S. 86.
[7] Vgl. BFH-Beschluß v. 4. 7. 1990, BStBl. II S. 817.
[8] Vgl. *Broudré,* 1994, S. 85.
[9] Vgl. *Broudré,* 1994, S. 86.
[10] *Broudré,* 1994, S. 86.

solche Ausnahme. Hier führt jede schädliche Verwendung ausnahmslos, vollständig und rückwirkend zum Verlust der Steuerprivilegien.

Beispiel: Eine steuerbegünstigte Lebensversicherung wird ein halbes Jahr vor Beendigung der zwölfjährigen Vertragslaufzeit erstmals abgetreten, um einen Kredit zur Finanzierung von Renovierungskosten (Werbungskosten) für ein Mietshaus abzusichern, das zum
(1) Betriebsvermögen
(2) Privatvermögen
gehört. Im ersten Fall sind nur die im letzten Jahr gutgeschriebenen Zinserträge zu versteuern. Im Falle der privaten Finanzierung sind die in der Ablaufleistung enthaltenen Zinserträge auch insoweit steuerpflichtig, als sie in den elf Jahren vor der Abtretung erwirtschaftet wurden.

Die Beschränkung der Drei-Jahres-Schonfrist auf den betrieblichen Bereich ist **sachlich durch nichts gerechtfertigt**, was bisher einhellige Meinung im Schrifttum[11] ist. Rechtsmittel versprechen daher höchste Aussicht auf Erfolg. Leider konnte sich die Finanzverwaltung nicht zu einer allgemeinen Billigkeitsregelung für private Finanzierungen durchringen. Meines Erachtens liegt ein Anwendungsfall des § 163 AO vor, der eine abweichende Festsetzung von Steuern aus Billigkeitsgründen erlaubt. Um unnötige Rechtsstreitigkeiten zu vermeiden, sollte das Gesetz umgehend geändert werden.

(einstweilen frei) **150**

II. Besteuerung der vor 1992 erwirtschafteten Zinserträge

Zweifelhaft ist, ob durch eine steuerschädliche Verwendung der Lebensversicherung nach dem 13. 2. 1992 auch die bis zu diesem Stichtag erwirtschafteten rechnungs- und außerrechnungsmäßigen Zinsen der Besteuerung unterworfen werden dürfen bzw. der Sonderausgabenabzug nachversteuert werden darf. Für die Besteuerungsmöglichkeit der Zinserträge spricht, daß steuerbare Einkünfte i. S. d. § 20 Abs. 1 Nr. 6 EStG erst mit dem Zufluß vorliegen, regelmäßig also erst bei Auszahlung der Ablauf- oder Todesfalleistung. Vor diesem Zeitpunkt sind keine Einkünfte realisiert, weshalb man argumentieren könnte, daß auch keine Rückwirkung vorliegt.[12] **151**

Beispiel: Eine steuerbegünstigte Lebensversicherung wird nach 13 Jahren Laufzeit am 1. 1. 1993 zur Absicherung
(1) eines Kredites zur Anschaffung festverzinslicher Wertpapiere des Privatvermögens für einen Monat bzw.
(2) eines Betriebsmittelkredites für 4 Jahre
abgetreten. Am 31. 12. 1998 wird die Ablaufleistung in Höhe von 200000 DM ausgezahlt. Die darin enthaltenen rechnungs- und außerrechnungsmäßigen Zinsen wurden in folgenden Zeiträumen erwirtschaftet:

---

[11] Gl. A. *Scheurmann-Kettner/Broudré,* DB 1993, S. 344 FN 6; *Horlemann,* Inf. 1992, S. 96 FN 79; *Ehlers,* BB 1993, Beilage 4, S. 12; *Wacker,* DB 1993, Beilage 4, S. 14 FN 78.

[12] So wohl *Dahm,* DStZ 1993, S. 396.

vor Inkrafttreten des Gesetzes (bis 31. 12. 1991): 60000 DM
nach Inkrafttreten des Gesetzes
– während der unschädlichen Verwendung (1992): 10000 DM
– nach Beginn der schädlichen Verwendung (ab 1. 1. 1993): 30000 DM

Unstreitig ist, daß die schädliche Verwendung in 1993 dazu führt, daß auch die 1992 erwirtschafteten Zinserträge steuerpflichtig werden. Insoweit liegt keine (echte) Rückwirkung vor, weil die Neuregelung bereits in Kraft war und die Steuerpflicht durch ein Ereignis nach dem Inkrafttreten begründet wurde.

152 Nach dem Wortlaut des Gesetzes sind auch die vor 1992 erwirtschafteten Zinsen steuerpflichtig. Hierin liegt meines Erachtens eine **verfassungswidrige echte Rückwirkung**. Die in den Jahren vor dem Inkrafttreten der Neuregelung (also vor 1992) gutgeschriebenen Zinsen dürfen nicht besteuert, der Sonderausgabenabzug[13] nicht nachversteuert werden.

153 Eine ähnliche Problematik gab es früher bei den stillen Reserven des Grund und Bodens landwirtschaftlich genutzter Flächen. Diese gehörten zunächst nicht zum Betriebsvermögen. Veräußerungsgewinne waren also nicht steuerbar. Als die Rechtslage 1970 geändert wurde, konnten die Grundstücke mit dem Teilwert in das Betriebsvermögen eingelegt werden (§ 55 EStG). Auch als 1975 die Besteuerung der Lebensversicherungszinsen eingeführt wurde, hat man alle vor 1974 abgeschlossenen Verträge von der Besteuerung ausgenommen (§ 52 Abs. 20 EStG). Zwar sind diese beiden Fälle insofern nicht voll vergleichbar, als die Gesetzesänderung in den Vergleichsfällen zur erstmaligen Steuerbarkeit führte, während es bei den Lebensversicherungen um den Verlust einer Steuerbefreiung für an sich steuerbare Einkünfte geht. Trotzdem hätten die vor 1992 erwirtschafteten (latenten) Zinseinkünfte meines Erachtens von der Besteuerung freigestellt werden müssen.

154 Durch den **Beschluß des Bundesverfassungsgerichts vom 5. 10. 1992**[14] ist die Frage der Zulässigkeit der Besteuerung der vor 1992 erwirtschafteten Zinserträge **nicht entschieden** worden. Vielmehr wurde nur gesagt, daß ein Steuerpflichtiger, der die Besteuerung seiner Zinserträge völlig vermeiden will, sich an die neuen Finanzierungsregeln halten muß, auch wenn er die Lebensversicherung vor 1992 abgeschlossen hat. Es besteht kein Vertrauensschutz in den Fortbestand einer vorteilhaften Gesetzeslage. Ob im Falle einer schädlichen Verwendung alle Zinsen oder nur die nach dem Inkrafttreten des Gesetzes erwirtschafteten Zinsen steuerpflichtig werden, war nicht Gegenstand der Entscheidung.

155–160 *(einstweilen frei)*

---

[13] Bezüglich der Nachversteuerung des Sonderausgabenabzugs gl. A. *Dahm*, DStZ 1993, S. 395f.

[14] Inf. 1993, S. 47 (vgl. ausführlich unten: Verfassungsmäßigkeit der Altfalldefinition).

III. Meldepflicht

– Vgl. OFD Münster vom 8. 7. 1992, DStR 1992, S. 1205 (*abgedruckt im* Anhang II. 10) –

1. Zweck der Meldung

Im Falle einer schädlichen Verwendung der Lebensversicherung muß die Versicherungsgesellschaft im Jahr der Auszahlung der Versicherungsleistung Kapitalertragsteuer einbehalten und an ihr Finanzamt abführen. Da die Versicherungsunternehmen in vielen Fällen keine Kenntnis von der Verwendung der Versicherung bei der Finanzierung haben bzw. die Steuerschädlichkeit der Verwendung nicht abschließend beurteilen können, besteht eine Verpflichtung zur Einbehaltung von Kapitalertragsteuer und damit die Haftung für diese Steuer grundsätzlich nur, sofern der Versicherung eine **Mitteilung des Finanzamtes** zugegangen ist, in der die Steuerschädlichkeit der Verwendung festgestellt wird. Dies war der primäre Anlaß für die Einführung der Anzeigepflicht nach § 29 EStDV. Natürlich erleichtert diese Anzeigepflicht auch das Aufspüren steuerschädlicher Verwendungen. **161**

2. Form der Anzeige

Die Anzeige hat unverzüglich nach amtlich vorgeschriebenem Muster (vgl. Anhang II. 13) gegenüber dem für den Meldepflichtigen zuständigen Finanzamt zu erfolgen. Erfolgt die Meldung verspätet, können Verspätungszuschläge erhoben werden. Angesichts der Kompliziertheit der Neuregelung gilt dies aber wohl nur gegenüber der Bank oder Versicherung als Sicherungsnehmer, nicht aber gegenüber einem Steuerpflichtigen ohne besondere Steuerrechtskenntnisse. **162**

3. Meldepflichtige Vorgänge

Nicht jeder Sachverhalt, der zur Steuerschädlichkeit führen könnte, ist anzeigepflichtig. Meldepflichtig sind nur **163**

(1) bestimmte Formen des Einsatzes von Lebensversicherungsansprüchen zur Sicherung oder Tilgung,
(2) nach dem 13. 2. 1992,
(3) für ein Darlehen von mehr als 50000 DM (Mindestgrenze gilt nur bei unbeschränkter Steuerpflicht des Versicherungsnehmers).

Das amtliche Formular enthält die folgenden „Hinweise für das Ausfüllen der Anzeige nach § 29 Abs. 1 EStDV“:

Die Anzeige nach § 29 Abs. 1 EStDV ist nicht abzugeben, wenn vereinbart ist, daß die Versicherungsleistung nur nach Eintritt des Versicherungsfalles durch Tod der versicherten Person zur Darlehenstilgung verwendet wird, ohne daß eine Sicherungsabrede für den Erlebensfall getroffen worden ist. Wurde dem Darlehensgeber jedoch eine unwiderrufliche Bezugsberechtigung für den Todesfall eingeräumt, ist eine Anzeige erforderlich. Der Einsatz von Ansprüchen aus Risikolebensversicherungen, die nur für den Todesfall eine Leistung vorsehen, ist nicht anzuzeigen. Eine Anzeige ist auch dann nicht erforderlich, wenn Ansprüche aus einer Direktversicherung oder einer Rückdeckungsversicherung der Darlehenssicherung oder -tilgung dienen.

Angaben zum Darlehen

Werden zur Finanzierung der Anschaffungs-/Herstellungskosten *eines* Wirtschaftsguts oder mehrerer Wirtschaftsgüter mehrere Darlehen aufgenommen, die zusammen den Nennbetrag von 50000 DM übersteigen, sind alle Darlehen aufzuführen (ggf. auf besonderem Blatt).

Angaben zum Versicherungsvertrag

Ansprüche aus Lebensversicherungsverträgen dienen der Sicherung/Tilgung eines Darlehens, wenn sie z. B. abgetreten, beliehen, verpfändet oder hinterlegt werden.

Bei Einsatz mehrerer Lebensversicherungsverträge zur Sicherung/Tilgung eines Darlehens ist für jeden dieser Verträge eine Anzeige auszufüllen. Werden in *einer* Anzeige mehrere Darlehen aufgeführt, so sind im Fall der Sicherung/Tilgung dieser Darlehen durch mehrere Lebensversicherungsverträge auch alle Lebensversicherungsverträge anzugeben (ggf. auf besonderem Blatt).

164 *Zu (1):* Nach den Hinweisen zum Ausfüllen des amtlichen Vordrucks müssen nur die folgenden Vorgänge gemeldet werden: Abtretung, Beleihung, Verpfändung, Hinterlegung, Einräumung einer unwiderruflichen Bezugsberechtigung für den Todesfall. Nicht meldepflichtig ist danach der Einsatz mittels Negativerklärung, weiter Sicherungszweckerklärung und die Pfändung. Unklar ist, ob unter Abtretung nur die zivilrechtlich wirksame offene Zession, die der Versicherungsgesellschaft angezeigt wurde,[15] oder auch die stille Zession zu verstehen ist. Eine Umwidmung, die ebenfalls zur Steuerschädlichkeit führen kann, ist nicht meldepflichtig.

165 *Zu (2):* Meldepflichtig ist nur der Einsatz von Lebensversicherungsansprüchen nach dem 13. 2. 1992. Nicht betroffen sind also alle vor dem Stichtag

[15] So *Ehlers,* BB 1993, Beilage 4, S. 3; (vgl. Rz. 50).

valutierten Darlehen (sog. Altfälle gemäß § 52 Abs. 13a Satz 4 EStG). Altfälle sind jedoch anläßlich einer Umschuldung mit Gläubigerwechsel meldepflichtig, weil Lebensversicherungsansprüche nach dem 13. 2. 1992 für ein neues Darlehen eingesetzt werden.

Zu (3): Werden die Ansprüche erstmals nach dem 13. 2. 1992 eingesetzt, **166** entfällt – sofern der Versicherungsnehmer unbeschränkt steuerpflichtig ist – die dem Grunde nach gegebene Meldepflicht, wenn das abgesicherte Darlehen 50000 DM nicht übersteigt. Die Aufspaltung auf mehrere Darlehen dürfte an § 42 AO scheitern. Nach dem amtlichen Vordruck sind mehrere Darlehen dann zusammenzurechnen, wenn sie der Finanzierung **eines** Wirtschaftsgutes dienen. Werden mehrere Wirtschaftsgüter durch mehrere Darlehen unter 50000 DM finanziert, besteht keine Meldepflicht. Auf den Umfang der eingesetzten Lebensversicherungsansprüche kommt es nicht an.[16] Andererseits sind auch Teilabtretungen und Abtretungen unter 50000 DM meldepflichtig, wenn das Darlehen die erforderliche Höhe hat.

Die bloße Abtretung der Todesfalleistung ist ohne Sicherungsabrede für den **167** Erlebensfall nicht meldepflichtig, weil diese nicht unter das Abzugsverbot des § 10 Abs. 2 EStG fallen kann. Aus diesem Grunde sind auch Risikolebensversicherungen nicht betroffen.

4. Meldepflichtige Personen

Bei jedem meldepflichtigen Vorgang müssen zwei Anzeigen durch verschiedene Personen erfolgen. Meldepflichtig sind: **168**

(1) der Sicherungsnehmer (§ 29 Abs. 1 EStDV);
(2) der Steuerpflichtige (§ 29 Abs. 4 EStDV);
(3) die Versicherungsgesellschaft, soweit sie selbst Sicherungsnehmer ist und „auch in den Fällen, in denen der Sicherungsnehmer Wohnsitz, Sitz der Geschäftsleitung im Ausland hat" (§ 29 Abs. 1 EStDV).

Zu (1): Sicherungsnehmer ist jeder, der eine Versicherung als Sicherheit für **169** ein Darlehen akzeptiert, also nicht nur eine Bank oder Versicherung, sondern auch Privatpersonen. Sogar die Finanzbehörden können anzeigepflichtig werden, wenn sie Lebensversicherungen z. B. zur Absicherung von Steueransprüchen als Sicherheit nehmen, vorausgesetzt, die Steuerstundung stellt eine Darlehensgewährung i. S. des § 10 Abs. 2 EStG dar und übersteigt die 50000 DM-Grenze.[17]

Zu (2): Steuerpflichtiger i. S. des § 29 Abs. 4 EStDV ist der Versicherungs- **170** nehmer, da es um die Besteuerung der Zinsen seiner Versicherung und den Abzug seiner Beiträge als Sonderausgaben geht. Der Versicherungsnehmer muß nicht mit dem Darlehensnehmer identisch sein, da auch fremde Darlehen (z. B. einer GmbH oder eines Familienangehörigen) abgesichert werden können. Da der Darlehensnehmer zweifellos auch ein Steuerpflichtiger ist, könnte

[16] Unzutreffend *Schmidt,* 14. Aufl. 1995, § 10 EStG Rz. 199.
[17] Vgl. RdNr. 67.

man annehmen, daß auch er meldepflichtig ist. Meines Erachtens wäre diese Interpretation des Gesetzeswortlautes jedoch überzogen.

Horlemann[18] vertritt die Ansicht, daß die Meldepflicht des Steuerpflichtigen eigentlich entbehrlich und statt dessen eine entsprechende Frage im Einkommensteuervordruck – z. B. im Sachbereich „Sonderausgaben" – ausreichend sei.

Hierfür spreche auch, daß – soweit ersichtlich – bisher weder amtliche Vordrucke noch Verwaltungsanweisungen zur Meldepflicht nach § 29 Abs. 4 EStDV vorlägen.

171 *Zu (3):* Da ausländische Sicherungsnehmer zu einer Anzeige an deutsche Finanzbehörden nicht verpflichtet werden können, trifft die Mitteilungspflicht in den Fällen, in denen der Sicherungsnehmer Wohnsitz, Sitz oder Geschäftsleitung im Ausland hat, die Versicherungsgesellschaft. Das setzt voraus, daß die Versicherung von der Abtretung der Versicherungsansprüche Kenntnis erlangt hat, was bei einer stillen Zession nicht der Fall sein muß. Unterläßt die Versicherung die Anzeige, haftet sie auch ohne Mitteilung durch das Finanzamt für die einzubehaltende Kapitalertragsteuer.

Um insbesondere ein lückenloses Meldeverfahren auch bei ausländischen (beschränkt steuerpflichtigen) Versicherungsnehmern zu gewährleisten, wurde § 29 Abs. 1 EStDV wie folgt neu gefaßt[19]:

„Der Sicherungsnehmer hat nach amtlich vorgeschriebenem Muster dem für die Veranlagung des Versicherungsnehmers nach dem Einkommen zuständigen Finanzamt, bei einem Versicherungsnehmer, der im Inland weder einen Wohnsitz noch seinen gewöhnlichen Aufenthalt hat, dem für die Veranlagung des Sicherungsnehmers zuständigen Finanzamt (§§ 19, 20 Abgabenordnung) unverzüglich die Fälle anzuzeigen, in denen Ansprüche aus Versicherungsverträgen nach dem 13. Februar 1992 zur Tilgung oder Sicherung von Darlehen eingesetzt werden. Satz 1 gilt entsprechend für das Versicherungsunternehmen, wenn der Sicherungsnehmer Wohnsitz, Sitz oder Geschäftsleitung im Ausland hat. Werden Ansprüche aus Versicherungsverträgen von Personen, die im Inland einen Wohnsitz oder ihren gewöhnlichen Aufenthalt haben (§ 1 Abs. 1 des Gesetzes), zur Tilgung oder Sicherung von Darlehen eingesetzt, sind die Sätze 1 und 2 nur anzuwenden, wenn die Darlehen den Betrag von 50000 Deutsche Mark übersteigen."

In der Begründung zum Änderungsvorschlag im nicht amtlich veröffentlichten Reformentwurf zum Jahressteuergesetz 1996 (BMF vom 20. 2. 1995 – IV B 2 – S 1900 – 59/95) hieß es:

„Nach § 29 Abs. 1 EStDV in der Fassung des Artikels 4 des Steueränderungsgesetzes 1992 sind Sicherungsnehmer sowie das Versicherungsunternehmen lediglich zur Anzeige der Sachverhalte verpflichtet, in denen Versicherungsansprüche nach dem 13. Februar 1992 zur Tilgung oder Sicherung von Darlehen eingesetzt werden, die den Betrag von 50000 DM übersteigen.

---

[18] Vgl. *Horlemann,* DStR 1994, S. 1793 (1796).

[19] Neufassung des § 29 Abs. 1 EStDV durch das Jahressteuergesetz 1996 (BGBl. I 1995, S. 1250, 1384) in der durch das Jahressteuer-Ergänzungsgesetz (BGBl. I 1995, S. 1959) geänderten Fassung.

Diese Anzeigepflicht bildet den Anknüpfungspunkt für die Pflicht zum Steuerabzug von Zinsen aus Sparanteilen bei Auszahlung der Versicherungssumme (§ 43 Abs. 1 Nr. 4 Satz 2 EStG). Das Versicherungsunternehmen ist zur Einbehaltung der Kapitalertragsteuer nur verpflichtet, wenn es auf Grund einer Mitteilung des Finanzamts weiß oder infolge Verletzung eigener Anzeigepflichten nicht weiß, daß die Kapitalerträge zu den Einkünften aus Kapitalvermögen gehören.

Eigene Anzeigepflicht kann das Versicherungsunternehmen nach bisheriger Rechtslage nicht verletzen, wenn Lebensversicherungsansprüche zur Tilgung oder Sicherung von Darlehen eingesetzt werden, deren Betrag 50000 DM nicht übersteigt; zur Sicherstellung des Kapitalertragsteuerabzugs muß die Finanzverwaltung deshalb in diesen Fällen zwingend dem Versicherungsunternehmen die steuerschädliche Verwendung der Ansprüche mitteilen. Sie kann dies aber nur, wenn sie ihrerseits Kenntnis vom Einsatz solcher Ansprüche zu Finanzierungszwecken erhalten hat. Derjenige, der sich eines derartigen Finanzierungsmodells bedient, wird daher gemäß § 29 Abs. 4 EStDV – auch wenn er Steuerausländer ist – zur Anzeige gegenüber dem für seine Veranlagung zuständigen Finanzamt verpflichtet. Ist ein Steuerausländer nur mit Einkünften, von denen der Steuerabzug vorgenommen worden ist, beschränkt einkommensteuerpflichtig, so wird aber eine Veranlagung nicht durchgeführt (§ 50 Abs. 5 EStG). Eine Anzeigepflicht besteht für ihn deshalb nicht, wenn er – etwa zur Sicherung des Anschaffungskredits einer beweglichen Sache, die er entgeltlich zur Nutzung überläßt – Versicherungsansprüche eingesetzt hat. Der **Steuerausländer** kann damit faktisch Versicherungsansprüche – ungeachtet der Beschränkungen des § 10 Abs. 2 Satz 2 EStG – jederzeit zur Tilgung oder Sicherung von Darlehen einsetzen, deren Betrag 50000 DM nicht übersteigt, ohne um die Steuerfreiheit der Ablaufleistung fürchten zu müssen.

Diese Sachlage steht nicht mit dem Ziel des § 49 Abs. 1 Nr. 5 Buchstabe a EStG in Einklang. Denn dort verweist der Gesetzgeber ausnahmslos auf § 20 Abs. 1 Nr. 6 EStG und strebt damit unabhängig von der Höhe der beliehenen Versicherungsansprüche ausdrücklich auch bei beschränkter Steuerpflicht die Besteuerung der Zinsen aus Sparanteilen von Versicherungen an, deren Lebensfallansprüche im Sinne des § 10 Abs. 2 Satz 2 EStG schädlich verwendet wurden.

Aus verwaltungsökonomischen Gründen soll die Anzeige künftig nicht mehr dem für die Veranlagung des Sicherungsnehmers/des Versicherungsunternehmens zuständigen Finanzamt, sondern unmittelbar dem **Wohnsitzfinanzamt** des Versicherungsnehmers zugeleitet werden. Nur in Fällen, in denen der Versicherungsnehmer mit den Zinsen aus Sparanteilen von Versicherungen nach § 49 Abs. 1 Nr. 5 Buchstabe a EStG der beschränkten Steuerpflicht unterliegt, ist das für die Veranlagung des Sicherungsnehmers zuständige Finanzamt Empfänger der Anzeige. Das jeweilige Finanzamt entscheidet über die Steuerpflicht der außerrechnungsmäßigen und rechnungsmäßigen Zinsen aus den in den Versicherungsbeiträgen enthaltenen Sparanteilen (§ 9 der Verordnung über die gesonderte Feststellung von Besteuerungsgrundlagen nach § 180 Abs. 2 AO) und erteilt an das Versicherungsunternehmen die Mitteilung über die Verpflichtung zum Steuerabzug bei Verrechnung oder Auszahlung der Zinsen (§ 43 Abs. 1 Nr. 4 Satz 2 EStG).

Die vorgeschlagene Änderung trägt dem Rechnung."

5. Ablauf des Kontrollverfahrens

Die Anzeige des Sicherungsnehmers hat gegenüber dem Wohnsitzfinanzamt 172
des Versicherungsnehmers, in Fällen der beschränkten Steuerpflicht des Versicherungsnehmers gegenüber dem Finanzamt des Sicherungsnehmers, zu erfolgen. Ist der Versicherungsnehmer – ausnahmsweise – nicht gleichzeitig auch

der Darlehensnehmer, ist die Anzeige gleichwohl an das Wohnsitzfinanzamt des Versicherungsnehmers zu schicken, da es letztlich um die Steuerbefreiung seiner Kapitalerträge geht.

173 Das zuständige Finanzamt des Darlehens- bzw. Versicherungsnehmers prüft, ob eine schädliche Verwendung vorliegt. Vertragsunterlagen sollen – so die Anweisung der OFD Münster (*abgedruckt im* Anhang II.10) – nur ausnahmsweise dann angefordert werden, wenn Anhaltspunkte für eine schädliche Verwendung vorliegen. Läßt die Antwort des Steuerpflichtigen keine Zweifel an der Unschädlichkeit der Verwendung aufkommen, können weitere Prüfungen unterbleiben.

Beispiel: Auf die Anfrage seines Finanzamts schreibt der Versicherungsnehmer: „Ich habe meine Lebensversicherung in Höhe eines Teilbetrags von 100000 DM zur Absicherung eines Darlehens (Nennbetrag 100000 DM) abgetreten. Das Darlehen dient ausschließlich der Finanzierung von Anschaffungskosten eines Mietshauses, das langfristig zur Erzielung von Mieteinnahmen genutzt werden soll. Ein Disagio wurde nicht mitfinanziert/nicht vereinbart. Die gesamten Anschaffungs- oder Herstellungskosten belaufen sich auf 500000 DM. Das Darlehen wurde unmittelbar an den Verkäufer ausgezahlt."

Über das Ergebnis der Prüfung ergeht ein Verwaltungsakt.

IV. Gesonderte Feststellung der Steuerpflicht von Zinsen aus einer Lebensversicherung

– Vgl. BMF vom 27. 7. 1995 (*abgedruckt im* Anhang II.9) –

174 Durch § 9 der Verordnung zu § 180 Abs. 2 AO hat der Gesetzgeber ein gesondertes Feststellungsverfahren eingeführt, in dem verbindlich festgestellt werden soll, ob der (gemeldete) Einsatz einer Lebensversicherung im Rahmen einer Finanzierung zur vollen oder partiellen Steuerpflicht der Zinsen aus der Lebensversicherung geführt hat oder nicht.

1. *Steuerschädlichkeitsbescheid*

175 Gegenstand der gesonderten Feststellung ist die verbindliche Entscheidung über die aus einer bestimmten Verwendung der Ansprüche aus der Lebensversicherung sich ergebenden steuerlichen Folgen hinsichtlich der rechnungsmäßigen und außerrechnungsmäßigen Zinsen aus den in den Versicherungsbeiträgen enthaltenen Sparanteilen. Liegt eine steuerschädliche Verwendung vor, umfaßt die Steuerpflicht grundsätzlich sämtliche Zinsen für die gesamte Vertragslaufzeit. In diesem Fall ergeht nur ein Feststellungsbescheid, der die uneingeschränkte Steuerpflicht aller Zinsen feststellt. Der Feststellungsbescheid ergeht gegenüber dem Versicherungsnehmer als Steuerschuldner. Außerdem ergeht an das Versicherungsunternehmen eine Mitteilung über die Verpflichtung zur Einbehaltung und Abführung von Kapitalertragsteuer. Mit Eintritt der

Unanfechtbarkeit des Feststellungsbescheides ist die Entscheidung über die künftige Steuerpflicht der Zinserträge für den Steuerpflichtigen, das Versicherungsunternehmen und die Finanzbehörden verbindlich. Dies gilt nicht nur für die Einbehaltung und Abführung der Kapitalertragsteuer, sondern auch für die spätere Festsetzung der Einkommensteuer. Eine Korrektur des Feststellungsbescheides ist nur nach Maßgabe der §§ 129, 164, 165, 172–175 AO zulässig.

Stellt sich nach Eintritt der Unanfechtbarkeit des Feststellungsbescheides aufgrund späterer Rechtserkenntnisse heraus, daß die Verwendung der Ansprüche aus einer Lebensversicherung zu Finanzierungszwecken steuerlich unschädlich war, hat dies keine Auswirkung auf die Bindungswirkung des Feststellungsbescheides, d. h. die in der Versicherungsleistung enthaltenen Zinserträge sind steuerpflichtig, selbst wenn der Bundesfinanzhof zum Zeitpunkt des Zuflusses bereits entschieden haben sollte, daß der ursprünglich als steuerschädlich angesehene Vorgang überhaupt nicht steuerschädlich war. Der Feststellungsbescheid entfaltet allerdings keine Bindungswirkung für den **Sonderausgabenabzug**. Denn es handelt sich nicht um einen Grundlagenbescheid i. S. d. § 171 Abs. 10 AO.

Bei **Finanzierungen im Betriebsbereich** kommt es wegen der Sonderrege- **176**
lung des § 10 Abs. 2 Satz 2 Buchst. c EStG nur dann zur vollen Steuerpflicht sämtlicher Zinserträge, wenn die schädliche Verwendung insgesamt mehr als drei Jahre angedauert hat. Deshalb können bei „partieller" Steuerpflicht mehrere Feststellungsbescheide ergehen. Ist die schädliche Verwendung zunächst auf einen Zeitraum von weniger als drei Jahren befristet, werden die steuerpflichtigen Zinsen jährlich festgestellt. Erfolgt der Einsatz der Lebensversicherung für einen unbefristeten Zeitraum, geht die Finanzverwaltung zunächst von der Totalschädlichkeit aus (BMF-Schreiben v. 27. 7. 1995, Tz. VII). Endet der steuerschädliche Einsatz dann tatsächlich vor Ablauf der Dreijahresfrist, ist der Steuerschädlichkeitsbescheid gemäß § 175 Abs. 1 Satz 1 Nr. 2 AO (Ereignis mit Rückwirkung) aufzuheben und durch neue Feststellungsbescheide über die partielle Steuerpflicht zu ersetzen. Zu beachten ist, daß mit Ablauf des Kalenderjahres, in dem der schädliche Einsatz endete, eine vierjährige Festsetzungsverjährungsfrist beginnt, innerhalb derer der ursprüngliche Bescheid geändert werden muß (§ 175 Abs. 1 Satz 2 AO). Der Steuerpflichtige muß dem Finanzamt also die Beendigung des schädlichen Einsatzes innerhalb der Vierjahresfrist mitteilen.

Nach Ablauf dieser Frist ist der ursprüngliche Schädlichkeitsbescheid nicht mehr änderbar.

Bei zunächst steuerunschädlicher Verwendung kann sich aus einer späteren anderweitigen Verfügung (z. B. erneute Beleihung oder Umwidmung des begünstigt angeschafften oder hergestellten Wirtschaftsguts) eine erstmalige partielle oder umfassende Steuerpflicht der Zinsen ergeben. In diesem Fall ergeht ebenfalls ein Steuerschädlichkeitsbescheid. Soweit vorher ein Steuerunschädlichkeitsbescheid ergangen war, ist dieser aufzuheben (§ 175 Abs. 1 Satz 1 Nr. 2 AO).

Die gesonderte Feststellung über die künftige Steuerpflicht der Zinsen aus einem Lebensversicherungsvertrag ist in allen anhängigen Verfahren anzuwenden. Ein Steuerschädlichkeitsbescheid kann daher auch ergehen, wenn die zugrundeliegende Verwendung vor dem 24. Dezember 1994, dem Inkrafttreten der Verordnung zu § 180 Abs. 2 AO, erfolgte. Zuständig für die gesonderte Feststellung ist das Wohnsitzfinanzamt des Versicherungsnehmers.

2. Steuerunschädlichkeitsbescheid

177 Soweit die Zinsen aufgrund einer bestimmten Verwendung der Ansprüche aus der Lebensversicherung nicht steuerpflichtig sind, liegen die Voraussetzungen für eine gesonderte Feststellung an sich nicht vor. Da aber der Steuerpflichtige im Regelfall ein berechtigtes Interesse daran hat, das Ergebnis der Prüfung durch das Finanzamt zu erfahren, ist in diesen Fällen grundsätzlich ein „negativer Feststellungsbescheid" zu erteilen. Regelungsinhalt dieses „negativen" Feststellungsbescheides ist die Entscheidung, daß die konkret benannte Verwendung nicht zur Steuerpflicht der Zinsen führt.[20] Das Finanzamt ist bei der späteren Einkommensteuerveranlagung an die **Entscheidung** im negativen Feststellungsbescheid gebunden, auch wenn die Entscheidung – zugunsten des Steuerpflichtigen – falsch war. Die Bindungswirkung wird nur eingeschränkt, wenn die Voraussetzungen für eine Änderung bestandskräftiger Bescheide erfüllt sind.[21] Durch den Steuerunschädlichkeitsbescheid erhält der Steuerpflichtige also die Sicherheit, daß er seine Versicherung nicht in steuerschädlicher Weise eingesetzt hat.

178–190 *(einstweilen frei)*

---

[20] Vgl. *Baum,* DB 1995, S. 401 (402).
[21] Vgl. *Baum,* NWB 1995, F. 2, S. 6425 (6427).

D. Vermeidung steuerschädlicher Finanzierungen

I. Vermeidung der Steuerschädlichkeit bei Erstfinanzierungen

1. Überblick

	Begünstigt	Steuerschädlich
Anlagezweck	Anlagevermögen, dauernde Einkunftserzielung	Umlaufvermögen, kurzfristige Anlagen im Privatvermögen
Wirtschaftsgüter	materielle, immaterielle Kapitalanlagen ohne Forderungscharakter (typisch stille Beteiligung (str.), Aktien, GmbH-Anteile)	Darlehensforderungen festverzinsliche Wertpapiere Verbindlichkeiten Werbungskosten, Betriebsausgaben
Darlehensverwendung	unmittelbar, Zwischenanlage nicht mehr als 30 Tage, Anderkonten	Zwischenanlage auf Giro- und Festgeldkonten für mehr als 30 Tage
	ausschließlich begünstigte Wirtschaftsgüter	Mischfinanzierungen durch Mitfinanzierung von Vorsteuern, Umlaufvermögen, Forderungen, Werbungskosten bzw. Betriebsausgaben
Darlehenshöhe	Anschaffungs- oder Herstellungskosten plus einmalige, bankübliche Finanzierungskosten	Einbehalt wiederkehrender oder nicht banküblicher Finanzierungs- oder anderer Werbungskosten bei Auszahlung des Darlehens
Begrenzung des Lebensversicherungseinsatzes	Begrenzung auf die Anschaffungs- oder Herstellungskosten bzw. das niedrigere Darlehen	fehlende bzw. falsche Begrenzung, Globalabtretung, weite Sicherungszweckerklärung
Form der (Abtretungs-) Begrenzung	mit dinglicher Wirkung bei der Abtretung selbst	mit schuldrechtlicher Wirkung erst in der Sicherungszweckerklärung
Bagatellgrenze	Fehler bis zu 5000,– DM	Fehler über 5000,– DM

2. *Nur begünstigte Investitionsobjekte*

– Vgl. BMF vom 19. 5. 1993, Tz. 5, 7 (*abgedruckt im* Anhang II. 1); BMF vom 2. 11. 1993, Tz. 2–5 (*abgedruckt im* Anhang II.3) –

a) Zur dauernden Erzielung von Einkünften bestimmt

192 Begünstigt ist die Anschaffung oder Herstellung eines Wirtschaftsgutes, das dauernd zur Erzielung von Einkünften bestimmt ist. Im **Betriebsvermögen** dient ein Wirtschaftsgut dauernd der Einkunftserzielung, wenn es zum Anlagevermögen gehört (§ 247 Abs. 2 HGB). Wirtschaftsgüter des Umlaufvermögens sind ebensowenig begünstigt wie Betriebsausgaben oder Forderungen.

Beispiel: Ein Unternehmer sichert einen Betriebsmittelkredit, der der Anschaffung von Waren dient, durch eine Lebensversicherung ab. Der Einsatz ist steuerschädlich.

Nicht entscheidend für eine Einstufung als begünstigtes Wirtschaftsgut sind die Höhe der Anschaffungs- oder Herstellungskosten sowie die konkrete Nutzungsdauer, solange das Wirtschaftsgut nur *dauernd* zur Erzielung von Einkünften bestimmt ist. Demnach können auch *geringwertige* sowie *kurzlebige* Wirtschaftsgüter begünstigt unter Einsatz von Lebensversicherungsansprüchen finanziert werden.[1]

193 Da das Darlehen „ausschließlich" der Finanzierung begünstigter Zwecke dienen muß, sind Mischfinanzierungen steuerschädlich. Werden gleichzeitig Wirtschaftsgüter des Anlage- und Umlaufvermögens erworben, was bei Unternehmenskäufen unvermeidlich ist, müssen stets zwei Darlehen aufgenommen oder Eigenkapital eingesetzt werden.

194 Verliert ein Wirtschaftsgut die Eigenschaft, Anlagevermögen zu sein (sog. Umwidmung, BMF vom 19. 5. 1993, Tz. 17), führt dies stets zur Steuerschädlichkeit. Der Verlust der Steuerprivilegien läßt sich nur vermeiden, wenn der Einsatz der Lebensversicherung zur Sicherung des betroffenen Darlehens vor der Umwidmung in Umlaufvermögen beendet wird. Policendarlehen müssen somit zurückgezahlt, Abtretungen für den Erlebensfall aufgehoben werden. Für den Todesfall kann die Abtretung bestehen bleiben.

195 Die Unterscheidung zwischen Anlage- und Umlaufvermögen ist im **Privatvermögen** nicht gebräuchlich. Die Definitionen sind jedoch analog anwendbar. Allerdings fehlt der bilanzielle Ausweis als nachprüfbares Indiz für den Verwendungswillen des Steuerpflichtigen. Wird ein Wirtschaftsgut bereits nach kurzer Zeit wieder verkauft, stellt sich daher die schwierige Frage, ob das Wirtschaftsgut der dauernden Einkunftserzielung oder der kurzfristigen Spekulation gedient hat.

Beispiel: Ein Steuerpflichtiger kauft mittels eines Kredits, der durch eine Lebensversicherung abgesichert ist, 50 Aktien einer Chemiefirma zur langfristigen Kapitalanlage.

---

[1] Vgl. *Broudré,* 1994, S. 24.

(1) Aufgrund eines Störfalles befürchtet er Kursverluste und verkauft die Aktien nach einem Jahr wieder.

(2) Er verkauft die Aktien ohne besonderen Grund nach sieben Monaten zu einem höheren Kurs.

Meines Erachtens stehen gelegentliche Vermögensumschichtungen der Annahme einer dauernden Einkunftserzielung nicht entgegen. Kauft der Steuerpflichtige somit wieder neue Aktien, ist Langfristigkeit der Einkunftserzielung gegeben. Die für den gewerblichen Grundstückshandel entwickelte Drei-Objekt-Grenze ist auf Kapitalanlagen sicher nicht übertragbar, weil es üblich ist, diese häufiger umzuschlagen als Immobilien.

Erweist sich die Zuordnung zum Anlagevermögen als falsch, ist die Steuer- **196**
schädlichkeit nachträglich nicht mehr zu heilen.

Beispiel: Eine gewerblich geprägte GmbH & Co. KG erwirbt ein Mehrfamilienhaus (= Betriebsvermögen), das als Anlagevermögen bilanziert wird. Das Anschaffungsdarlehen wird durch eine Lebensversicherung abgesichert. Nach Renovierung und Aufteilung werden 10 Eigentumswohnungen verkauft. Die übrigen 50 Wohnungen werden vermietet. Es liegt ein gewerblicher Grundstückshandel vor. Die verkauften Wohnungen gehören zum Umlaufvermögen. Der Einsatz der Lebensversicherung ist steuerschädlich.

Auch durch die Umqualifizierung einer privaten Vermögensverwaltung in **197**
einen gewerblichen Grundstückshandel geht das Steuerprivileg verloren. Da es sich um eine betriebliche Finanzierung handelt, kommt es nur dann zum Totalverlust der Steuerbefreiung, wenn zwischen dem Beginn des gewerblichen Grundstückshandels (Anschaffung der Immobilie, Beginn der Renovierungsarbeiten) und der Aufhebung der Sicherungsabrede mehr als drei Jahre liegen. Ist das nicht der Fall, tritt nur partielle Steuerpflicht für die Jahre ein, in denen ein steuerschädlicher Einsatz vorlag.

b) Begünstigte Wirtschaftsgüter

aa) Materielle und immaterielle Wirtschaftsgüter

Zu den begünstigten Investitionsobjekten können sowohl materielle (Immo- **198**
bilien, Maschinen, Fahrzeuge, Möbel usw.) als auch immaterielle Wirtschaftsgüter (Patente, Filme, Software, Manuskripte, Geschäftswert, Praxiswert, Mietereinbauten) gehören. Voraussetzung ist nur, daß sie der langfristigen Einkunftserzielung dienen.

Nach Tz. 2 des dritten Erlasses vom 2. 11. 1993 können auch mehrere begünstigte Wirtschaftsgüter durch ein Gesamtdarlehen finanziert werden.

Zweifelhaft ist die Beurteilung von **Mietvorauszahlungen**, Leasing-Sonder- **199**
zahlungen und anderen vorausbezahlten Nutzungsentgelten. Die Finanzverwaltung betrachtet Nutzungsrechte als Wirtschaftsgüter und behandelt eine Mietvorauszahlung demzufolge als Anschaffungskosten.[2] Die höchstrichterli-

---

[2] BMF-Schreiben v. 15. 11. 1984, BStBl. I S. 561 Tz. 28 (Nießbraucherlaß).

che Rechtsprechung[3] lehnt diese Betrachtungsweise ab. Mietvorauszahlungen sind keine Anschaffungskosten, sondern Nutzungsentgelt pro rata temporis. Da der Nießbraucherlaß bisher nicht geändert wurde, müßte die Finanzverwaltung die Finanzierung von Mietvorauszahlungen unter Einsatz einer Lebensversicherung konsequenterweise als unschädlich behandeln. Meines Erachtens dürfen Mietvorauszahlungen nicht unter Einsatz von Lebensversicherungen finanziert werden, weil Nutzungsrechte keine (immateriellen) Wirtschaftsgüter sind.[4]

200 Anders ist die Vorauszahlung zu beurteilen, wenn der zivilrechtlich bloß Nutzungsberechtigte (Mieter, Leasingnehmer) **wirtschaftlicher Eigentümer** (§ 39 Abs. 2 AO) des genutzten Wirtschaftsgutes ist. In diesem Fall stellt die Vorauszahlung nicht Nutzungsentgelt, sondern Kaufpreis für das genutzte Wirtschaftsgut dar. In einem früheren unveröffentlichten Erlaßentwurf hatte die Finanzverwaltung sich in diesem Sinne – meines Erachtens zutreffend – wie folgt geäußert:

„Wird ein Wirtschaftsgut durch Leasing oder Mietkauf erworben, kann unter Einsatz von Lebensversicherungsansprüchen nur der Teil der jeweiligen Rate, der auf Anschaffungskosten entfällt, steuerunschädlich finanziert werden."

Beispiel: Der Leasingnehmer eines Gebäudes, dessen wirtschaftlicher Eigentümer er ist, finanziert den auf die Anschaffungskosten entfallenden Teil der jährlichen Leasingrate über ein Policendarlehen und überweist den Rest vom betrieblichen Kontokorrentkonto. Die Finanzierung ist unschädlich (Tz. 10 des BMF-Schreibens vom 19. 5. 1993).

bb) Keine Forderungen

201 Forderungen gehören nicht zu den begünstigten Wirtschaftsgütern, selbst wenn sie dauernd zur Erzielung von Einkünften bestimmt sind. Bei der Hingabe von (partiarischen) Darlehen, Anleihen, Rentenstammrechten u. ä. handelt es sich um die Begründung oder den Erwerb von Forderungen; das gilt auch, wenn die Forderung durch ein Wertpapier verbrieft ist. Eine Steuerbegünstigung ist daher bei der Anschaffung unter Einsatz von Lebensversicherungsansprüchen ausgeschlossen.

Nach Ansicht der zuständigen Referentin im Bundesfinanzministerium[5] sollen auch **typische** und sogar **atypisch stille Beteiligungen** – soweit letztere keine Mitunternehmerstellung begründen – zu den nicht begünstigten Forderungen gehören.

Im Hinblick auf die gesellschaftsähnliche Ausgestaltung der stillen Beteiligung im Gesetz (vgl. §§ 230ff. HGB) erscheint mir eine Qualifikation als

---

[3] BFH v. 11. 10. 1983, BStBl. 1984 II S. 267; v. 4. 6. 1991, DStR S. 1621.
[4] Im Ergebnis gl. A. *Wacker,* DB 1993, Heft 10, Beilage 4, S. 9.
[5] Vgl. *Broudré,* 1994, S. 25.

Forderung – vergleichbar etwa einem partiarischen Darlehen – nicht zutreffend zu sein.[6]

Nur (langfristige) **Kapitalanlagen** ohne Forderungscharakter können steuer- **202**
unschädlich unter Einsatz einer Lebensversicherung finanziert werden. Neben den im Erlaß ausdrücklich genannten Beteiligungen an Kapitalgesellschaften (Aktien, GmbH-Anteile) gehören hierzu meines Erachtens auch Anteile an (offenen) **Investmentfonds**,[7] wobei es m. E. nicht darauf ankommen kann, ob und in welchem Verhältnis diese Fonds ihr Kapital in Festgeldern, festverzinslichen Wertpapieren, Aktien, Rohstoffen oder Grundstücken anlegen.

Anteile an offenen Investmentfonds sind – anders als Anteile an Personengesellschaften – selbständige Wirtschaftsgüter wie Aktien und GmbH-Anteile auch. Nach h. M. im Schrifttum[8] handelt es sich ebensowenig um Forderungen wie Anteile an Kapitalgesellschaften. Im Schrifttum wurde daher davon ausgegangen, daß Anteile an Investmentfonds unter Einsatz von Lebensversicherungsansprüchen finanziert werden können.[9] Dieser Auffassung hat jetzt die Finanzverwaltung in Textziffer 3 des Erlasses vom 2. 11. 1993 widersprochen.

Für die Beurteilung kommt es nach Meinung der Verwaltung – ebenso wie bei Anteilen an Personengesellschaften – auf die Zusammensetzung des Fondsvermögens an. Da alle Investmentfonds Festgelder und ähnlich liquide Anlagen tätigen (müssen), stelle jede Finanzierung eines Investmentfondsanteils eine schädliche Mischfinanzierung dar. Ob der Fonds seinen Anlageschwerpunkt im Bereich festverzinslicher Wertpapiere, Aktien, Rohstoffe oder Immobilien hat, ist somit unerheblich. Die Verwaltung betrachtet die Investmentfondsanteile zwar nicht als Forderungen, negiert aber deren Wirtschaftsguteigenschaft. Obwohl damit ein Investmentfondsanteil als ebenso „durchsichtig" betrachtet wird wie ein Anteil an einer Personengesellschaft, dürfen die für den Erwerb von Anteilen an Personengesellschaften aufgestellten Regeln der Tz. 11 des BMF-Schreibens vom 19. 5. 1993 gemäß Tz. 4 des Erlasses vom 2. 11. 1993 nicht entsprechend angewendet werden. Es ist also nicht möglich, zwei Darlehen aufzunehmen, von denen das mit der Lebensversicherung abgesicherte Darlehen nicht höher ist als der Anteil der begünstigten Wirtschaftsgüter. Vielmehr führt der Einsatz von Versicherungsansprüchen immer voll und ganz zur Steuerschädlichkeit.

Die Argumentation der Finanzverwaltung hat auch Vorteile. Würde sie die Steuerschädlichkeit aus dem Forderungscharakter der Fondsanteile ableiten, hätte dies nämlich die nachteilige Folge, daß eine Heilung von steuerschädlich gewordenen Finanzierungen bis zum 31. 12. 1993 nicht möglich gewesen wäre. Denn reine Forderungsfinanzierungen sind von der Heilungsmöglichkeit aus-

---

[6] Gl. A. unter Hinweis auf die Mitsprache- und Kontrollrechte: *Ehlers,* BB 1993, Beilage 4, S. 6.

[7] Gl. A. *Horlemann,* Inf. 1993, S. 51; *ders.,* LSW 1993 Gr. 5, S. 1994; *Wacker,* NWB F. 3, S. 8503; *ders.,* DB 1993, Heft 10, Beilage 4, S. 9; *Ehlers,* BB 1993, Beilage 4, S. 6.

[8] Vgl. FN. 7.

[9] A. A. *Loy,* 1993, S. 26.

genommen. Vielmehr folgt die Steuerschädlichkeit aus dem Umstand, daß neben begünstigten Wirtschaftsgütern auch Forderungen mitfinanziert werden. Nach Meinung der Finanzverwaltung liegt also eine Verletzung des Ausschließlichkeitsgebotes und damit eine sog. Mischfinanzierung vor. Diese Betrachtungsweise hat den Vorteil, daß eine Heilung bis 31. 12. 1993 durch Rücknahme der Abtretung bzw. Rückführung des Policendarlehens möglich war.

M. E. kann man der Auffassung der Finanzverwaltung nur folgen, wenn man den Wirtschaftsgutcharakter der Investmentfondsanteile verneint. Hierfür sehe ich keinen Anhaltspunkt im Gesetz.

203 Durch das Verbot, Forderungen unter Einsatz von Lebensversicherungen zu finanzieren, sollten Steuerumgehungen verhindert werden.[10]

Beispiel: Die Ehefrau nimmt einen Bankkredit auf, der durch eine Lebensversicherung abgesichert ist. Die Kreditmittel überläßt sie ihrem Mann darlehensweise für fünf Jahre. Da das Darlehen bei der Ehefrau der langfristigen Einkunftserzielung dient, wäre der Lebensversicherungseinsatz unschädlich. Der Ehemann unterliegt keiner Verwendungsbeschränkung, da sein Darlehen nicht durch eine Lebensversicherung abgesichert ist. Um derartige Umgehungen zu verhindern, mußten Darlehensforderungen ausgenommen werden.

204 Ein **Rentenstammrecht** ist zivilrechtlich eindeutig keine Forderung. Trotzdem hat die Finanzverwaltung das Rentenstammrecht im zweiten Lebensversicherungserlaß vom 19. 5. 1993 als Forderung qualifiziert. Dadurch sollen vorteilhafte Gestaltungen mit fremdfinanzierten Rentenversicherungen, die durch eine Tilgungsaussetzung noch verbessert werden könnten, verhindert werden.

Beispiel: Ein geschiedener Arbeitnehmer will seine im Rahmen des Versorgungsausgleichs dezimierte Altersversorgung durch Abschluß einer privaten Rentenversicherung wieder auffüllen. Die Einmalprämie finanziert er durch einen Bankkredit, dessen Tilgung gegen Abtretung einer Kapitallebensversicherung ausgesetzt wird. Die Zinsaufwendungen sind als (vorab) entstandene Werbungskosten aus Renteneinkünften (§ 22 EStG) abzugsfähig. Für den Schuldzinsenabzug kommt es meines Erachtens weder darauf an, ob ein Kapitalwahlrecht besteht, noch ob die Rente sofort oder erst nach einer gewissen Zeitspanne (Aufschubdauer) gezahlt wird.[11] Entscheidend ist allein, ob die Summe der steuerpflichtigen Ertragsanteile größer ist als die Finanzierungskosten (Totalüberschußerzielungsabsicht). Der Einsatz der Lebensversicherung ist steuerschädlich, weil das Darlehen zur Finanzierung einer (Renten-)Forderung verwendet wird.

Die überwiegende Meinung im Schrifttum[12] hat sich gegen eine Qualifizierung des Rentenstammrechts als Forderung ausgesprochen.

cc) Keine Verbindlichkeiten

205 Zu den Wirtschaftsgütern, die dauernd der Erzielung von Einkünften dienen und deren Anschaffungskosten unter Einsatz einer Lebensversicherung steuer-

---

[10] Vgl. *Scheurmann-Kettner/Broudré*, DB 1992, S. 1108; *Horlemann*, Inf. 1992 S. 297.

[11] Vgl. RdNr. 102; a. A. *Scheurmann-Kettner/Broudré*, DB 1993, S. 345.

[12] Gl. A. *Ehlers*, BB 1993, Beilage 4, S. 6; *Nolde*, in: *Herrmann/Heuer/Raupach*, § 10 EStG grüne Blätter S. 31; *Horlemann*, Inf. 1993, S. 53; a. A. *Scheurmann-Kettner/Broudré*, DB 1993, S. 346: „zumindest zweifelhaft“.

unschädlich fremdfinanziert werden können, sollen Verbindlichkeiten nicht gehören. Welcher Sachverhalt sich hinter dieser Formulierung verbirgt, ist unklar.

Die Finanzverwaltung bringt folgendes **Beispiel:** 206

Übernimmt der entgeltliche Erwerber eines einzelnen Wirtschaftsgutes Bankschulden des Veräußerers, kann er diese mit seiner Lebensversicherung absichern, sofern er ein begünstigtes Wirtschaftsgut anschafft und die Abtretung formgerecht auf die Anschaffungskosten begrenzt wird (Tz. 5 des BMF-Schreibens vom 2. 11. 1993). Die Verwendung der Lebensversicherung ist nicht etwa deshalb steuerschädlich, weil eine Verbindlichkeit finanziert wird (negatives Wirtschaftsgut, Tz. 5 des BMF-Schreibens vom 19. 5. 1993).

3. Begrenzung des Darlehens

– Vgl. BMF vom 19. 5. 1993, Tz. 8, 9 (*abgedruckt im* Anhang II.1); BMF vom 2. 11. 1993, Tz. 8 (*abgedruckt im* Anhang II.3); BMF vom 26. 9. 1994, Tz. 7 (*abgedruckt im* Anhang II.8) –

a) Obergrenze Anschaffungs-/Herstellungskosten

Durch das Darlehen dürfen grundsätzlich nur Anschaffungs- oder Herstel- 207
lungskosten begünstigter Investitionsobjekte finanziert werden („ausschließlich"). Die Mitfinanzierung von Werbungskosten durch ein Gesamtdarlehen ist steuerschädlich (Ausnahme: Disagio und andere einmalige bankübliche Finanzierungskosten bei Erstfinanzierung). Die Begrenzung des Einsatzes der Lebensversicherungsansprüche allein genügt nicht.

Aus Billigkeitsgründen wurde es allerdings durch eine nachträgliche Ergänzung des § 10 Abs. 2 Satz 2 EStG für unbeachtlich erklärt, wenn die begünstigten Anschaffungs- oder Herstellungskosten durch das Darlehen oder durch die zur Sicherung oder Tilgung verwendeten Ansprüche aus Versicherungsverträgen jeweils insgesamt für einen Teilbetrag bis zu maximal 5000 DM überschritten sind (Bagatellgrenze).

Der Begriff der Anschaffungs- oder Herstellungskosten ergibt sich aus § 255 208
HGB i. V. m. R 32a, 33 und 33a EStR 1993. Er umfaßt auch die **Anschaffungsnebenkosten** (beim Grundstückskauf z. B. Grunderwerbsteuer, Grundbuch, Notar, soweit den Eigentumswechsel betreffend, Makler). Die **Umsatzsteuer** gehört nur dann zu den Anschaffungs- oder Herstellungskosten, wenn der Unternehmer nicht zum Vorsteuerabzug berechtigt ist (§ 9b EStG). Der Einsatz einer Lebensversicherung ist somit steuerschädlich, wenn ein zum Vorsteuerabzug berechtigter Unternehmer den Bruttokaufpreis zu 100% fremdfinanziert.

Beispiel: Ein zum Vorsteuerabzug berechtigter Unternehmer finanziert den Bruttokaufpreis von 1150000 DM (incl. 15% MwSt) für eine Maschine durch einen Bankkredit, dessen Tilgung gegen Abtretung einer Lebensversicherung ausgesetzt worden ist. Wegen der Mitfinanzierung der Umsatzsteuer ist der Einsatz der Lebensversicherung steuerschädlich, selbst wenn die Abtretung auf die begünstigten Anschaffungskosten von 1 Mio. DM begrenzt worden ist.

209 **Gebäuderenovierungskosten** sind im Regelfall Betriebsausgaben oder Werbungskosten (sog. Erhaltungsaufwendungen). Der Einsatz einer Lebensversicherung wäre damit steuerschädlich. Etwas anderes gilt, wenn diese Aufwendungen innerhalb von drei Jahren nach der Anschaffung getätigt werden und 20% (bzw. 15% bei Gebäuden, die aufgrund eines nach dem 31. 12. 1993 rechtswirksam abgeschlossenen obligatorischen Vertrags oder gleichstehenden Rechtsakts angeschafft worden sind) der Gebäudeanschaffungskosten überschreiten. In diesem Fall liegen sog. **anschaffungsnahe Herstellungskosten** vor, die unter Einsatz einer Lebensversicherung finanziert werden dürfen. Problematisch ist die Beurteilung von Renovierungskosten, solange die Bemessungsgrundlage für die 20%- bzw. 15%-Grenze noch nicht feststeht. Erst wenn die Aufteilung der Gesamtanschaffungskosten des Grundstücks vom Finanzamt verbindlich festgestellt wurde, besteht insoweit Rechtssicherheit. Bewegt sich der Renovierungsaufwand im Grenzbereich, ist daher Vorsicht geboten.

b) Ausnahme für Erstfinanzierungen: Anschaffungs- oder Herstellungskosten plus Disagio

210 Bei Erstfinanzierungen darf das Darlehen die Anschaffungs- oder Herstellungskosten unter folgenden Voraussetzungen übersteigen:

(1) Bei den über die Anschaffungs- oder Herstellungskosten hinaus finanzierten Aufwendungen handelt es sich um einmalige bankübliche Finanzierungskosten, Bereitstellungszinsen oder Teilvalutierungszuschläge. Andere Werbungskosten sind nicht begünstigt.
(2) Es muß sich um eine Erstfinanzierung handeln. Umschuldungen sind nicht begünstigt.
(3) Die Abtretung muß auf die begünstigten Anschaffungs- oder Herstellungskosten begrenzt werden.
(4) Die Abtretungsbegrenzung muß bereits im Zeitpunkt der Abtretung erfolgen (vgl. dazu BMF vom 19. 5. 1993 Tz. 12 Abs. 1 Satz 1).

211 **Wiederkehrende** Finanzierungskosten (Vorauszahlung von Zinsen und Bürgschaftsgebühren) müssen in jedem Fall durch Eigenkapital oder einen zweiten Kredit finanziert werden, um die Steuerschädlichkeit zu vermeiden. Etwas anderes gilt ausnahmsweise für Bereitstellungszinsen und Teilvalutierungs*zuschläge*. Nachdem der Verband der Lebensversicherungsunternehmen[13] die Mitfinanzierung für zulässig erachtet und entsprechende Auskünfte erteilt hatte, sah sich die Finanzverwaltung gezwungen, den zweiten Lebensversicherungserlaß entsprechend nachzubessern.

Nicht zu den begünstigten laufenden Finanzierungskosten sollen Teilvalutierungs*zinsen* gehören (im Gegensatz zu -zuschlägen).[14]

---

[13] Vgl. Rundschreiben 68/92 v. 23. 12. 1992, S. 6.
[14] Vgl. *Broudré,* 1994, S. 37.

Unklar ist, was unter **„banküblichen"** einmaligen Finanzierungskosten zu verstehen ist. Fallen hierunter auch Finanzierungsvermittlungsprovisionen, die der Investor nicht an die Bank, sondern an Dritte zahlen muß? Bezieht sich die Banküblichkeit nur auf die Art oder auch auf die Höhe der Aufwendungen? 212

Beispiel: Ein Disagio von 10% wird mitfinanziert. Da die Zinsbindung nicht fünf, sondern nur vier Jahre beträgt, ist das Disagio in Höhe von 2% unangemessen und wird steuerlich nicht als sofort abziehbares Disagio anerkannt. Die Mitfinanzierung könnte daher steuerschädlich sein.

Nicht bankübliche **andere Werbungskosten** (Kosten der Grundschuldbestellung, Umsatzsteuer bei Vorsteuerabzugsberechtigten, als Werbungskosten anerkannte **Gebühren bei Bauherrenmodellen**) dürfen auf keinen Fall mitfinanziert werden. Denn die Steuerschädlichkeit läßt sich nicht durch eine Begrenzung der Abtretung auf die begünstigten Anschaffungs- oder Herstellungskosten verhindern. Jede Mischfinanzierung, die über den Rahmen der erlaubten einmaligen banküblichen Finanzierungskosten hinausgeht, ist steuerschädlich. 213

Ergänzend wurde für die Finanzierungen, die nach dem 13. 2. 1992, aber noch vor Bekanntwerden des ersten BMF-Erlasses hierzu unter *gesonderter Kreditierung eines Damnums* vorgenommen wurden, unter der Nr. 7 des BMF-Schreibens vom 26. 9. 1994 folgende Billigkeitsregelung erlassen: 214

„Wurde ab dem Anwendungszeitpunkt des § 10 Abs. 2 Satz 2 EStG (14. Februar 1992) und vor Veröffentlichung des BMF-Schreibens vom 21. Dezember 1992 (BStBl. 1993 I S. 10) ein gesondertes Darlehen zur Finanzierung eines Damnums aufgenommen, um für die zur Besicherung des Darlehens zur Finanzierung von Anschaffungs- oder Herstellungskosten (Investitionsdarlehen) eingesetzten Ansprüche aus Lebensversicherungsverträgen die Steuerunschädlichkeit zu erhalten, können die mit dem Investitionsdarlehen verbundenen Finanzierungskosten – unabhängig von der Höhe der Tilgungsrate im Jahr der Aufnahme des Darlehens zur Finanzierung des Damnums – zur Wahrung des Grundsatzes der Gleichbehandlung in voller Höhe als Betriebsausgaben oder Werbungskosten abgezogen werden, wenn die übrigen Voraussetzungen für den Abzug erfüllt sind."

c) Nachträgliche Verminderung der Anschaffungs- oder Herstellungskosten

aa) Anschaffungskostenminderung im engeren Sinne

Die Anschaffungs- oder Herstellungskosten können sich durch Rabatte, Skonti, Zuschüsse, Gewährleistungsansprüche usw. nachträglich verringern. Dadurch kann eine zunächst unschädliche Finanzierung steuerschädlich werden. 215

Beispiel: Ein Unternehmer hat eine neue Umweltschutzanlage voll fremdfinanziert und das Anschaffungsdarlehen (Laufzeit 10 Jahre) durch Abtretung einer Lebensversicherung abgesichert. Einen Monat später wird ein (steuerpflichtiger) Zuschuß aus öffentlichen Mitteln gewährt. Der Unternehmer kürzt die Anschaffungskosten der Anlage um den Zuschuß.

Die Steuerschädlichkeit kann nach dem Wortlaut des zweiten Lebensversicherungserlasses dadurch vermieden werden, daß das **Darlehen** und die **Abtre-** 216

tung der Versicherungsansprüche auf den Betrag der verminderten Anschaffungs- oder Herstellungskosten **zurückgeführt** werden. Der Verweis auf Tz. 12 bedeutet, daß die Begrenzung durch dingliche Rückzession erfolgen muß. Die bloß schuldrechtliche Begrenzung durch Änderung der Sicherungszweckerklärung verbunden mit der Verzichtserklärung gegenüber der Versicherungsgesellschaft nach Tz. 12 Abs. 2 des BMF-Schreibens vom 19. 5. 1993 reicht nicht aus, weil diese Regelung nur für Abtretungen vor dem 14. 2. 1992 gilt.

217 Die Begrenzung des Darlehens kann durch eine **Sondertilgung** erreicht werden. Allerdings wird diese in den meisten Fällen nicht mit den getroffenen Kreditverträgen vereinbar bzw. nur unter Inkaufnahme einer Vorfälligkeitsentschädigung möglich sein. Es dürfte daher auch zulässig sein, das Darlehen in **zwei Kredite aufzuspalten**, von denen nur einer durch die Lebensversicherung abgesichert wird.[15] Die zurückfließenden Mittel können dann beliebig verwendet werden.

218 Die Anpassung von Darlehen und Sicherungsabrede muß innerhalb von **drei Monaten** nach Verringerung der Anschaffungs- oder Herstellungskosten erfolgen. Die Verringerung tritt – unabhängig von der Methode der Einkünfteermittlung – nicht erst mit dem Zufluß der Mittel ein, sondern entsprechend dem bilanzrechtlichen Realisationsprinzip bereits mit der Entstehung des Anspruchs auf den Preisnachlaß, Zuschuß usw.[16] Daher sind die Anschaffungs- oder Herstellungskosten zumindest für die Bemessung der Abschreibungen – unabhängig vom *tatsächlichen Zufluß* – jeweils bereits *im Jahr der Bewilligung* des Zuschusses zu kürzen (R 163 Abs. 1 Satz 2, 3 EStR 1993). Meines Erachtens ist die Frist **viel zu kurz**. Insbesondere in Bagatellfällen (Rabatte, Skonti) wird es zur Steuerschädlichkeit kommen, weil die Konsequenzen der Kaufpreisreduzierung nicht frühzeitig genug erkannt werden.

Auch die neu eingeführte Bagatellgrenze in Höhe von 5000 DM (bezogen auf die Darlehens- bzw. Abtretungssumme) bedeutet hier nicht in allen Fällen – zu denken wäre insbesondere an größere Investitionsvorhaben – den „rettenden Ausweg“.

219 Nach *Broudré* soll es für den Beginn der Drei-Monats-Frist nicht auf den bilanziellen Realisationszeitpunkt (Entstehung des Anspruchs) ankommen. Die Verringerung trete statt dessen grundsätzlich „mit Erhalt des Preisnachlasses, des Rabatts, des Zuschusses bzw. mit dem Geltendmachen des Skontoabzugs ein.“[17]

220 Noch wesentlich problematischer erscheint – zumindest bei Gewinnermittlung durch Bestandsvergleich – die Bestimmung des maßgeblichen Zeitpunkts

---

[15] A. A. *Wacker,* NWB 1993 F. 3, S. 8725, der auf den „untrennbaren Qualifikationszusammenhang zwischen dem Erst- und den beiden Umschuldungsdarlehen“ hinweist.

[16] Gl. A. *Horlemann,* DStR 1993, S. 1015: ab Kenntnis aller, die Verringerung begründender Umstände.

[17] *Broudré,* 1994, S. 34; zum Skonto vgl. BFH-Urteil v. 27. 2. 1991, BStBl. II, S. 456.

der Verringerung im Falle der Bewilligung öffentlicher (oder auch privater) Zuschüsse.

Im betrieblichen Bereich entsteht die Minderung der Anschaffungs- oder Herstellungskosten bereits im *Zeitpunkt der Bewilligung des Zuschusses*, während *Broudré*[18] auf den Zeitpunkt der Ausübung des Wahlrechts in R 34 Abs. 2 EStR 1993, regelmäßig also den Bilanzstichtag des betroffenen Wirtschaftsjahres abstellt.

Die tatsächliche Auszahlung des Zuschusses kann möglicherweise erst deutlich, d. h. mehrere Monate nach den beiden o. g. Terminen erfolgen. In diesem Fall könnten dem Steuerpflichtigen u. U. die erforderlichen liquiden Mittel fehlen, um das Darlehen und die Abtretung innerhalb der Drei-Monats-Frist auf das unschädliche Maß zurückzuführen.

Auch im Hinblick auf diesen Aspekt ist m. E. *Wacker*[19] zuzustimmen, wenn er fordert, angesichts des Billigkeitscharakters der Verwaltungsanweisung vom 19. 5. 1993 die dreimonatige Karenzfrist grundsätzlich erst ab dem *Zeitpunkt der Verfügbarkeit* des Minderungsbetrags zu berechnen.

Falls ein Darlehen im Falle einer nachträglichen Minderung der begünstigten **221** Anschaffungskosten wegen zu hoher Bearbeitungsgebühren nicht zurückgeführt werden soll bzw. aus kreditvertraglichen Gründen (Festdarlehen ohne Möglichkeit zur Sondertilgung) nicht zurückgeführt werden kann, so bietet sich hilfsweise die Möglichkeit der Anschaffung begünstigter Ersatzwirtschaftsgüter in entsprechender Höhe an. Im Hinblick auf die terminlichen Beschränkungen für die begünstigte Durchführung einer solchen Ersatzinvestition stellt sich die Frage, ob hier die Drei-Monats-Frist gemäß Tz. 9 als Spezialregelung die allgemeine 30-Tage-Frist gemäß Tz. 22 des BMF-Schreibens vom 19. 5. 1993 zugunsten der Steuerpflichtigen verdrängt.[20] Hierfür würde der in Tz. 9 – im Gegensatz zu Tz. 17 – *fehlende ausdrückliche Verweis auf Tz. 22* sprechen. *Broudré* hingegen hält auch in diesem Fall die 30-Tage-Frist für maßgeblich.[21]

Über die in Tz. 9 des BMF-Schreibens vom 19. 5. 1993 explizit aufgezählten **222** Beispiele hinaus sind noch weitere Fälle vorstellbar, in denen nachträglich eine Minderung der begünstigten Anschaffungs- oder Herstellungskosten eintritt. Zu denken wäre hier insbesondere an Rechtsbehelfsverfahren, Betriebsprüfungen oder auch finanzgerichtliche Entscheidungen, bei denen es beispielsweise um eine Wertung bestimmter Aufwendungen als (nachträgliche) Anschaffungs- oder Herstellungskosten einerseits oder Reparatur- bzw. Erhaltungsaufwendungen andererseits geht (z. B. Fälle des sog. „anschaffungsnahen Aufwands"). Auch die Höhe der Teilwerte der erworbenen Vermögensgegenstän-

---

18 Vgl. *Broudré*, 1994, S. 34f.
19 Vgl. *Wacker*, NWB 1993 F. 3, S. 8726.
20 Vgl. *Wacker*, NWB 1993 F. 3, S. 8726.
21 Vgl. *Broudré*, 1994, S. 35.

de beim Kauf eines Betriebs oder Mitunternehmeranteils stellt regelmäßig einen Streitpunkt zwischen Steuerpflichtigem und Finanzverwaltung dar.

In diesen Fällen hält *Broudré*[22] die Billigkeitsregelung in Tz. 9 des BMF-Schreibens vom 19. 5. 1993 unter Hinweis auf den nur beispielhaften Charakter der dort enthaltenen Aufzählung für entsprechend anwendbar.

Fraglich wäre dann wiederum der Termin für den Beginn der Drei-Monats-Frist (z. B. Schlußbesprechung, Vorlage des Betriebsprüfungsberichts oder Bekanntgabe/Rechtskraft des betreffenden Folgebescheids bzw. Verkündigung/Rechtskraft des Urteils).

Interessant erscheint, daß *Broudré* aus Billigkeitserwägungen heraus sogar anregt, in derartigen Fällen seitens der Finanzverwaltung völlig auf eine Anpassung von Abtretung und Darlehen zu verzichten, „wenn der Steuerpflichtige die Finanzierung in gutem Glauben und darauf vertrauend, daß es sich bei den finanzierten Aufwendungen tatsächlich um begünstigte Anschaffungs- oder Herstellungskosten handelte, vorgenommen hat."[23] Lediglich Mißbrauchsfälle müßten – auch mit Hilfe einer Beweislastumkehr zuungunsten des Steuerpflichtigen – ausgeschlossen sein.

Aus Sicherheitsgründen empfiehlt aber auch *Broudré*,[24] in jedem Fall eine Anpassung innerhalb der Drei-Monats-Frist vorzunehmen.

223 Bei Zuschüssen kann die Steuerschädlichkeit derzeit im betrieblichen Bereich also noch durch eine Sofortversteuerung des Zuschusses beseitigt werden. Der Bundesfinanzhof[25] hält diese Möglichkeit allerdings – zumindest im Rahmen der Einkünfte aus Vermietung und Verpachtung – nicht für zulässig. Die Finanzverwaltung hat daher – wie bereits angekündigt[26] – das früher in Abschn. 163 Abs. 1 EStR 1990 enthaltene Wahlrecht mit Wirkung ab VZ 1993 in der neuen R 163 EStR 1993 für den Bereich der Vermietungseinkünfte ersatzlos gestrichen. Nach Streichung der Regelung führen steuerpflichtige Zuschüsse immer zu einer Minderung der Anschaffungs- oder Herstellungskosten.

224 Im Schrifttum[27] wird vorgeschlagen, die Möglichkeit von Anschaffungskostenminderungen bereits bei der Abtretung dadurch zu berücksichtigen, daß die Abtretung stets in Höhe der „steuerlichen Anschaffungs- oder Herstellungskosten" erfolgt. Eine betragsmäßig nicht konkretisierte Abtretung ist jedoch zivilrechtlich unwirksam, weil zu unbestimmt.[28] Denn der Schuldner der Versicherungsansprüche kann aus dieser Vereinbarung nicht erkennen, in welcher Höhe dem Abtretungsempfänger der Anspruch jeweils zusteht. Es ist

---

[22] Vgl. *Broudré,* 1994, S. 35; gl. A. *Horlemann,* BB 1993, S. 2211.
[23] *Broudré,* 1994, S. 35.
[24] Vgl. *Broudré,* 1994, S. 36.
[25] BFH v. 26. 3. 1991, BStBl. 1992 II S. 999.
[26] Vgl. OFD Koblenz v. 4. 2. 1993, DStR, S. 518.
[27] Vgl. *Ehlers,* BB 1993, Beilage 4, S. 8.
[28] BGH v. 8. 1. 1986, BGHZ 98 S. 313.

für ihn infolgedessen nicht ersichtlich, in welcher Höhe er verpflichtet und berechtigt ist, mit befreiender Wirkung an den Abtretungsempfänger zu leisten.

Meines Erachtens kann in der Anschaffungskostenminderung auch eine Art Umwidmung gesehen werden, die steuerunschädlich bleibt, wenn die zufließenden Mittel (Skonti, Rabatte, Zuschüsse) für begünstigte Zwecke verwendet werden. Einer Anpassung von Darlehen und Abtretung bedarf es in diesen Fällen nicht (vgl. RdNr. 221).[29]

bb) Übertragung stiller Reserven

Zu einer Minderung der steuerlichen Anschaffungs- oder Herstellungskosten **225**
kommt es auch durch eine Übertragung stiller Reserven nach § 6b EStG. Unklar ist, ob sich dadurch die Einsatzmöglichkeiten für Versicherungsansprüche vermindern. Dagegen spricht, daß die Finanzierung – anders als in Fällen von Anschaffungskostenminderungen im engeren Sinne – nicht tangiert wird, weil keine Mittel zurückfließen, die für eine Darlehenstilgung verwendet werden könnten. Meines Erachtens berührt die Übertragung der stillen Reserven daher nicht die ursprüngliche Abtretung der Lebensversicherung.[30]

cc) Nicht vollständige Inanspruchnahme des Darlehens

In Tz. 8 des BMF-Schreibens vom 2. 11. 1993 wird klargestellt, daß Tz. 9 **226**
des BMF-Schreibens vom 19. 5. 1993 (Darlehensrückführung und Abtretungsbegrenzung innerhalb der Drei-Monats-Frist) entsprechend in solchen Fällen anzuwenden ist, „in denen das Darlehen nach Abschluß des Darlehensvertrages und nach erfolgter Besicherung durch Lebensversicherungsansprüche nicht vollständig in Anspruch genommen wird, z. B. wenn die Anschaffungs- oder Herstellungskosten niedriger sind als geplant oder wenn bei der geplanten Investition Eigenmittel eingesetzt werden."

d) Kritik der Darlehensbegrenzung

Nach dem Zweck der Neuregelung, Zinsaufblähungsmodelle zu verhindern, **227**
hätte es genügt, die Verwendung der Lebensversicherungsansprüche auf die begünstigten Anschaffungs- oder Herstellungskosten zu beschränken. Völlig unnötig ist die Beschränkung der Darlehenshöhe, wie *Horlemann*[31] überzeugend ausführt:

---

[29] Gl. A. *Broudré,* 1994, S. 35.
[30] Gl. A. *Ehlers,* BB 1993, Beilage 4, S. 6.
[31] *Horlemann,* Inf. 1993, S. 54.

„Ziel der Gesetzesänderung war es nämlich, Fälle sog. Zinsaufblähung zu treffen. Die starre Begrenzung auch der Darlehenssumme auf die Höhe der Investitionskosten hat sich auch praktisch, wie der Fall eines vereinbarten Disagios zeigt, **als zu eng erwiesen**, zumal bei der erstmaligen Finanzierung in der Vereinbarung eines banküblichen Disagios sowie dem Anfall einmaliger Finanzierungskosten **keine Gefahr der Zinsaufblähung** liegt, wenn die verwendeten Lebensversicherungsansprüche **vereinbarungsgemäß höchstens bis zur Höhe der mit dem Darlehen** finanzierten Anschaffungs- oder Herstellungskosten der Tilgung oder Sicherung des Darlehens dienen. Auch in weiteren Fällen kann sich diese Auslegung als zu eng erweisen, ohne daß die Gefahr der Zinsaufblähung besteht. Hierbei ist insbesondere an die Fälle zu denken, in denen ein Betrieb oder ein Anteil an einer Personengesellschaft, d. h. Anlage- und Umlaufvermögen, erworben wird."

Nach meines Erachtens zutreffender Ansicht von *Horlemann* folgt aus dem Gesetzeszweck und der Entstehungsgeschichte, daß eine Begrenzung der Darlehenshöhe nicht erforderlich ist, um Zinsaufblähungsmodelle zu verhindern. Entscheidend ist nur, in welcher Höhe Lebensversicherungsansprüche zur Finanzierung eingesetzt wurden. Abweichend von der Auffassung der Finanzverwaltung lassen sich schädliche Finanzierungen stets durch Abtretungsbegrenzung verhindern. Diese Tatsache sollte man sich für das Rechtsbehelfsverfahren merken.

4. Begrenzung der eingesetzten Versicherungsansprüche

– Vgl. BMF vom 19. 5. 1993, Tz. 12 (*abgedruckt im* Anhang II.1); BMF vom 2. 11. 1993, Tz. 9 (*abgedruckt im* Anhang II.3) –

a) Betragsmäßige Begrenzung

228 Beim erstmaligen Einsatz einer Lebensversicherung als Sicherheit muß die Abtretung bzw. der sonstige Lebensversicherungseinsatz auf die Anschaffungs- oder Herstellungskosten der begünstigten Wirtschaftsgüter begrenzt sein. Ist das Darlehen niedriger, darf die Abtretung nicht höher sein als der Nennwert des Darlehens. Wird von der Möglichkeit Gebrauch gemacht, bei einer Erstfinanzierung „einmalige bankübliche Finanzierungskosten" (z. B. Disagio, Schätzgebühr, Bearbeitungsgebühr) durch das Darlehen mitzufinanzieren, müssen die eingesetzten Ansprüche aus der Lebensversicherung auf den Auszahlungsbetrag, d. h. die Darlehenssumme abzüglich Disagio bzw. anderer mitfinanzierter Werbungskosten begrenzt werden. Sinkt das Darlehen aufgrund planmäßiger Tilgungsleistungen oder Sondertilgungen, muß die Abtretung allerdings nicht laufend angepaßt werden.

Beispiel: Eine Lebensversicherung (Versicherungssumme 1 Mio. DM) soll als Sicherheit für einen Kredit zur Anschaffung einer Immobilie (Anschaffungskosten 500000 DM) eingesetzt werden.

	Fall 1	Fall 2	Fall 3	Fall 4
	ohne Disagio		mit Disagio	
	100% Finanzierung	Teil-finanzierung	100% Finanzierung	Teil-finanzierung
Darlehen	500 000 DM	200 000 DM	530 000 DM	220 000 DM
höchstmögliche Abtretung	500 000 DM	200 000 DM	500 000 DM	200 000 DM

Die vier genannten Sachverhalte werden im folgenden noch einmal graphisch verdeutlicht, wobei zusätzlich nicht begünstigte Werbungskosten in Höhe von 50 000 DM unterstellt werden.

Fall 1

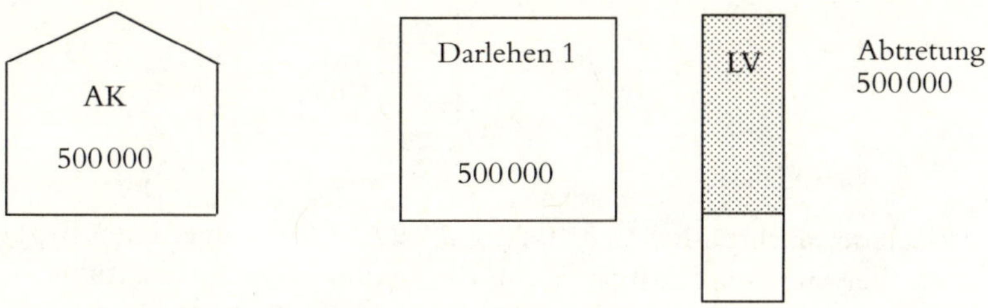

Fall 2

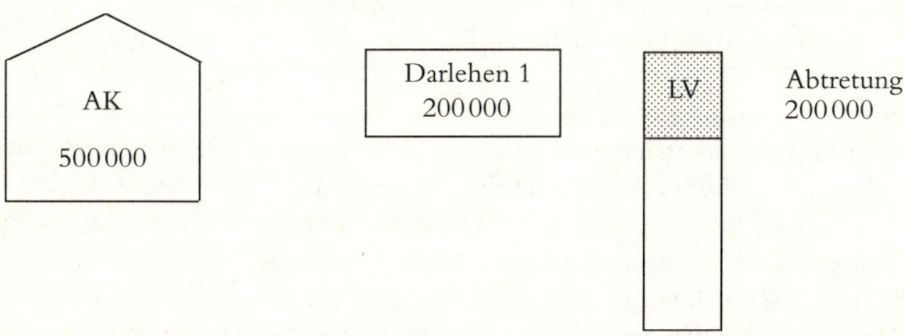

Fall 3

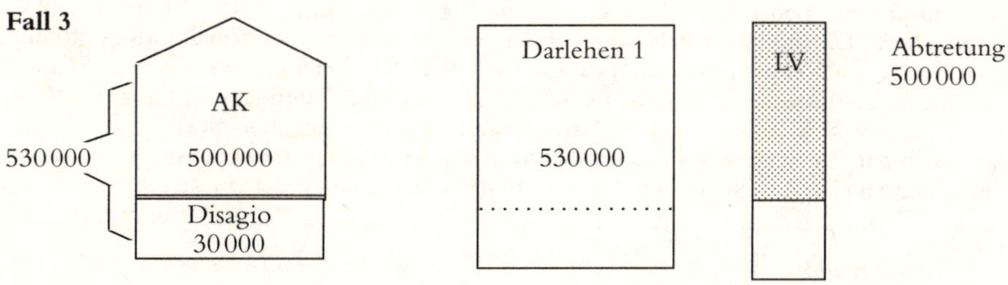

Fall 4

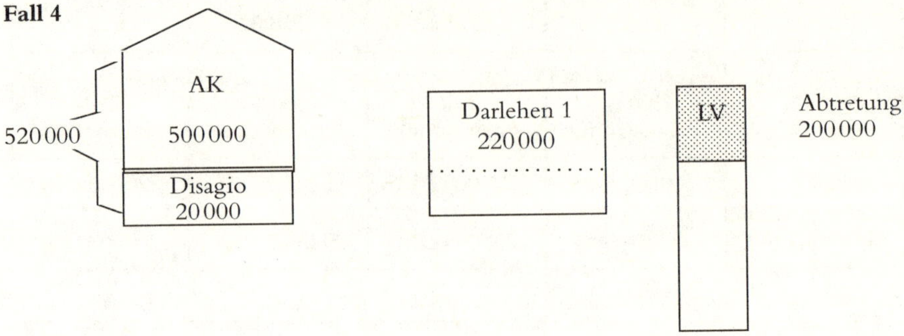

Fälle 1–4 nicht begünstigte Werbungskosten

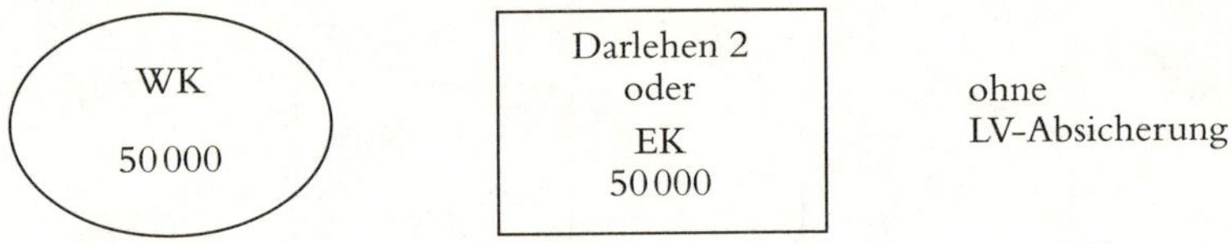

Nach der nachträglich in § 10 Abs. 2 Satz 2 EStG eingefügten Bagatellgrenze ist es allerdings unschädlich, wenn die begünstigten Anschaffungs- oder Herstellungskosten durch das Darlehen oder die zur Sicherung oder Tilgung verwendeten Ansprüche aus Lebensversicherungen jeweils insgesamt bis zur Höhe eines Maximalbetrags von 5000 DM überschritten sind.

229 Die Abtretungsbegrenzung sollte vorsichtshalber auch bei im Verhältnis zu den begünstigten Anschaffungs- oder Herstellungskosten sehr kleinen Versicherungssummen erfolgen. Fehlt eine betragsmäßige Begrenzung der eingesetzten Lebensversicherungsansprüche oder wird die Abtretungsbegrenzung steuerlich nicht anerkannt (BMF vom 19. 5. 1993 Tz. 12 Abs. 1 letzter Satz), ist dies meines Erachtens solange nicht steuerschädlich, wie die (höchstmöglichen) Ansprüche aus der Lebensversicherung niedriger sind als die ursprüngliche Darlehenssumme (ggf. abzüglich Disagio[32]). Denn in diesem Fall besteht keine Gefahr, daß Zinsen mitabgesichert werden. Die Abtretungsbegrenzung wäre daher reiner Formalismus.

Beispiel: Ein Darlehen von 500000 DM wird zum Kauf einer Immobilie verwendet und durch eine Lebensversicherung mit einer Versicherungssumme von 100000 DM abgesichert. Da die Ansprüche aus der Lebensversicherung (Todesfalleistung, Rückkaufswert) den Nennwert des Ursprungsdarlehens nicht übersteigen, kann keine Steuerschädlichkeit eintreten. Sinkt das Darlehen aufgrund von Tilgungen unter den Betrag der Lebensversicherungsansprüche, tritt meines Erachtens ebenfalls noch keine Steuerschädlichkeit ein, weil es keine Verpflichtung zur Anpassung der Lebensversicherungsabtretung an eine durch Tilgungsleistungen gesunkene Darlehenssumme gibt.

---

[32] Gl. A. *Broudré,* 1994, S. 45.

Wird ein Darlehen durch **mehrere Lebensversicherungen** abgesichert, genügt es meines Erachtens, wenn die Summe aller abgetretenen Ansprüche die begünstigten Anschaffungs- oder Herstellungskosten bzw. den niedrigeren Darlehensauszahlungsbetrag nicht übersteigt. Eine Rangfolge der Abtretungen muß nicht gebildet werden. 230

Beispiel:

Begünstigte Anschaffungskosten	500000 DM
Darlehenssumme (incl. Disagio)	330000 DM
Auszahlungsbetrag	300000 DM
Sicherheiten:	
Lebensversicherung 1	100000 DM
Lebensversicherung 2	150000 DM
Lebensversicherung 3	50000 DM

Wird ein Wirtschaftsgut durch **mehrere Darlehen** finanziert, die durch **eine** Lebensversicherung abgesichert werden sollen, so genügt nach Tz. 9 des BMF-Schreibens vom 2. 11. 1993 **eine** Abtretung (ggf. in **einer** Urkunde), die auf den begünstigten Gesamtumfang begrenzt sein muß. Dagegen kann die Zuordnung der Sicherheit zum jeweiligen Darlehen in der Sicherungszweckerklärung erfolgen.

b) Form und Zeitpunkt der Abtretungsbegrenzung

Früher wurden Lebensversicherungen ohne jede Begrenzung (global) abgetreten. Erst in einer (oft erst einige Tage) später abgeschlossenen schuldrechtlichen Vereinbarung wurde der Sicherungszweck näher bestimmt. Diese Praxis muß jetzt geändert werden, weil es anderenfalls aus formalen Gründen zur Steuerschädlichkeit kommen kann. 231

Die Begrenzung des Einsatzes von Lebensversicherungsansprüchen wird nämlich von der Finanzverwaltung nur dann steuerlich anerkannt, wenn sie bereits in der Abtretungs- oder Verpfändungserklärung oder bei der Hinterlegung vorgenommen wurde. **Die nachträgliche Einschränkung durch eine bloß schuldrechtliche Sicherungszweckerklärung genügt nach Meinung der Finanzverwaltung nicht.** Offenbar befürchtet man Mißbrauchsmöglichkeiten durch nachträglich verfaßte Sicherungszweckerklärungen. Abtretungserklärungen sind hier wohl weniger anfällig. Das könnte daran liegen, daß die Abtretung regelmäßig der Versicherung angezeigt wird (offene Zession), weil sie nur dann uneingeschränkt zivilrechtlich wirksam ist. In Fällen der offenen Zession können Abtretungserklärungen deshalb nachträglich nicht mehr ohne Mitwirkung der Versicherung „nachgebessert" werden.

Soll oder muß eine bestehende Abtretung später geändert werden, so bedeutet dies, daß entweder die ursprüngliche Abtretung vollständig aufgehoben und durch eine (begrenzte) Neuabtretung ersetzt werden muß, oder eine Rückübertragung der „überschießenden Ansprüche" erfolgt (Rückzession). Aus der Sicht des Sicherungsnehmers ist nur der zweite Weg gangbar, weil er verhin- 232 dert, daß ein Rangverlust durch zwischenzeitliche Pfändungen anderer Gläubiger eintritt.

233 Zivilrechtlich genügt eine schuldrechtliche Einschränkung des Sicherungszwecks, um den Einsatz der Versicherungsansprüche als Sicherheit wirksam zu begrenzen. Dies sollte auch steuerlich ausreichend sein. Wird die Steuerschädlichkeit allein auf die Form der Abtretungsbegrenzung gestützt, sollte der Rechtsweg beschritten werden.

234 Neben der Abtretung verlangen die Banken meist auch die **Hinterlegung** der Versicherungspolice. In diesem Fall wirkt die Begrenzung der Abtretung (betragsmäßig oder nur auf den Todesfall) meines Erachtens auch für die Hinterlegung, ohne daß dies einer besonderen Erwähnung bedarf. Aus Vorsichtsgründen sollte man jedoch in der Abtretungserklärung eine entsprechende Vereinbarung aufnehmen, aus der sich ergibt, daß die aus der Hinterlegung resultierenden Rechte nur in Höhe der Abtretung und/oder nur im Todesfall bestehen.

c) Schädlichkeit von Globalabtretungen bzw. weiten Sicherungszweckerklärungen

235 Unter einer Globalabtretung oder weiten Sicherungszweckerklärung ist eine Vereinbarung zu verstehen, wonach eine Sicherheit nicht nur für ein bestimmtes Darlehen (in bestimmter Höhe), sondern für alle bestehenden und künftigen Ansprüche des Darlehensgebers in voller Höhe als Sicherheit dient. Derartige Vereinbarungen fanden sich früher in allen Formularverträgen der Banken und in deren Allgemeinen Geschäftsbedingungen. In diesen Fällen besteht die Gefahr, daß es durch ein neues Darlehen (zum Darlehensbegriff vgl. RdNr. 66ff.) leicht zu ungewollten schädlichen Verwendungen kommen kann.

Beispiel: Ein Darlehen von 100000 DM zur Finanzierung des Kaufpreises einer Immobilie in gleicher Höhe wird durch Abtretung einer Lebensversicherung gesichert, deren Rückkaufswert 50000 DM beträgt. Aus den Allgemeinen Geschäftsbedingungen der Bank oder aus dem Darlehensvertrag ergibt sich, daß die Lebensversicherung nicht nur das aktuelle Darlehen, sondern „alle bestehenden und künftigen Ansprüche der Bank absichert".

(1) Die Einräumung eines Betriebsmittelkredites in Höhe von 5000 DM würde zur Steuerschädlichkeit führen, ohne daß eine ausdrückliche Bezugnahme auf die schon abgetretene Lebensversicherung erforderlich wäre.

(2) Ein zweiter (steuerschädlicher) Kredit könnte bereits dadurch entstehen, daß die Zinsen für das Immobiliendarlehen einem (zusätzlichen) Kontokorrentkonto belastet werden.

(3) Steuerschädlichkeit könnte bei fehlender Begrenzung der Abtretung auch durch eine Vereinbarung entstehen, wonach Zinsen der Hauptschuld zugeschlagen werden.

Die Sicherungsabrede zwischen Darlehensgeber und -nehmer sollte daher sicherstellen, daß die Lebensversicherung für kein anderes Darlehen und nur für die ursprüngliche Hauptschuld, nicht aber für Zinsen und schon gar nicht für andere Darlehen, als Sicherheit dient. Anders läßt sich die Erhaltung der Steuerprivilegien nicht sicherstellen.

236 Aufgrund von § 39 VVG dienen die Ansprüche aus einer Lebensversicherung bei der Aufnahme eines Policendarlehens nicht nur der Absicherung des

Policendarlehens, sondern auch der Zinsen aus dem Policendarlehen. Dies führt nach Meinung der Finanzverwaltung regelmäßig zur Steuerschädlichkeit.[33] Die Versicherungsgesellschaften mußten daher ihre Versicherungsbedingungen dahingehend ändern, daß § 39 VVG nicht mehr auf die Zinsen aus dem Policendarlehen anwendbar ist. Diese Heilung mußte bis zum 31. 12. 1993 durchgeführt worden sein. Nach derzeitigem Erkenntnisstand genügte es nicht, die Versicherungsbedingungen einseitig zu ändern. Vielmehr mußten die Versicherungsgesellschaften allen Versicherungsnehmern, die ein Policendarlehen aufgenommen hatten, einen Änderungsvertrag übersenden, der von den Versicherungsnehmern bis zum 31. 12. 1993 angenommen worden sein mußte.

Die gleiche Situation wie durch eine weite Sicherungszweckerklärung soll **237** nach Meinung der Finanzverwaltung[34] durch ein sog. **AGB-Pfandrecht** eintreten können. Dies ist jedoch nicht der Fall, weil durch neue BGH-Rechtsprechung das AGB-Pfandrecht der Banken nicht greift, wenn eine enge Sicherungszweckerklärung besteht (vgl. dazu RdNr. 44).

5. Unmittelbare Darlehensverwendung

– Vgl. BMF vom 19. 5. 1993, Tz. 22, 24 (*abgedruckt im* Anhang II.1); BMF vom 2. 11. 1993, Tz. 15 (*abgedruckt im* Anhang II.3); BMF vom 26. 9. 1994, Tz. 1 (*abgedruckt im* Anhang II.8) –

a) Zwischenanlage auf Giro- oder Festgeldkonten

– Vgl. BMF vom 19. 5. 1993, Tz. 22 (*abgedruckt im* Anhang II.1); BMF vom 2. 11. 1993, Tz. 15 (*abgedruckt im* Anhang II.3) –

Zwischenanlagen sind **kurzfristige Forderungen**, deren Erwerb stets steuer- **238** schädlich wirkt. Dabei kommt es wohl nicht darauf an, ob das Zwischenanlagekonto verzinst wird oder nicht. Werden die Darlehensmittel auf einem Giro- oder Festgeldkonto für **mehr als 30 Tage** angelegt, soll dies gegen das Erfordernis der „unmittelbaren" Finanzierung von Anschaffungs- oder Herstellungskosten begünstigter Wirtschaftsgüter verstoßen. Anlagen bis zu 30 Kalendertagen sind unschädlich. Die Anlage für einen Monat ist schädlich, wenn der Monat 31 Tage hat.

Beispiel: (1) Die Bank zahlt ein Darlehen vor Fälligkeit des Anschaffungspreises aus. Der Darlehensnehmer legt das Geld für zwei Monate auf einem Festgeldkonto an.

(2) Eine Versicherungsgesellschaft zahlt ein Policendarlehen auf ein Girokonto des Versicherungsnehmers aus, der die Mittel nach 31 Tagen an den Verkäufer der zu finanzierenden Immobilie weiterüberweist.

Somit ist es auch nicht steuerunschädlich möglich, in einer Phase besonders niedriger Zinsen bereits mehrere Monate vor einer geplanten Investition zur

---

[33] Vgl. hierzu BMF vom 18. 11. 1993, abgedruckt im Anhang II.5 sowie OFD Köln vom 11. 8. 1993, abgedruckt im Anhang II.11.

[34] BMF-Schr. v. 26. 9. 1994, Tz. 5, abgedruckt im Anhang II.8.

(langfristigen) Sicherung der günstigen Zinskonditionen vorab ein Festdarlehen – besichert über Lebensversicherungsansprüche – aufzunehmen und bis zum Beginn der Investition auf einem Festgeldkonto zu „parken".[35]

Eine Vielzahl von Fällen ist steuerschädlich geworden, weil die sog. Festgeld- oder Zwischenanlageproblematik nicht rechtzeitig erkannt wurde. Der Grundsatz der unmittelbaren Darlehensverwendung erfordert nämlich an sich, daß die Darlehensmittel ohne Umweg direkt von der Bank an den Verkäufer des begünstigten Wirtschaftsgutes überwiesen werden, was in der Praxis nur selten der Fall ist. Sehr häufig wird die Darlehensvaluta zunächst auf ein Zwischenkonto überwiesen, wo das Geld über einen mehr oder weniger langen Zeitraum verbleibt, bis es endgültig verwendet wird. Vielfach werden die Mittel zwischenzeitlich auch als Festgeld angelegt. Daß in der Zwischenanlage ein steuerschädlicher Forderungserwerb zu sehen ist, wird nur selten erkannt.

Im zweiten Lebensversicherungserlaß vom 19. 5. 1993 (Tz. 22) führte die Finanzverwaltung dann die 30-Tage-Regelung ein, wonach Zwischenanlagen bis zu 30 Tagen unschädlich sind. Die 30-Tage-Frist wird nach der Wertstellung berechnet, nicht nach dem Zu- und Abfluß. Das hat einerseits zur Folge, daß eine steuerschädliche Zwischenanlage vorliegt, wenn über die Darlehensmittel erst am dreißigsten Tage per Scheck verfügt und dieser nicht am selben Tag belastet wird, was der Normalfall sein dürfte. Andererseits läßt sich die Wertstellung innerhalb der Zinsperiode – d. h. bis zu drei Monaten – unabhängig vom tatsächlichen Mittelfluß regeln und nachträglich ändern. Ob das allerdings im Sinne der Finanzverwaltung ist, muß bezweifelt werden.

Als reine Forderungsfinanzierungen führten Zwischenanlagen bisher unheilbar zur Steuerschädlichkeit. Der dritte Erlaß vom 2. 11. 1993 löst dieses Problem in Tz. 19 großzügig. Die Steuerschädlichkeit wird automatisch geheilt, wenn die Darlehensmittel bis zum 31. 12. 1993 vollständig für begünstigte Zwecke verbraucht wurden. Ist dies nicht möglich, kann die Steuerschädlichkeit nach den Grundsätzen der Tz. 29 des BMF-Schreibens vom 19. 5. 1993 geheilt werden. Das Darlehen muß gesplittet und die Abtretung auf den für begünstigte Zwecke verwendeten Teilbetrag reduziert werden, und zwar auf dinglichem Wege. Der noch nicht verbrauchte Teilbetrag des Darlehens darf nicht – und niemals – unter Einsatz von Lebensversicherungsansprüchen finanziert werden.

239 Geschützt sind aber nur Zwischenanlagen auf einem Konto des „Darlehensnehmers". Dazu gehören auch Treuhandkonten.

Immobilienfonds und andere Personengesellschaften waren zunächst bei Einlagefinanzierungen von der 30-Tage-Regelung ausgeklammert. Denn die Frist galt nur für Fälle, in denen sich die Gelder auf einem Konto des Darlehensnehmers befanden. Das Einsammeln der Anlegergelder auf Konten der Gesellschaft führte somit stets zur Steuerschädlichkeit. Durch den Erlaß vom

---

[35] Vgl. *Broudré,* 1994, S. 77f.

2. 11. 1993 (Tz. 15) wird die 30-Tage-Regelung auch auf diese Fälle ausgeweitet.

Die Zwischenanlageproblematik tritt auch im Zusammenhang mit der Verwendung von Bauspardarlehen auf. Diese müssen unverzüglich und unmittelbar zum Bau verwendet werden. Das Finanzgericht Nürnberg[36] hat eine unmittelbare Verwendung bei der Zwischenanlage auf einem Festgeldkonto bejaht, wenn die Gelder nur jeweils für einen Monat festgelegt, danach zur Bezahlung von Baurechnungen verwendet und die verbleibenden Mittel wieder für maximal einen Monat angelegt wurden. *Horlemann*[37] hält dieses Urteil für nicht anwendbar, weil der Gesetzgeber nicht nur die unmittelbare Verwendung verlangt, sondern darüberhinaus noch die Finanzierung von Forderungen ausdrücklich ausgeschlossen hat. 240

Wird die Lebensversicherung erst eingesetzt, nachdem die Darlehensmittel der begünstigten Verwendung zugeführt wurden, liegt meines Erachtens eine **Umwidmung** von einer schädlichen in eine unschädliche Verwendung vor. Das zunächst nicht begünstigte Wirtschaftsgut „Festgeld" wird durch das begünstigte Wirtschaftsgut „Immobilie" ersetzt. Der Vorgang sollte analog zur Tz. 15 im Erlaß vom 19. 5. 1993 behandelt werden, die den nachträglichen Einsatz einer Lebensversicherung bei einer zunächst schädlichen Mischfinanzierung zuläßt, wenn diese durch eine Umschuldung in eine unschädliche Finanzierung verwandelt wird. Nach der Umwidmung für einen begünstigten Zweck kann eine Lebensversicherung meines Erachtens als Sicherheit eingesetzt werden, ohne daß Probleme entstehen. Geregelt ist dieser Fall der Umwidmung in den bisherigen Erlassen jedoch nicht. 241

b) Zwischenanlage auf Anderkonten

Die Zwischenanlage auf (Notar-)Anderkonten ist unabhängig von der Dauer und Form der Anlage stets steuerunschädlich. Auch Festgeldanlagen sind begünstigt. Die Regelung gilt allerdings nur für „Kaufpreis"-finanzierungen. 242

Außerdem muß der Kaufpreis „fällig" sein. Überweisungen vor Fälligkeit führen damit zur Steuerschädlichkeit, sofern die 30-Tage-Grenze überschritten wird.

Dies wird unter der Nr. 1 des BMF-Schreibens vom 26. 9. 1994 von der Finanzverwaltung noch einmal ausdrücklich bestätigt:

> „Die in Rz. 24 getroffene Regelung steht im Zusammenhang mit Rz. 22, wonach die Darlehensmittel innerhalb von 30 Tagen dem begünstigten Zweck zuzuführen sind. Daraus folgt, daß die Darlehensmittel bis 30 Tage vor Fälligkeit der Kaufpreisschuld steuerunschädlich auf ein Anderkonto überwiesen werden können."

---

[36] FG Nürnberg v. 14. 4. 1983, abgedruckt im Anhang V.

[37] Vgl. *Horlemann,* DStR 1993, S. 1015; gl. A. *Broudré,* 1994, S. 77.

c) Problem der „Vermengung von Eigen- und Fremdkapital"

243 *Wacker*[38] merkt im Zusammenhang mit der Problematik der Zwischenanlage auf Giro- oder Festgeldkonten noch an, daß die von der Finanzverwaltung gewährte Erleichterung bezüglich des Zahlungsweges keineswegs auch einen „Dispens" von dem zusätzlichen Erfordernis der *tatsächlichen Verwendung* der Darlehensmittel für begünstigte Zwecke bedeute. Ein in dieser Hinsicht konkreter Verwendungsnachweis könne jedoch häufig nur dann geführt werden, wenn das Konto *ausschließlich* der Zwischenanlage der durch das Darlehen erlangten Geldmittel diene.

Beispiel:[39] „Die Valuta (100) des durch Lebensversicherungsansprüche besicherten Kredits wird einem Kontokorrentkonto mit einem Stand von 20 gutgeschrieben. 15 Tage später verwendet der Stpfl. den Gesamtgeldbestand von 120 im Umfang von 100 zum Erwerb beweglichen Anlagevermögens, im übrigen (20) zur Finanzierung von Erhaltungsaufwendungen im betrieblichen Bereich. Angesichts der eingetretenen „Vermischung" (Vereinigung) der Buchgeldbestände ist eine ausschließliche Verwendung der Darlehensmittel zum Erwerb begünstigter WG – auch unter Berücksichtigung der Billigkeitsregelung in Tz. 22 – nicht gegeben."

Nach Ansicht von *Jäger*[40] ist eine derartige „Geldvermengung" steuerunschädlich, da in der fraglichen Tz. 22 des BMF-Schreibens vom 19. 5. 1993 lediglich von der Überweisung auf *ein – nicht* etwa ein *gesondertes, eigens hierfür eingerichtetes* (vgl. Tz. 19 desselben Schreibens) – Konto des Darlehensnehmers gesprochen wird.

Daß auf dem in Tz. 22 beispielhaft genannten Sparkonto üblicherweise bereits ein Guthaben vorhanden ist bzw. daß von dem ebenfalls genannten Girokonto regelmäßig auch weitere (steuerschädliche) Überweisungen ausgeführt werden, müßte der Finanzverwaltung bei der Formulierung dieses Schreibens bekannt gewesen und daher von ihr auch billigend in Kauf genommen worden sein.

6. Vermeidung steuerschädlicher Mischfinanzierungen durch getrennte Darlehen

244 Der Einsatz von Lebensversicherungsansprüchen ist nur dann unschädlich, wenn das Darlehen „ausschließlich" der Finanzierung von Anschaffungs- oder Herstellungskosten begünstigter Wirtschaftsgüter dient. Dieses Tatbestandsmerkmal dürfte in der Praxis zur größten Fehlerquelle werden. Denn die meisten Finanzierungen sind Mischfinanzierungen, wenngleich der Anteil der nicht begünstigten Aufwendungen oft verschwindend gering sein dürfte. Das Gesetz enthält inzwischen zwar eine Bagatellklausel (Unbedenklichkeit einer

38 Vgl. *Wacker,* NWB 1993 F. 3, S. 8733.
39 *Wacker,* NWB 1993 F. 3, S. 8733.
40 Vgl. *Jäger,* 1994, S. 114 (FN 93); ebenso *Broudré,* 1994, S. 75f. (Beispiel 39).

Überschreitung der begünstigten Anschaffungs- oder Herstellungskosten durch die Höhe des Darlehens bzw. der Abtretung bis zu maximal 5000 DM), jedoch wurde letztere gerade für größere Investitionsvolumina viel zu knapp bemessen. Dies bedeutet, so daß jede Mitfinanzierung von Werbungskosten, Betriebsausgaben oder Forderungen in Höhe von mehr als 5000 DM zur Steuerschädlichkeit führt, mit der Folge, daß die in der Versicherungsleistung enthaltenen Zinsanteile steuerpflichtig werden (sog. Fettnäpfchentheorie). Um dies zu vermeiden, sollte der Gesetzgeber das Tatbestandsmerkmal entweder ersatzlos streichen oder auf „fast ausschließlich" zurücknehmen, was im Sinne einer 90%-Grenze zu interpretieren wäre (dies entspräche einer 10%-Bagatellgrenze, die nach unten noch zusätzlich durch einen Mindestunbedenklichkeitsbetrag von 5000 DM abgesichert werden könnte).

a) Zulässigkeit der Aufspaltung in zwei Darlehen

– Vgl. BMF vom 19. 5. 1993, Tz. 10 (*abgedruckt im* Anhang II. 1) –

Eine Mischfinanzierung liegt vor, wenn im Rahmen eines zivilrechtlich einheitlichen Gesamtentgeltes (z. B. Kaufpreis) sowohl begünstigte als auch nicht begünstigte Aufwendungen finanziert werden. Nach dem Gesetzeswortlaut sind Mischfinanzierungen immer steuerschädlich, weil das Darlehen nicht „ausschließlich" der Finanzierung von Anschaffungs- oder Herstellungskosten begünstigter Wirtschaftsgüter dient. Gemessen an diesem Wortlaut müßte Steuerschädlichkeit wegen Mitfinanzierung schädlicher Aufwendungen auch eintreten, wenn der Nennwert des mit der Lebensversicherung besicherten Darlehens weit unter den begünstigten Anschaffungs- oder Herstellungskosten liegt, weil zur Finanzierung auch Eigenkapital oder ein zweites Darlehen eingesetzt wird. Das ist jedoch nicht der Fall. **245**

Beispiel: Der Gesamtkaufpreis für eine Maschine beträgt 115 000 DM. Der Käufer ist zum Vorsteuerabzug berechtigt. Ohne die Regelung nach Tz. 10 dürfte der Kaufpreis nicht unter Einsatz von Lebensversicherungsansprüchen finanziert werden, weil jedes Darlehen – unabhängig von seiner Höhe – anteilig auch die Umsatzsteuer mitfinanzieren würde. Tz. 10 des BMF-Schreibens vom 19. 5. 1993 erlaubt eine lebensversicherungsunterlegte Fremdfinanzierung bis zur Höhe der Anschaffungs- oder Herstellungskosten (= 100 000 DM).

Obwohl man sagen könnte, daß das Darlehen anteilig auch der Finanzierung der Umsatzsteuer dient, liegt keine steuerschädliche Finanzierung vor, solange der Nennwert des Darlehens die begünstigten Anschaffungs- oder Herstellungskosten nicht übersteigt. Der Anwendungsbereich der Tz. 10 des BMF-Schreibens vom 19. 5. 1993 ist nicht auf die Vorsteuerproblematik begrenzt.

b) Kauf von Eigentumswohnungen

Der Erwerb einer gebrauchten Eigentumswohnung ist – was leicht übersehen werden kann – fast immer ein Mischfall.[41] Neben Grund- und Boden- und **246**

---

[41] Vgl. *Wacker,* NWB F.3, S. 8502.

Gebäudeanteil wird nämlich noch ein Anteil an der **Instandhaltungsrücklage** (§ 21 Abs. 5 Nr. 4 WEG) erworben. Aus der Sicht des Erwerbers handelt es sich um eine Forderung, deren Anschaffungskosten nicht durch ein Gesamtdarlehen mitfinanziert werden dürfen. Eine 100%-Finanzierung des Kaufpreises führt daher immer zur Steuerschädlichkeit, sofern das miterworbene anteilige Guthaben aus der Instandhaltungsrücklage den Betrag von 5000 DM (Bagatellgrenze) übersteigt. Um dies zu vermeiden, muß der auf die Instandhaltungsrücklage entfallende Kaufpreisanteil separat finanziert werden.

Beispiel: Der Gesamtkaufpreis für eine Eigentumswohnung beträgt 800000 DM. Der Anteil des Verkäufers an der Instandhaltungsrücklage beträgt 8000 DM. Er wurde bei den Kaufpreisverhandlungen nicht berücksichtigt. Trotzdem ist der Kaufpreis auf alle drei Wirtschaftsgüter aufzuteilen.

Grund und Boden	142000 DM
Gebäude	650000 DM
Rücklage	8000 DM
	800000 DM

Das Darlehen darf höchstens 797000 DM (= 792000 DM zzgl. „Bagatellbetrag" 5000 DM) betragen. 3000 DM müssen separat durch Eigenkapital oder einen weiteren Kredit finanziert und die Abtretung auf 797000 DM begrenzt werden.

Für derartige Fälle bedarf es dringend einer angemessenen Bagatellklausel (z. B. 10% bezogen auf die Darlehens- oder Abtretungshöhe), die eine Steuerschädlichkeit des Lebensversicherungseinsatzes verhindert.

c) Kauf von Betrieben und Teilbetrieben

– Vgl. BMF vom 19. 5. 1993, Tz. 11 (*abgedruckt im* Anhang II.1); BMF vom 2. 11. 1993, Tz. 5, 6 (*abgedruckt im* Anhang II.3) –

aa) Ohne Übernahme von Schulden

247 Beim Erwerb von Betrieben und Teilbetrieben werden regelmäßig sowohl begünstigte als auch nicht begünstigte Wirtschaftsgüter erworben, was das „Ausschließlichkeitsgebot" verletzt. Die Steuerschädlichkeit kann deshalb nach Meinung der Finanzverwaltung nicht durch eine Gesamtfinanzierung des Kaufpreises mit bloßer Begrenzung der Abtretung auf die Anschaffungs- oder Herstellungskosten der begünstigten Wirtschaftsgüter sichergestellt werden, was der Wortlaut des Erlasses vom 19. 5. 1993 allerdings nicht zweifelsfrei erkennen läßt:[42]

„Der BMF-Erlaß läßt es in der etwas unklar gefaßten Rz. 11 zu, einen Gesamtkredit aufzunehmen und die Abtretung auf den Kaufpreisteil zu beschränken, der auf begünstigte Wirtschaftsgüter entfällt (Meyer-Scharenberg/Fleischmann, DStR Beih. 4/93, S. 4, legen Rz. 11 BMF-Erlaß dahin aus, daß ein Gesamtdarlehen nicht zulässig ist)."

248 Auch der Verfasser hat den Erlaß zunächst so gelesen wie *Ehlers*. Nach Auskunft des BMF ist Tz. 11 jedoch so zu verstehen, daß stets eine gesonderte

[42] *Ehlers,* BB 1993, Beilage 4, S. 11.

Finanzierung der begünstigten Aufwendungen, also die Aufnahme von mindestens zwei verschiedenen Darlehen bzw. der Einsatz von Eigenkapital erforderlich ist. Die Gesamtfinanzierung des Kaufpreises ist nach Meinung des BMF steuerschädlich.

Mit Lebensversicherungen darf immer nur der Teil des Kaufpreises finanziert **249** werden, der „nach dem Verhältnis der ... Teilwerte/Verkehrswerte" auf begünstigte Wirtschaftsgüter entfällt. Es muß also eine **Verhältnisrechnung** durchgeführt werden. Insoweit erlaubt Tz. 10 desselben Erlasses (Vorsteuerproblematik) eine Finanzierung „bis zur Höhe der begünstigten Anschaffungs- oder Herstellungskosten". Es kommt also auch auf die **absolute Höhe** des Darlehens an. Für den Erwerb von Betrieben, Teilbetrieben und Mitunternehmeranteilen soll also zunächst der relative Anteil der begünstigten Wirtschaftsgüter am Gesamt*brutto*kaufpreis bestimmt werden, wobei die *Netto*anschaffungskosten der begünstigten Wirtschaftsgüter bei vorsteuerabzugsberechtigten Unternehmen auch hier die absolute Obergrenze für das Darlehen bilden. Für die Ermittlung des begünstigten Finanzierungsanteils ist bei vorsteuerabzugsberechtigten Unternehmern auf das Verhältnis der Nettopreise (Teilwerte), bei nicht Vorsteuerabzugsberechtigten auf die Bruttopreise (gemeine Werte) abzustellen.

Beispiel: Der Kaufpreis für einen Betrieb wird zu 100% fremdfinanziert. Soweit wie möglich soll die Tilgung gegen Abtretung einer Lebensversicherung ausgesetzt werden. Der Unternehmer ist zum Vorsteuerabzug berechtigt. Der Kaufpreis berechnet sich wie folgt:

Anlagevermögen		
Grundstücke	300000 DM	
Maschinen	200000 DM	
Beteiligungen	100000 DM	600000 DM
Darlehen	100000 DM	
Umlaufvermögen	300000 DM	400000 DM
Nettowert Aktiva		1000000 DM
Umsatzsteuer		50000 DM
Gesamt-Kaufpreis		1050000 DM
Teilwert begünstigte Wirtschaftsgüter		600000 DM
Teilwert alle Aktiva		1000000 DM
mit LV finanzierbarer Kaufpreisanteil		60%
relativer Anteil: 60% von 1050000 DM		630000 DM
aber: maximal begünstige AHK		600000 DM

Da die Anschaffungskosten begünstigter Wirtschaftsgüter nicht überschritten werden dürfen, kann ein Darlehen nur bis zur Höhe von 600000 DM unter Einsatz einer Lebensversicherung finanziert werden. Der Restkaufpreis (450000 DM) muß durch ein zweites Darlehen ohne Lebensversicherung oder durch Eigenkapital erbracht werden.

Bei 100%-Finanzierungen ohne Übernahme von Schulden führt die Verhältnisrechnung nach Tz. 11 somit zum gleichen Ergebnis wie die Vorrangregelung nach Tz. 10, da auch ein zum Vorsteuerabzug berechtigter Unternehmer den begünstigten relativen Anteil am Gesamtbruttokaufpreis maximal (Vorrangfiktion) in Höhe des entsprechenden Nettoanteils unter Einsatz einer Lebensversicherung finanzieren kann.

bb) Mit Übernahme von Schulden

250 Werden – was der Regelfall ist – Schulden übernommen, reduziert sich der noch zu entrichtende bzw. zu finanzierende Barpreis. Darlehen, die zur Finanzierung des Barkaufpreises aufgenommen wurden, können bis zur Höhe der Anschaffungskosten der begünstigten Wirtschaftsgüter mit Lebensversicherungen finanziert werden.

Beispiel: Der Kaufpreis für einen Betrieb beträgt 500000 DM und entfällt zu 60% (= 300000 DM) auf begünstigte Wirtschaftsgüter des Anlagevermögens und zu 40% (= 200000 DM) auf nicht begünstigte Wirtschaftsgüter (Umlaufvermögen, Forderungen). Der Käufer übernimmt Bankschulden in Höhe von 150000 DM. Der Barpreis in Höhe von 350000 DM wird fremdfinanziert. Um eine steuerschädliche Mischfinanzierung zu vermeiden, muß der Käufer zwei Darlehen aufnehmen. Bis zur Höhe der Anschaffungskosten der begünstigten Wirtschaftsgüter (300000 DM), kann ein Darlehen aufgenommen und mit Lebensversicherungsansprüchen abgesichert weden. Das weitere Darlehen über 50000 DM darf nicht mit Lebensversicherungen abgesichert werden.

Der Käufer kann auch die übernommenen Bankschulden mit Lebensversicherungen absichern. In diesem Fall reduziert sich jedoch der Spielraum zum Einsatz von Lebensversicherungen bei dem zur Finanzierung des Barpreises aufgenommenen Darlehen.

Beispiel: Sachverhalt wie im letzten Beispiel mit der Maßgabe, daß das übernommene Altdarlehen in Höhe von 150000 DM mit der Lebensversicherung I abgesichert wird. Ein neues Darlehen in Höhe von 150000 DM kann dann mit der Lebensversicherung II abgesichert werden. Das zweite neue Darlehen zur Finanzierung des Barkaufpreises in Höhe von 200000 DM darf nicht mehr durch Lebensversicherungen abgesichert werden.

cc) Stellungnahme

251 In der Praxis können sich besondere **Risiken** dadurch ergeben, daß das Aufteilungsverhältnis zwischen begünstigten und nicht begünstigten Wirtschaftsgütern nicht exakt festgestellt werden kann. Zum einen ist die Finanzverwaltung nicht verpflichtet, der vom Steuerpflichtigen vorgenommenen Aufteilung des Kaufpreises zu folgen. Zum anderen ist nicht sichergestellt, daß wirklich alle Vermögensgegenstände erfaßt worden sind. Durch das nachträgliche Bekanntwerden von weiterem Umlaufvermögen (z. B. sonstige Forderungen) kann sich das Aufteilungsverhältnis verschieben. Vergleichsweise geringfügige Verschiebungen können so – angesichts einer Bagatellklausel in Höhe von nur 5000 DM – zur Steuerschädlichkeit führen. Besonders groß sind diese Risiken bei Unternehmen, deren Gewinn durch Einnahmen-Ausgabenrechnung ermittelt wurde, weil bei dieser Gewinnermittlungsmethode Forderungen und Verbindlichkeiten nicht in der laufenden Buchführung festgehalten werden müssen und daher verläßliche Unterlagen für die Bilanzerstellung meist fehlen.

Beispiel: Der Kaufpreis für eine Arztpraxis beträgt 200000 DM. Grundlage für die Kaufpreisfestsetzung war der Rohentwurf einer Bilanz. Später stellt sich heraus, daß noch eine Forderung gegenüber einem Arbeitnehmer aus einer Lohnvorauszahlung in Höhe von 6000 DM existierte, die in der Rohbilanz nicht erfaßt war.

Um derartigen Unsicherheiten zu begegnen, empfiehlt es sich, eine Sicherheitsmarge einzuhalten. Das Finanzierungsvolumen, das sich unter Berücksichtigung der Verhältnisrechnung ergibt, sollte nicht voll ausgeschöpft werden.

d) Kauf von Anteilen an Personengesellschaften

– Vgl. BMF vom 19. 5. 1993, Tz. 6, 11 (*abgedruckt im* Anhang II. 1); BMF vom 2. 11. 1993, Tz. 5, 6 (*abgedruckt im* Anhang II.3) –

Anteile an Personengesellschaften dienen zwar regelmäßig der langfristigen Einkunftserzielung und sind auch keine Forderungen. Trotzdem kann die Finanzierung der Anschaffungskosten unter Einsatz von Lebensversicherungen steuerschädlich sein. Denn Anteile an Personengesellschaften sind keine „Wirtschaftsgüter" (vgl. BMF vom 19. 5. 1993, Tz. 6). Für die Frage der Steuerschädlichkeit kommt es daher auf die Zusammensetzung des Gesamthandsvermögens der Personengesellschaft an. Dieser Grundsatz gilt sowohl für betrieblich tätige Mitunternehmerschaften (Gewerbetriebe, Sozietäten, usw.) als auch für vermögensverwaltende Personengesellschaften (z. B. geschlossene Immobilienfonds). Die Finanzierung von derartigen Beteiligungen ist steuerschädlich, wenn zum Gesamthandsvermögen auch Forderungen oder Umlaufvermögen bzw. nicht der langfristigen Einkunftserzielung dienende Wirtschaftsgüter (z. B. Kassen- und Bankbestände) gehören. Wie beim Unternehmenskauf müssen auch beim Anteilskauf zwei Darlehen aufgenommen bzw. Eigenkapital eingesetzt werden, obwohl die Kaufpreisschuld zivilrechtlich unteilbar ist. 252

Beispiel: Ein Anleger kauft einen 10%-igen Anteil an einem seit längerer Zeit bestehenden Immobilienfonds, dessen Kaufpreis voll fremdfinanziert und wie folgt berechnet wird:

Verkehrswert Immobilie	10000000 DM	97,09%
Mietforderungen	100000 DM	
Festgelder	200000 DM	
Aktiva	10300000 DM	100%
Restschulden	5600000 DM	
Nettovermögenswert	4700000 DM	
davon 10%	470000 DM	

Der Kaufpreis von 470000 DM entfällt zu 97,09% auf die Anschaffung begünstigter Wirtschaftsgüter. Entsprechend kann ein Darlehen bis zur Höhe von 456310 DM unter Einsatz von Lebensversicherungen finanziert werden. Der Restkaufpreis muß durch Eigenkapital oder ein zweites Darlehen separat finanziert werden.

253 In Fällen des Anteilserwerbs besteht – anders als beim Kauf von Betrieben und Teilbetrieben – nicht die Möglichkeit, durch die Übernahme von Schulden zu einem höheren Finanzierungsanteil für die Lebensversicherung zu kommen, da der Gesellschafter selbst keine Schulden übernehmen muß.

Die in Tz. 6 des BMF-Schreibens vom 2. 11. 1993 angesprochene Möglichkeit, durch eine Schuldübernahme beim Erwerb des Anteils an einer Personengesellschaft analog zu Tz. 5 dieses Schreibens (Schuldübernahme beim Erwerb eines Einzelwirtschaftsguts) zu höheren begünstigungsfähigen Anschaffungskosten zu gelangen, kann sich daher nur auf den Fall beziehen, daß vom Veräußerer negatives Sonderbetriebsvermögen II unter Anrechnung auf den Kaufpreis des Anteils übernommen wird.

Diese nicht der Gesamthand zuzurechnenden Verbindlichkeiten können unter Einsatz von Lebensversicherungsansprüchen besichert werden, soweit sie anteilig auf den Erwerb begünstigter Wirtschaftsgüter entfallen.

e) Einlagenfinanzierung bei Personengesellschaften

– Vgl. BMF vom 19. 5. 1993, Tz. 16 (*abgedruckt im* Anhang II. 1); BMF vom 2. 11. 1993, Tz. 15, 16, 20, 21 (*abgedruckt im* Anhang II.3) –

aa) Problem der unmittelbaren und ausschließlichen Verwendung

254 Das BMF-Schreiben vom 19. 5. 1993 regelt nur den Erwerb des Anteils an einer Personengesellschaft anläßlich eines Gesellschafterwechsels („Kaufpreis"). Einlagenfinanzierungen, insbesondere im Gründungsstadium, sind nicht ausdrücklich angesprochen.

Das BMF-Schreiben vom 2. 11. 1993 übernimmt hierzu teilweise die Ausführungen des in einem Einzelfall ergangenen Schreibens des BMF vom 12. 3. 1993[43], wonach auch die Personengesellschaft als Subjekt der Einkünfteermittlung unter Einsatz von Lebensversicherungen finanzieren kann, wenn sie die neuen Spielregeln beachtet (Tz. 20).

Beispiel: Ein geschlossener Immobilienfonds kauft ein Bürogebäude für 5 Mio. DM und finanziert das Gebäude mit einem Bankkredit von 3 Mio. DM sowie Eigenkapital von 2 Mio. DM. Das Darlehen soll aus einer Lebensversicherung nach 12 Jahren getilgt werden. Zu diesem Zweck schließt der Fonds eine entsprechende Kapitallebensversicherung ab, die als Sicherheit an die Bank abgetreten wird, wobei die Abtretung von vorneherein auf 3 Mio. DM begrenzt ist. Die Finanzierung ist – bei Beachtung der weiteren Voraussetzung zum Zahlungsweg usw. – unschädlich.

Auch die Einlagen der Gesellschafter können unter Einsatz von Lebensversicherungen fremdfinanziert werden, wenn die Mittel durch die Gesellschaft innerhalb von 30 Tagen (Tz. 15) ausschließlich für begünstigte Zwecke verwendet werden, wobei der Anteil des einzelnen Gesellschafters an dem finanzierten Wirtschaftsgut nicht überschritten werden darf.

Beispiel: An einer OHG sind A und B mit 60% bzw. 40% beteiligt. Die Gesellschaft will Anlage- und Umlaufvermögen i. H. v. 100000 DM bzw. 200000 DM erwerben.

(1) Die Einlage des A wird voll zum Kauf des Umlaufvermögens verwendet, die von B zur Finanzierung des Anlagevermögens. A kann keine Lebensversicherung einsetzen, weil seine Einlage steuerschädlich verwendet wurde. B könnte 40000 DM (40% von

---

[43] DStR 1993, S. 517.

100000 DM) unter Einsatz einer Lebensversicherung finanzieren, wenn er statt eines Gesamtdarlehens zwei Darlehen aufgenommen hätte.

(2) Beide Gesellschafter finanzieren ihre Einlagen durch zwei gleich hohe Darlehen. Die beiden Darlehen werden auf getrennten Konten der Gesellschaft gutgeschrieben. Von einem Konto wird das Anlage-, vom anderen Konto das Umlaufvermögen bezahlt. Die Gesellschafter können das Darlehen, das nachweislich zur Finanzierung des Anlagevermögens verwendet wurde, mit Lebensversicherungen absichern.

Einlagenfinanzierung bei Personengesellschaften

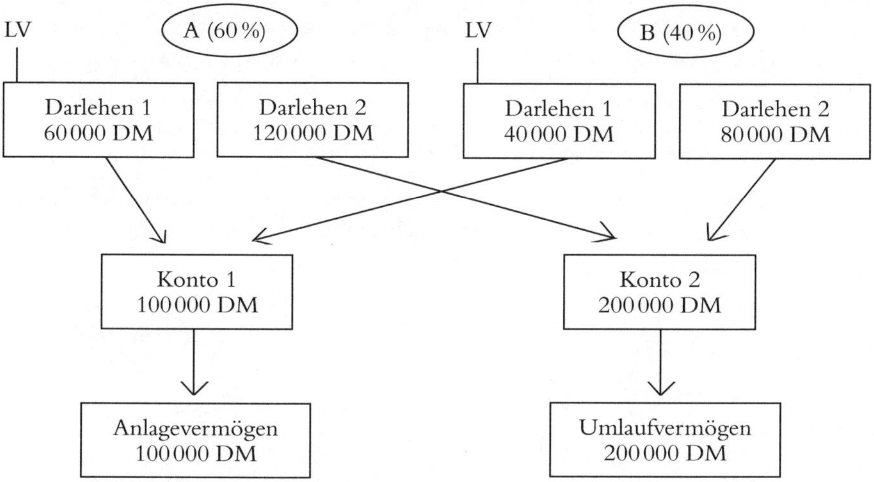

Nach Tz. 16 des BMF-Schreibens vom 19. 5. 1993 ist zusätzlich zu beachten, daß die Darlehnsmittel, die ein Gesellschafter aufnimmt, um seinen Anteil an begünstigten Anschaffungs- oder Herstellungskosten zu finanzieren, steuerrechtlich nach ihrer tatsächlichen Verwendung zu würdigen sind. Aufwendungen, die bereits von der Personengesellschaft bezahlt worden sind, können demnach nicht noch einmal durch den bereits beteiligten Gesellschafter unter Einsatz von Lebensversicherungsansprüchen steuerunschädlich (re)finanziert werden, auch nicht in Höhe seines Anteils.

Gem. Tz. 21 des BMF-Schreibens vom 2. 11. 1993 ist der **Nachweis**, daß bei **255**
der Finanzierung der auf den einzelnen Gesellschafter entfallende Anteil am finanzierten Wirtschaftsgut nicht überschritten ist und daß auch die anderen Begrenzungen, wie z. B. die 30-Tage-Frist, eingehalten wurden, sowohl auf der Ebene der Personengesellschaft als auch auf der Ebene des Gesellschafters zu führen. Er muß sich leicht und einwandfrei für jede begünstigte Investition nachvollziehen lassen. Als Nachweis genügt es z. B. nicht, wenn ein geschlossener Immobilienfonds auf ein vorgegebenes Volumen für eine geplante Investition verweist.

Beispiel: Nach dem im Prospekt abgedruckten Mittelverwendungsplan möchte ein Immobilienfonds 80% der Einlagen und Fremdmittel zum Erwerb einer Immobilie und

20% für die Werbungskosten (z. B. Eigenkapitalvermittlungsprovision) verwenden. Die Gesellschafter nehmen daher zwei Darlehen im Verhältnis 80:20 ihrer zu leistenden Einlage auf. Die tatsächliche Mittelverwendung läßt sich nicht nachvollziehen. Der Einsatz der Lebensversicherung führt zur Steuerschädlichkeit.

bb) Gestaltungsvorschläge (insbesondere für Immobilienfonds)

256 Die Personengesellschaft muß sicherstellen, daß die Einlagen der Gesellschafter ausschließlich für die begünstigten Anschaffungs- oder Herstellungskosten verwendet werden. Das war nach der früheren Praxis wohl bei kaum einem Fonds der Fall. Denn die erste Eigenkapitalrate wurde regelmäßig zur Finanzierung der Werbungskosten (Funktionsträgergebühren) und damit steuerschädlich verwendet. Diese (langjährige) Praxis mußte geändert werden.

Beispiel: Der Fonds verwendet die Einlagen ausschließlich und unmittelbar zur Finanzierung der Anschaffungskosten einer Immobilie. Das Hypothekendarlehen wird zur Finanzierung der Werbungskosten verwendet (Überkreuzfinanzierung).

Die im Zusammenhang mit einer Einlagenfinanzierung grundsätzlich zu beachtenden Zahlungswege sind in der nachfolgenden Übersicht noch einmal graphisch dargestellt:

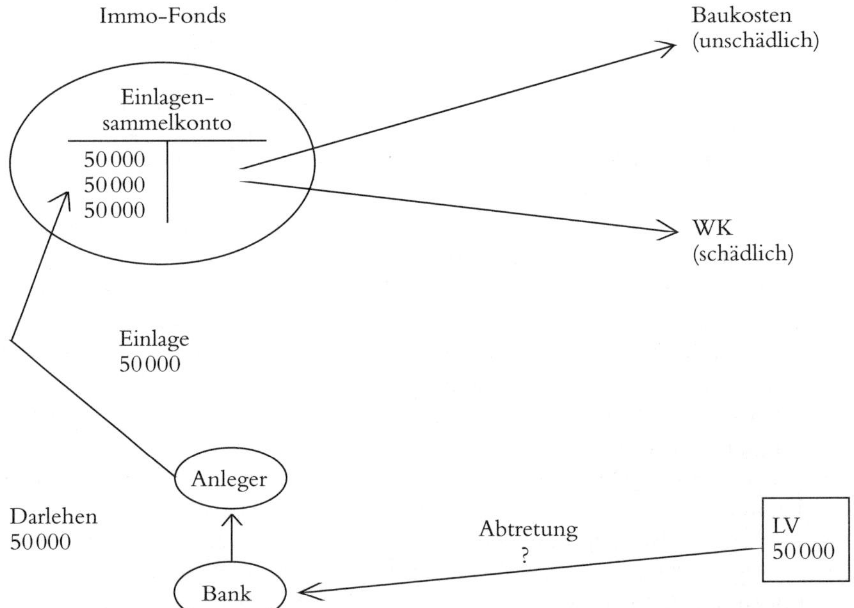

257 Wird die Immobilie erst noch gebaut, liegt also ein **Neubaufall** vor – wobei es in diesem Zusammenhang nicht relevant ist, ob die Anleger steuerlich als Bauherren oder Erwerber einzustufen sind, da es insoweit nur auf die Neubautätigkeit des Fonds ankommt – leisten die Anleger ihre Einlagen meist nach Baufortschritt. Der Fonds kann zunächst sämtliche Kosten einschließlich der

Funktionsträgergebühren über ein Bauvorschaltdarlehen (Tz. 19 des BMF-Schreibens vom 19. 5. 1993) finanzieren, wie das BMF in seinem Schreiben vom 12. 3. 1993 im letzten Satz ausdrücklich feststellt. Eine Trennung zwischen Werbungskosten und Herstellungskosten ist dann nicht erforderlich. Die von den Gesellschaftern zur Finanzierung der Einlagen aufgenommenen Darlehen dienen (mittelbar) der (vorgezogenen) Endfinanzierung. Sofern das mit der Lebensversicherung unterlegte Endfinanzierungsdarlehen des Gesellschafters seinen ideellen Anteil an den begünstigten Anschaffungs- oder Herstellungskosten nicht übersteigt und innerhalb von drei Monaten nach Fertigstellung/Lieferung alle Fonds-Zwischenfinanzierungen abgelöst sind, ist die Finanzierung unschädlich.

Neubaufall

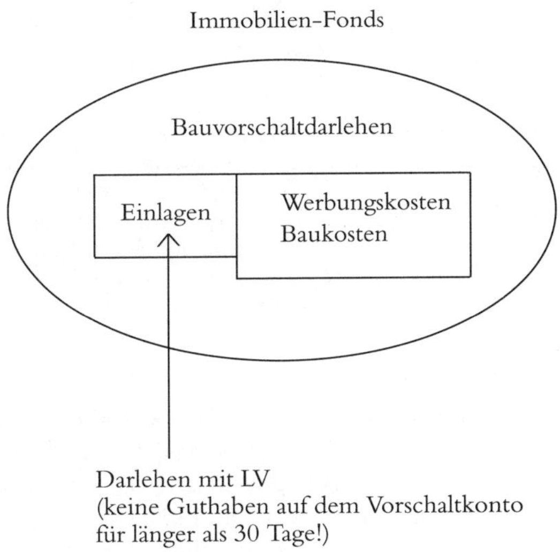

Erwirbt der Fonds eine fertige Immobilie **(Anschaffungsfall)**, kommt die Sonderregelung für Bauvorschaltdarlehen nicht in Betracht, weil es an einer längeren Bauphase fehlt. In diesem Fall müssen Werbungskosten und Anschaffungskosten getrennt finanziert werden. 258

Beispiele: (1) Bei einem reinen Eigenkapital-Fonds ohne Innenfinanzierung muß der Gesellschafter zwei Darlehen aufnehmen. Der Fonds muß die beiden Einlagen getrennt verwalten, so daß die unmittelbare und ausschließliche Verwendung des begünstigten Darlehens gesichert ist.

(2) Bei Fonds mit Innenfinanzierung sollte diese primär für die Werbungskosten, die Einlagen für die Anschaffung verwendet werden. Die Einlagen sollten erst nach Fälligkeit des Kaufpreises angefordert und direkt auf das Notaranderkonto der Gesellschaft eingezahlt werden.

Anschaffungsfall

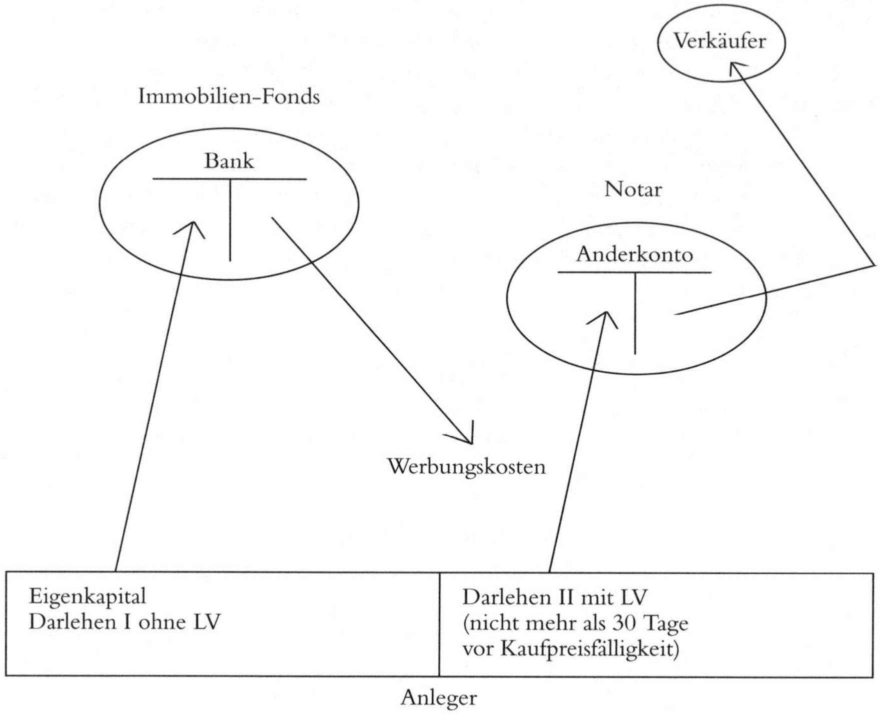

259 Hat der Fonds die Immobilie im Zeitpunkt des Beitritts der Gesellschafter schon erworben und voll zwischenfinanziert (**Umschuldungsfall**), ist Vorsicht geboten. In diesem Fall dienen die Einlagen und damit auch die Darlehen der Anleger (mittelbar) der Umschuldung. Zweifelhaft ist, ob auf der Gesellschafterebene noch eine Erstfinanzierung vorliegt. Ein Disagio sollte daher besser nicht mitfinanziert werden. Die Einlagen sollten unmittelbar auf das Zwischenfinanzierungskonto des Fonds überwiesen werden.

Umschuldungsfall

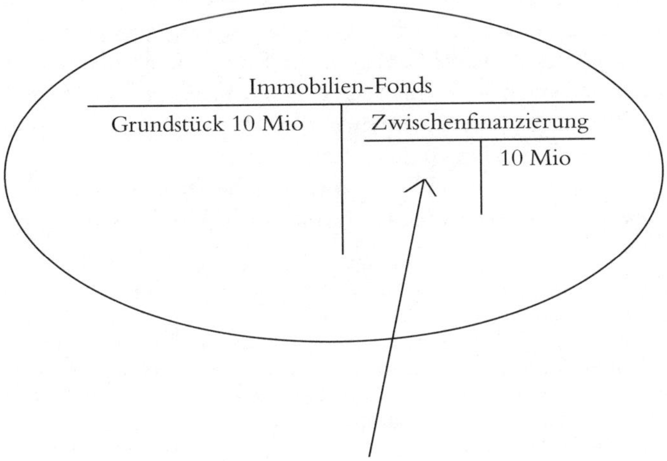

Darlehen mit LV zur Ablösung der Zwischenfinanzierung
(keine Erstfinanzierung, sondern Umschuldung, d. h. Disagio separat finanzieren)

cc) Stellungnahme

Stellt man auf die **tatsächliche Mittelverwendung** ab, kann die Innenfinanzierung durch die Personengesellschaft den Spielraum des Gesellschafters bei seiner Einlagenfinanzierung einschränken oder erweitern. Wenn klar ist, daß eine Einlage in voller Höhe der Finanzierung von (schädlichen) Werbungskosten dient, kann eine Lebensversicherung nicht eingesetzt werden. Umgekehrt darf eine Lebensversicherung eingesetzt werden, wenn die Einlagen in voller Höhe der Finanzierung begünstigter Anschaffungs- oder Herstellungskosten dienen. 260

Beispiel: (1) Der Fonds hat die Anschaffungskosten der Immobilie (10 Mio. DM) zu 100% durch einen Hypothekenkredit finanziert. Die Einlagen der Gesellschafter in Höhe von 4 Mio. DM dienen daher ausschließlich der Finanzierung von Werbungskosten. Es ist also klar, daß die Einlagen der Gesellschafter der Finanzierung schädlicher Aufwendungen gedient haben. Die Lebensversicherung kann auf der Gesellschafterebene nicht eingesetzt werden.

(2) Der Fonds hat einen Hypothekenkredit in Höhe von 4 Mio. DM aufgenommen und voll zur Finanzierung der Werbungskosten verwendet. Es ist also klar, daß die Einlagen der Gesellschafter ausschließlich zur Finanzierung begünstigter Anschaffungs- oder Herstellungskosten dienen. Die Lebensversicherung kann eingesetzt werden.

Würde man hingegen die **Verhältnisrechnung** gemäß BMF-Schreiben v. 19. 5. 1993, Tz. 11 analog anwenden, käme es in beiden Fällen auf die tatsächliche Mittelverwendung nicht an. Ein mit 10% beteiligter Anleger, der seine Einlage von 400000 DM in voller Höhe fremdfinanzieren will, könnte ein Refinanzierungsdarlehen stets in Höhe des Sachwertanteils von $^{10}/_{14}$ (= 261

285714 DM) durch eine Lebensversicherung absichern. Das zweite Darlehen dürfte nicht unter Einsatz einer Lebensversicherung finanziert werden. Durch die Art der Mittelverwendung im Fonds werden die Finanzierungsmöglichkeiten des Gesellschafters also weder erweitert noch eingeschränkt. Die analoge Anwendung der Verhältnisrechnung war die Empfehlung, die im Herbst 1992 bei Fondsfinanzierungen wohl meist gegeben wurde. Auf die Mittelverwendung im Fonds wurde keine Rücksicht genommen. Die meisten Fondsanteilsfinanzierungen dürften daher steuerschädlich sein.

262 Das Abstellen auf die tatsächliche Mittelverwendung ist meines Erachtens zutreffend, weil es **anderenfalls zu systemwidrigen Ergebnissen** kommen könnte.

Beispiel: Der Fonds hat die Anschaffungskosten der Immobilie (10 Mio. DM) zu 100% durch einen Hypothekenkredit finanziert. Die Einlagen der Gesellschafter in Höhe von 4 Mio. DM dienen ausschließlich der Finanzierung von Werbungskosten.

Der Fonds hat als Versicherungsnehmer eine Lebensversicherung abgeschlossen und zur Sicherung der Hypothek von 10 Mio. DM abgetreten. Das Potential für den Einsatz von Lebensversicherungen ist an sich ausgeschöpft.

Käme es nicht auf die tatsächliche Verwendung der Einlagen an, könnten die Anleger nochmals 2857142 DM (= $^{10}/_{14}$ von 4 Mio. DM) mit Lebensversicherungen finanzieren. Das Ergebnis erscheint systemwidrig.

263 Das Beispiel zeigt, daß die auf Gesellschafts- und Gesellschafterebene insgesamt eingesetzten Versicherungsansprüche die begünstigten Anschaffungs- oder Herstellungskosten übersteigen können, wenn man auf der Gesellschafterebene die tatsächliche Mittelverwendung unberücksichtigt läßt. Dies wäre zwar nicht der Fall, wenn man den Lebensversicherungseinsatz im Fonds ebenfalls auf $^{10}/_{14}$ begrenzen würde. Dafür gibt es jedoch keine Rechtsgrundlage. Also bleibt nur die Möglichkeit, auf die tatsächliche Verwendung der Einlagen abzustellen. Die in Tz. 11 des BMF-Schreibens vom 19. 5. 1993 angeordnete verhältnismäßige Betrachtung ist auf Einlagenfinanzierung nicht anwendbar.

f) Finanzierung von längeren Investitionsvorhaben

– Vgl. BMF vom 19. 5. 1993, Tz. 19 (*abgedruckt im* Anhang II.1); BMF vom 2. 11. 1993, Tz. 16 (*abgedruckt im* Anhang II.3); BMF vom 26. 9. 1994, Tz. 9 (*abgedruckt im* Anhang II.8) –

aa) Bauvorhaben

264 Werden während einer **längeren Herstellungsphase** (z. B. eines Gebäudes) sämtliche Aufwendungen – also sowohl begünstigte Herstellungs- oder Anschaffungskosten als auch schädliche Betriebsausgaben bzw. Werbungskosten – über ein gesondertes Bau- bzw. Vorschaltkonto finanziert, kann dieser an sich schädliche Kredit durch eine Lebensversicherung abgesichert werden. Es ist also nicht erforderlich, schon in der Herstellungsphase begünstigte und nicht begünstigte Aufwendungen über getrennte Konten zu finanzieren. Folgende Voraussetzungen müssen erfüllt sein:

(1) begünstigtes Investitionsobjekt
(2) längere Herstellungsphase
(3) gesondertes, eigens hierfür eingerichtetes Konto
(4) Ablösung durch eine Endfinanzierung spätestens drei Monate nach Fertigstellung bzw. Lieferung
(5) Ablösedarlehen übersteigt die begünstigten Anschaffungs- oder Herstellungskosten nicht.

Entgegen *Wacker*[44] ist die **Ungewißheit** über die Höhe der Baukosten nach dem klaren Wortlaut des Erlasses kein Merkmal des Bauvorschaltdarlehens. Auch wenn die Investitionssumme von Anfang an exakt bestimmt ist (Bauträgermodell, Festpreisgarantie), ist die Regelung anwendbar. **265**

Beispiel: Die Baukosten eines Mietshauses werden über ein gesondertes Bankkonto finanziert, das durch eine Lebensversicherung besichert ist. Die Ansprüche aus der Lebensversicherung werden zunächst unbeschränkt in voller Höhe (800000 DM) abgetreten:

Material- und Personalkosten	500000 DM
Zinsen	50000 DM
Versicherungen	5000 DM
Kosten der Vermietung	10000 DM
	565000 DM

Das Gebäude wird am 30. 6. 1995 bezugsfertig. Am 1. 8. 1995 wird das Vorschaltdarlehen durch eine Endfinanzierung in Höhe von 550000 DM (Auszahlung 500000 DM nach Einbehaltung eines Disagios in Höhe von 50000 DM) abgelöst. Der Einsatz der Lebensversicherung beim Vorschaltdarlehen war steuerunschädlich, weil die Endfinanzierung innerhalb der Dreimonatsfrist erfolgte. Dabei muß allerdings sichergestellt sein, daß die Abtretung der Lebensversicherung ebenfalls innerhalb der Drei-Monats-Frist auf den zulässigen Umfang von 500000 DM (da ohne Disagio) beschränkt wird.

Würde die Umschuldung erst zum 1. 10. 1995 durchgeführt, wäre der Einsatz der Lebensversicherung wegen Überschreitung der Dreimonatsfrist steuerschädlich. Steuerschädlich wäre auch die Ablösung durch ein Darlehen, dessen Nennwert 500000 DM zuzüglich des zulässigerweise mitfinanzierten Disagios übersteigt.

Das vorgenannte Beispiel wird in der nachfolgenden Übersicht noch einmal graphisch dargestellt.

---

[44] Vgl. *Wacker,* DB 1993, Heft 10, Beilage 4, S. 12, sowie *ders.,* NWB 1993 F 3, S. 8731.

Zwischenfinanzierung mit LV-Einsatz

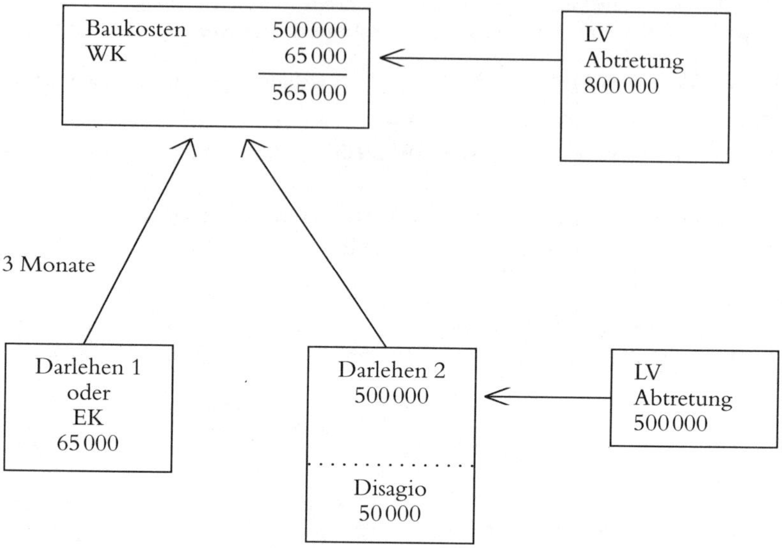

266 Innerhalb des Dreimonatszeitraumes muß das Vorschaltdarlehen abgelöst und die Absicherung durch die Lebensversicherung aufgehoben werden. Eine **Vollvalutierung der Endfinanzierung** wird nicht verlangt.

Beispiel: Bis zum Ablauf der Dreimonatsfrist wurde das Endfinanzierungsdarlehen erst zu 95% ausgezahlt, da die letzte Baurate aufgrund von Mängelrügen noch nicht bezahlt wurde. Sechs Monate nach Fertigstellung sind die Baumängel beseitigt. Die letzte Rate wird bezahlt. Steuerschädlichkeit könnte eintreten, wenn der Bauherr das Darlehen in Höhe der letzten Rate valutiert und für länger als 30 Tage auf einem Zwischenkonto verzinslich oder unverzinslich anlegt. Ruft er die letzte Rate dagegen nicht ab und zahlt statt dessen Bereitstellungszinsen (die mitfinanziert werden dürfen), kann Steuerschädlichkeit nicht eintreten.

267 Das **Überschreiten der Dreimonatsfrist** bleibt ohne Folgen, wenn das Vorschaltdarlehen nicht durch eine Lebensversicherung abgesichert war, das Endfinanzierungsdarlehen die Anschaffungs- oder Herstellungskosten nicht überschreitet und kein Disagio mitfinanziert wurde. In diesen Fällen richtet sich die Beurteilung nach Tz. 20 i. V. m. Tz. 15 des BMF-Schreibens v. 19. 5. 1993. Die Endfinanzierung ist kein Erstdarlehen, d. h. ein Disagio darf nicht mitfinanziert werden.

Dieser Sachverhalt wird anhand der Zahlen des obigen Beispiels in nachfolgender Übersicht noch einmal verdeutlicht:

Zwischenfinanzierung ohne LV-Einsatz

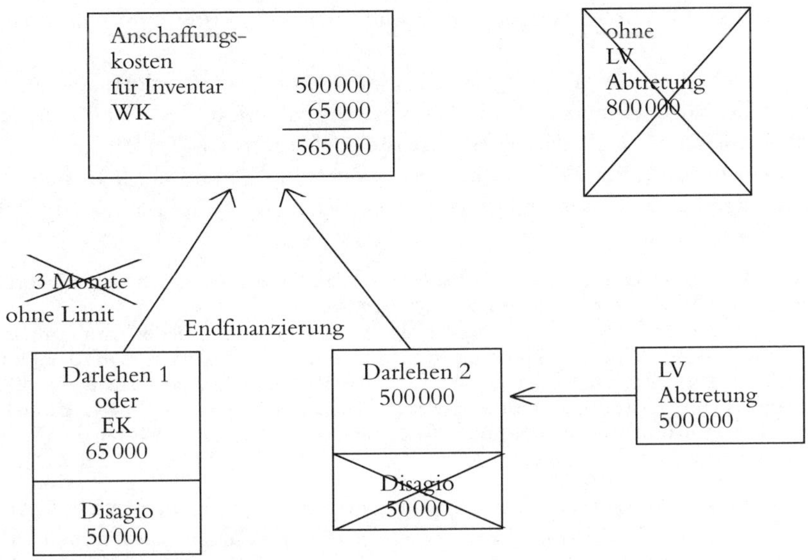

Die **Endfinanzierung** kann meines Erachtens auch **vorgezogen** werden. **268**
Entscheidend ist allein, daß die Finanzierung drei Monate nach Fertigstellung bzw. Lieferung abgeschlossen ist und das Darlehen die begünstigten Aufwendungen nicht übersteigt. Bei der vorgezogenen Endfinanzierung besteht allerdings die Gefahr, daß ein Guthaben entsteht, was zur Steuerschädlichkeit führen kann (Zwischenanlageproblematik).

Beispiel: Im Zeitpunkt der Fertigstellung des Rohbaus hat ein Bauherr 200 000 DM Baukosten und Zinsen über ein Kontokorrentkonto finanziert.

(1) Er ruft eine erste Rate des Endfinanzierungsdarlehens über 200 000 DM ab, um damit das Vorschaltdarlehen abzulösen. Die Mitfinanzierung von Zinsaufwendungen ist unschädlich.

(2) Die erste Rate beläuft sich auf 250 000 DM und führt zu einem Guthaben auf dem Bankkonto. Wird das Guthaben nicht innerhalb von 30 Tagen (BMF vom 19. 5. 1993, Tz. 22) verbraucht, tritt Steuerschädlichkeit ein.

Gemäß Nr. 9 des BMF-Schreibens vom 26. 9. 1994 sind die Erleichterungen der Tz. 19 des BMF-Schreibens vom 19. 5. 1993 „auch zu gewähren, wenn ein Vorschaltkonto vor Abschluß der Investition durch Fest-Darlehen teilweise abgelöst wird und die Inanspruchnahme der Fest-Darlehen nicht über die zunächst im Rahmen der insgesamt über das Vorschaltkonto finanzierten Aufwendungen hinausgeht (**doppelstöckiges Vorschaltkonto**). Die (Teil-)Fest-Darlehen können wie das Vorschaltkonto mit Lebensversicherungsansprüchen besichert sein. Voraussetzung für den Erhalt der Steuerunschädlichkeit ist auch in diesem Fall, daß die Beschränkung nach Rz. 19 Satz 2 des BMF-Schreibens vom 19. 5. 1993 (a. a. O.) auf die finanzierten Anschaffungs- oder Herstellungskosten innerhalb von drei Monaten nach Fertigstellung oder Lieferung des finanzierten Wirtschaftsguts (Abschluß der Investition) vorgenommen wird."

269 Insbesondere im Zusammenhang mit Bauzwischenfinanzierungen kommt es häufig zum vorübergehenden Einsatz von **Eigenkapital**. Der Verband der Lebensversicherer[45] hielt das Vorgehen für problemlos. In Tz. 23 des BMF-Schreibens vom 19. 5. 1993 stellt die Finanzverwaltung nunmehr klar, daß ein solcher Eigenkapitaleinsatz nicht mit steuerlicher Wirkung rückgängig gemacht werden kann.

Beispiel: Die Kosten für ein Bauvorhaben werden über einen Zwischenkredit vorfinanziert. Um die teuren Zwischenfinanzierungszinsen zu reduzieren, setzt der Bauherr Eigenkapital ein, das er kurz vor Fälligkeit der Endfinanzierung wieder entnimmt, so daß das Zwischenfinanzierungskonto einen Schuldsaldo (mindestens) in Höhe der Endfinanzierung aufweist. Viele Steuerpflichtige glauben offenbar, daß sie die vollen Schuldzinsen für das Endfinanzierungsdarlehen absetzen können. Das ist jedoch nicht der Fall. Die entnahmebedingten Schuldzinsen sind nicht abzugsfähige Kosten der privaten Lebensführung.

Der zeitweise Einsatz von Eigenkapital führt zwar zu einem partiellen Abzugsverbot für die Endfinanzierungszinsen, nicht aber zur Steuerschädlichkeit. Hätte der Steuerpflichtige nicht Eigenkapital, sondern z. B. ein (zinsloses) Darlehen von Angehörigen eingesetzt, wäre die Umschuldung in der beabsichtigten Weise möglich.

Zur Steuerschädlichkeit kann es aber in diesem Zusammenhang gemäß Tz. 16 des BMF-Schreibens vom 2. 11. 1993 gleichwohl in Fällen der Einlagenfinanzierung bei Personengesellschaften kommen, da die Darlehnsmittel, die ein Gesellschafter aufnimmt, um seinen Anteil an begünstigten Anschaffungs- oder Herstellungskosten der Gesellschaft zu finanzieren, steuerlich nach ihrer tatsächlichen Verwendung zu würdigen sind. Demnach können Aufwendungen, die bereits von der Personengesellschaft bezahlt worden sind, nicht noch einmal durch den bereits beteiligten Gesellschafter unter Einsatz von Lebensversicherungsansprüchen steuerunschädlich (re-)finanziert werden, auch nicht in Höhe seines Anteils.

270 Die Endfinanzierung ist – was der Erlaß vom 19. 5. 1993 ausdrücklich feststellt – als **„Erstfinanzierung"** im Sinne der Tz. 8 zu werten. Ein Disagio kann daher mitfinanziert werden.

Beispiel: Sachverhalt vom vorletzten Beispiel. Das Ablösedarlehen beträgt 550000 DM wegen Mitfinanzierung eines Disagios von 50000 DM. Die Finanzierung ist steuerunschädlich, sofern die Abtretung rechtzeitig (Tz. 12 des BMF-Schreibens vom 19. 5. 1993) auf 500000 DM begrenzt wird.

271 Die Regelung gilt sowohl für **Bauherren** als auch für **Erwerber** („Anschaffungs- oder Herstellungskosten") von über einen längeren Zeitraum neu herge-

---

[45] Vgl. Rundschreiben Nr. 4/93, S. 13.

stellten Wirtschaftsgütern. Der Begriff der **Fertigstellung** ist wie im Rahmen des § 7 Abs. 5 EStG für die Gewährung der degressiven Gebäudeabschreibung auszulegen. Das Gebäude muß bezugsfertig sein, was kleinere Restarbeiten nicht ausschließt. Die **Lieferung** ist mit dem Übergang des wirtschaftlichen Eigentums (Eigenbesitz, Nutzen, Lasten) erfolgt.

Nicht möglich ist es, **normale Liefergeschäfte** auf der Grundlage der Tz. 19 **272**
des Erlasses vom 19. 5. 1993 innerhalb der Dreimonatsfrist unter Einsatz von Lebensversicherungen steuerunschädlich umzuschulden, da es an der „Herstellung über einen längeren Zeitraum" fehlt. Sofern für den Zwischenkredit noch keine Lebensversicherung eingesetzt wurde, kann aber durch Umschuldung ein nachträglicher Lebensversicherungseinsatz möglich werden. Das Ablösedarlehen ist dann aber – anders als in den Fällen nach Tz. 19 – kein Erstdarlehen, d. h. ein Disagio darf nicht mitfinanziert werden.

Beispiel: Ein Unternehmer finanziert sämtliche Anschaffungen begünstigter Wirtschaftsgüter des Anlagevermögens über ein Kontokorrentkonto. Auf dem Konto werden keine Werbungskosten oder schädlichen Aufwendungen gebucht. Selbst die Zinsen für dieses Konto werden einem anderen Konto belastet. Nachdem er auf diese Weise 200000 DM Kredit aufgebaut hat, schuldet er das Kontokorrentkonto in ein zinsgünstigeres langfristiges Darlehen um. Die Abtretung einer Lebensversicherung in diesem Zusammenhang ist unschädlich. Da jedoch ein Umschuldungsfall vorliegt, muß ein evtl. vereinbartes Disagio separat finanziert werden.

bb) Einrichtung einer Arztpraxis

Durch den zweiten Lebensversicherungserlaß vom 19. 5. 1993 wurde der **273**
Anwendungsbereich für Vorschaltdarlehen in Herstellungsfällen auf alle längeren Investitionsphasen ausgedehnt. Die Voraussetzungen sind dieselben wie beim Bauvorschaltdarlehen. Problematisch ist allerdings die Berechnung der Dreimonatsfrist, da das **Ende einer Investitionsphase** steuerrechtlich bisher nicht definiert ist.

Beispiel: Ein Zahnarzt richtet seine Praxis neu ein und finanziert sämtliche Kosten über einen Zwischenkredit. Während die Handwerker noch an der Einrichtung arbeiten, werden bereits die ersten Patienten behandelt.

Meines Erachtens ist die Investitionsphase erst beendet, wenn die Einrichtung im wesentlichen abgeschlossen ist, d. h. nur noch unbedeutende Restarbeiten bzw. -anschaffungen ausstehen. Vertreter der Finanzverwaltung haben dagegen die Meinung geäußert, die Investitionsphase sei mit der Behandlung des ersten Patienten beendet.[46]

Wegen dieser Schwierigkeiten sollte m. E. auf die Inanspruchnahme der Vorschaltdarlehensregelung ganz verzichtet werden. Statt dessen können die begünstigten Aufwendungen über einen separaten Kontokorrentkredit ohne Einsatz einer Lebensversicherung finanziert werden. Nach Abschluß der Investi-

---

[46] *Horlemann,* DStR 1993, S. 1015, stellt in diesem Zusammenhang beispielsweise auf den Zeitpunkt ab, in dem „der Betrieb der Praxis bestimmungsgemäß möglich ist".

tionsphase kann dann eine Umschuldung erfolgen. Da es sich hierbei um einen Umschuldungsfall handelt, muß ein Disagio separat finanziert werden.

cc) Bauen in mehreren Bauabschnitten

274 Wird ein größeres Bauprojekt in mehreren Bauabschnitten errichtet und durch ein Gesamtdarlehen finanziert, stellt sich die Frage, ob die Dreimonatsfrist mit der Fertigstellung der ersten Immobilie oder mit der Vollendung des letzten Bauabschnittes (Ende der Investitionsphase) beginnt.

Beispiel: Ein Wohnungsunternehmen läßt fünf Mietshäuser in Bauabschnitten errichten. Sämtliche Kosten werden über ein gemeinsames Bauvorschaltkonto finanziert. Die Zwischenfinanzierung wird innerhalb von drei Monaten nach Fertigstellung des letzten Gebäudes abgelöst. Die ersten Mieter sind bereits 6 Monate vorher im ersten Bauabschnitt eingezogen.

Aus Gründen der Vorsicht sollte man die Bauabschnitte völlig getrennt zwischen- und endfinanzieren.

Daneben sind selbstverständlich mehrere verschiedene Bauvorhaben – wie schon der Wortlaut in Tz. 19 des BMF-Schreibens vom 19. 5. 1993 ausdrückt („gesondertes, eigens hierfür eingerichtetes Vorschaltkonto") – immer über völlig getrennte Konten zu finanzieren.

g) Schenkung und (vorweggenommene) Erbfolge

– Vgl. BMF vom 2. 11. 1993, Tz. 5, 6, 7 (*abgedruckt im* Anhang II.3) –

275 Werden *einzelne Wirtschaftsgüter* im Wege der Schenkung unter Übernahme von Schulden übertragen, liegt nach neuer Rechtsprechung stets ein **teilentgeltlicher Erwerb** vor. Aus diesem Grunde ist die Frage, ob der Erwerber die übernommenen Schulden mit einer Lebensversicherung absichern darf, wie bei einem Neufall zu beurteilen. Er kann eine Lebensversicherung folglich nur dann als Sicherheit einsetzen, wenn ein begünstigtes Wirtschaftsgut übertragen wird.

Beispiel: Der Vater schenkt dem Sohn festverzinsliche Wertpapiere im Wert von 500000 DM. Die ursprünglichen Anschaffungskosten wurden durch ein Darlehen von 100000 DM finanziert, das der Sohn übernehmen muß. Der Sohn darf seine Lebensversicherung nicht als Kreditsicherheit abtreten.

Der teilentgeltliche Erwerber übernimmt einen Teil der Restbuchwerte des Schenkers. Seine steuerlichen Anschaffungskosten können somit höher sein als die eigenen Aufwendungen in Gestalt der übernommenen Schulden. Trotzdem ist eine Abtretung nur bis zur Höhe der übernommenen Schulden möglich, wie sich aus Tz. 5 Satz 3 des BMF-Schreibens vom 2. 11. 1993 ergibt:

„Handelt es sich um einen teilentgeltlichen Erwerb, können die übernommenen Verbindlichkeiten unter Einsatz von Lebensversicherungsansprüchen nur steuerunschädlich finanziert werden, soweit die Schuldübernahme einkommensteuerrechtlich als Entgelt für das erworbene Wirtschaftsgut zu behandeln ist."

Übernimmt der unentgeltliche Erwerber eine bereits beim Schenker als Sicherheit eingesetzte Lebensversicherung, müßte es nach allgemeinen Regeln zwingend zur Steuerschädlichkeit kommen. Denn neben dem begünstigten Wirtschaftsgut (z. B. ein Grundstück) wird als zweites Wirtschaftsgut eine Forderung in Gestalt des Rückkaufwertes der Lebensversicherung teilentgeltlich erworben. Das übernommene Darlehen wäre aus der Sicht des Erwerbers eigentlich als steuerschädliche Mischfinanzierung zu beurteilen, die zur Steuerschädlichkeit führen müßte. Auf diese unangemessen erscheinende Rechtsfolge wird in Tz. 5 Satz 4 des Erlasses vom 2. 11. 1993 verzichtet:

„Soweit die Schuldübernahme in einen Bereich fällt, in dem keine steuerlich relevanten Einkünfte erzielt werden, führt die Finanzierung dieser Verbindlichkeiten nicht zum Verlust des Sonderausgabenabzugs der Lebensversicherungsbeiträge, weil die Finanzierungskosten für die Verbindlichkeit weder Betriebsausgaben noch Werbungskosten sind."

Wenn auch die Mitübertragung einer Lebensversicherung nicht zur Steuerschädlichkeit führt, sollte man hierauf dennoch verzichten. Überträgt der Schenker nur das Grundstück und die Darlehensverbindlichkeit, entstehen neue Anschaffungskosten in Höhe der vollen Darlehensverbindlichkeit. Überträgt er dagegen gleichzeitig auch noch die Lebensversicherung, entfällt ein Teil der neuen Anschaffungskosten auf die Lebensversicherung, wodurch kein neues Abschreibungspotential entsteht. Die Zurückbehaltung der Lebensversicherung erscheint daher sinnvoll. Eine Steuerschädlichkeit kann hierdurch nicht eintreten. Überträgt der Schenker dann zu einem späteren Zeitpunkt auch die Lebensversicherung, liegt ein voll unentgeltlicher Erwerb vor. Die Schenkungsteuer bemißt sich nicht nach dem Rückkaufswert, sondern nach dem (niedrigeren) Zweidrittelwert.

Lag beim Schenker ein von der Neuregelung ausgenommener Altfall vor, geht diese Eigenschaft durch die teilentgeltliche Übertragung verloren. Das gilt auch dann, wenn die (alte) Lebensversicherung des Schenkers weiterhin als Sicherheit dient. Die Verwendung der übernommenen Schulden muß also die neuen Bedingungen erfüllen. Ist das nicht der Fall, kommt es zur Steuerschädlichkeit, wenn die Abtretung nicht vor der Schenkung aufgehoben wird.

Beispiel: Der Vater schenkt dem Sohn festverzinsliche Wertpapiere im Wert von 500000 DM. Die ursprünglichen Anschaffungskosten wurden durch ein Darlehen von 100000 DM finanziert, das durch eine Lebensversicherung abgesichert war. Es liegt ein Altfall i. S. d. § 52 Abs. 12 Satz 3 EStG vor. Der Sohn übernimmt auch die Lebensversicherung. Wird die Abtretung nicht vor der Schenkung rückgängig gemacht, tritt Steuerschädlichkeit ein, weil festverzinsliche Wertpapiere nicht unter Einsatz von Versicherungsansprüchen steuerunschädlich finanziert werden können.

Anders als die Schenkung wird der Erbfall nicht als teilentgeltlicher Erwerb behandelt, sondern stets als voll unentgeltliche Übertragung, womit die Altfallqualifikation erhalten bleibt (Tz. 5 Satz 5):

„Verbindlichkeiten, die auf den Gesamtrechtsnachfolger übergehen, können von diesem unter Einsatz von Lebensversicherungsansprüchen steuerunschädlich getilgt oder besichert werden, soweit auch beim Erblasser eine Tilgung oder Sicherung steuerunschädlich gewesen wäre."

276 Werden bei der unentgeltlichen oder teilentgeltlichen Übertragung eines *Betriebes, Teilbetriebes oder Mitunternehmeranteils* im Wege der vorweggenommenen Erbfolge auch Schulden übernommen, die durch eine Lebensversicherung abgesichert sind, so daß ein Altfall i. S. d. § 52 Abs. 12 Satz 3 EStG vorliegt, kann die Schuldübernahme – anders als bei Einzelwirtschaftsgütern – nicht dazu führen, daß das Darlehen zum Neufall und damit möglicherweise steuerschädlich wird (Tz. 7 Satz 1). Die Abtretung muß also nicht vor der Schenkung aufgehoben werden. Liegt dagegen kein Altfall vor, gelten die allgemeinen Grundsätze für die Übertragung von Einzelwirtschaftsgütern, so daß der nachträgliche Einsatz einer Lebensversicherung zur Steuerschädlichkeit führen kann (Tz. 6). Geht das Vermögen durch Gesamtrechtsnachfolge über, können die übernommenen Schulden unter Einsatz von Lebensversicherungsansprüchen steuerunschädlich getilgt oder besichert werden, soweit auch beim Erblasser eine Tilgung oder Sicherung steuerunschädlich gewesen wäre (Tz. 7 i. V. m. Tz. 5 letzter Satz).

h) Umwandlungen

277 Fraglich ist, ob beispielsweise die Umwandlung eines Einzelunternehmens in eine Kapitalgesellschaft unter Übernahme von Schulden, die durch eine Lebensversicherung abgesichert sind, aus der Sicht der aufnehmenden Gesellschaft als potentiell steuerschädliche Mischfinanzierung betrachtet werden muß.

Beispiel: Die Anschaffungskosten einer Maschine wurden zu 100% durch ein endfälliges Bankdarlehen finanziert, das mit einer Lebensversicherung abgesichert ist. Der Buchwert der Maschine im Umwandlungszeitpunkt beträgt 350000 DM. Die GmbH führt die Buchwerte fort.

Aktiva	Einzelunternehmen		Passiva
Maschine	350000 DM	Eigenkapital	50000 DM
Waren	200000 DM	Bankdarlehen	500000 DM
	550000 DM		550000 DM

Aktiva	GmbH		Passiva
Maschine	350000 DM	Stammkapital	50000 DM
Waren	200000 DM	Bankdarlehen	500000 DM
	550000 DM		550000 DM

Meines Erachtens spricht die Systematik des Umwandlungssteuerrechts dafür, in Fällen mit **Buchwertfortführung** keinen (neuen) Finanzierungsvorgang zu sehen. Da die Restvaluta des Darlehens den Buchwert der Maschine übersteigt, könnte man aber auch argumentieren, daß in Höhe von 150000 DM eine schädliche Mitfinanzierung von Umlaufvermögen vorliegt.

Unklar ist weiter, ob die Frage der Steuerschädlichkeit in Fällen der Buchwertfortführung anders zu beurteilen ist als in Fällen der erfolgswirksamen Umwandlung durch Einbringung zum Teilwert. Folgt man der Systematik des Umwandlungsteuerrechts, ginge der bisherige Finanzierungszusammenhang in Fällen der Umwandlung zum Teil- oder Zwischenwert verloren.

Beispiel:

Aktiva	GmbH		Passiva
Geschäftswert	300 000 DM	Stammkapital	50 000 DM
Maschine	300 000 DM	Rücklagen	250 000 DM
Waren	200 000 DM	Bankdarlehen	500 000 DM
	800 000 DM		800 000 DM

Betrachtet man die Umwandlung als Anschaffung eines Betriebes durch die GmbH, können Darlehen bis zur Höhe der Anschaffungskosten der übernommenen begünstigten Wirtschaftsgüter (600 000 DM) mit Lebensversicherungen finanziert werden. Im Beispielfall darf das Darlehen von 500 000 DM also mit einer Lebensversicherung abgesichert werden.

7. *Bagatellgrenze*

Durch Artikel 6 des Gesetzes zur Änderung des Umwandlungsteuerrechts[47] wurde am Ende des Buchstabens a in § 10 Abs. 2 Satz 2 EStG der folgende Halbsatz angefügt: **278**

„dabei ist unbeachtlich, wenn diese Voraussetzungen bei Darlehen oder bei zur Sicherung oder Tilgung verwendeten Ansprüchen aus Versicherungsverträgen jeweils insgesamt für einen Teilbetrag bis zu 5000 DM nicht erfüllt sind," . . .

Typische Fehler, die durch die Bagatellgrenze geheilt werden sollen, sind:

Fehler beim Darlehen	Fehler bei der Versicherung
Mitfinanzierung schädlicher Aufwendungen Mitfinanzierung eines Disagios bei Umschuldung Nichtverwendung des Veräußerungserlöses zur Tilgung (bei Umwidmung) Überschreitungen der 30-Tage-Frist mit einem Restbetrag von 5000 DM	Folgefehler in Gestalt einer zu hohen Abtretung
	Falsche Abtretungsbegrenzung bei erlaubter Mitfinanzierung eines Disagios

[47] BGBl. I 1994, S. 3267 (3277).

279 Durch den Begriff „jeweils“ soll ausgedrückt werden, daß die Bagatellgrenze zweifach wirkt, nämlich einmal bei Überschreitung von Grenzen, die das Darlehen betreffen, und zum anderen bei Fehlern, die die Versicherung betreffen. Das Wort „insgesamt“ bedeutet, daß mehrere Fehler bei den Darlehen nicht dazu führen, daß die 5000 DM-Grenze für jeden dieser Fehler zur Anwendung kommt, sondern insgesamt für die Summe aller Fehler nur einmal. Dementsprechend dürfen bei Fehlern, die die Versicherung betreffen, alle Fehler zusammen nicht mehr als 5000 DM ausmachen.

Beispiel: Erwerb eines begünstigten Investitionsguts für 95 000 DM.

(1) In zeitlichem Zusammenhang mit dem Erwerb fallen nicht begünstigte Werbungskosten in Höhe von 5000 DM an.

Es kann somit steuerunschädlich ein Gesamtdarlehen in Höhe von 100 000 DM aufgenommen und mit Ansprüchen aus einer Lebensversicherung in gleicher Höhe besichert werden. Die Überschreitung des Investitionsvolumens durch die Versicherungsabtretung um 5000 DM stellt einen insoweit unschädlichen „Folgefehler“ der betragsgleichen Überschreitung durch die Höhe des Gesamtdarlehens dar („jeweils“).

(2) Es wird ein Darlehen über 100 000 DM aufgenommen, das nach Einbehaltung eines fünfprozentigen Disagios (5000 DM) in Höhe von 95 000 DM ausgezahlt und unmittelbar zum Erwerb des begünstigten Investitionsguts verwendet wird. Die Ansprüche aus der Lebensversicherung werden in voller Höhe des Darlehens (100 000 DM) abgetreten.

Eigentlich mußte die Abtretung auf die Anschaffungs- oder Herstellungskosten des Investitionsguts (95 000 DM) beschränkt sein. Die hier vorliegende Überschreitung um 5000 DM ist aber im Hinblick auf die o. g. Bagatellgrenze gerade noch „unbeachtlich“ und damit steuerunschädlich.

280 Der Begriff „Teilbetrag“ könnte so verstanden werden, daß eine Finanzierung, bei der Darlehen und Lebensversicherungsansprüche die 5000 DM-Grenze nicht überschreiten, nicht durch die Bagatellgrenze geheilt wird, weil die Finanzierung nicht hinsichtlich eines Teilbetrages, sondern insgesamt fehlerhaft ist. Dies würde jedoch m. E. dem Zweck der Regelung widersprechen, wonach Bagatellfälle überhaupt nicht von der Neuregelung betroffen sein sollten. Es gibt keinen Hinweis darauf, daß der Fehler in einer bestimmten Relation zur Höhe des insgesamt betroffenen Darlehens bzw. der Lebensversicherungsansprüche stehen muß.

Beispiel: Ein Kleinunternehmer hat einen Kontokorrentkredit bei einer Bank über 5000 DM, der durch Abtretung von Lebensversicherungsansprüchen in Höhe von 5000 DM besichert ist. Der Kontokorrentkredit wird für schädliche Zwecke verwendet. M. E. ergeben sich für die Lebensversicherung keine Probleme, weil der Fall insgesamt unter die Bagatellregelung fällt.

Kumulieren sich mehrere Bagatellfehler, tritt die Steuerschädlichkeit erst mit Überschreiten der 5000 DM-Grenze ein. Dieser Umstand kann Bedeutung erlangen für die Berechnung der Dreijahresfrist nach der Sonderregelung des § 10 Abs. 2 Satz 2 Buchst. c EStG für den Betriebsbereich.

Die Bagatellgrenzenneuregelung gilt m. E.[48] rückwirkend ab 1992, denn § 52

[48] Gl. A. *Schmidt,* 1995, § 10 EStG RdNr. 190.

Abs. 12 Satz 3 EStG enthält keinen Hinweis, daß die Bagatellgrenze erst später in Kraft treten soll.

II. Vermeidung der Steuerschädlichkeit bei Umschuldungen

– Vgl. BMF vom 19. 5. 1993, Tz. 8, 12–16, 27 (*abgedruckt im* Anhang II.1); BMF vom 2. 11. 1993, Tz. 11, 12, 14, 17 (*abgedruckt im* Anhang II.3); BMF vom 16. 11. 1993 (*abgedruckt im* Anhang II.4) –

1. Überblick 281

	Altfall	Neufall	RdNr.
Darlehensverwendung	beliebig	unschädlich i. S. des § 10 Abs. 2 Satz 2 Buchst. a	111
neues Disagio	separat finanzieren	separat finanzieren	284
Darlehenshöhe	Obergrenze Restvaluta	Obergrenze Restvaluta	288
maximale Abtretung	Restvaluta	Restvaluta ./. noch nicht getilgtes Disagio	294 ff.
Form der Abtretungsbegrenzung	Rückzession	Rückzession	293

2. Begriff der Umschuldung

Unter den Tatbestand der „Umschuldung" fällt nicht nur der Wechsel des Kreditgebers, sondern auch die bloße Verlängerung des Kredits (Prolongation). Der Begriff **Prolongation** ist unklar. Bei enger Auslegung handelt es sich um die Verlängerung des Kredits nach Eintritt der Fälligkeit (z. B. nach 20 Jahren). Bei weiter Auslegung kann darunter aber auch die schlichte Neuverhandlung der Zinsen nach **Ablauf der Zinsbindung** (z. B. nach 5 Jahren) verstanden werden. Denn bei Ablauf der Zinsbindung können sämtliche Darlehenskonditionen (Zins, Tilgung) neu verhandelt und sogar der Kreditgeber gewechselt werden. Durch eine Veränderung der Tilgungsleistungen ändert sich die Laufzeit des Darlehens. Nach dem Verbraucherkreditgesetz muß ein neuer Darlehensvertrag ausgestellt werden. Diese Gründe sprechen dafür, die bloße Konditionenänderung nach Ablauf der Zinsbindung der Neuaufnahme eines Darlehens gleichzustellen. 282

Die Finanzverwaltung vertritt hierzu mit BMF-Schreiben vom 16. 11. 1993 die Auffassung, daß die Frage nach Umschuldung oder bloßer Verlängerung/

Modifikation des Darlehens jeweils nur anhand der konkreten Gestaltung des Kreditvertrags im Einzelfall entschieden werden könne.

So sei regelmäßig ein einheitlicher Darlehensvertrag anzunehmen, wenn die Laufzeit festgelegt und lediglich hinsichtlich der Zinsen vereinbart sei, daß nach einer bestimmten Zeit eine Anpassung erfolgen solle.

Sei dagegen vereinbart, daß nach Ende der Laufzeit über die weitere Behandlung des Darlehens erneut verhandelt werden solle, so läge trotz einer eventuellen Bezeichnung als „Prolongation" ein neuer Darlehnsvertrag mit der Folge vor, daß insbesondere alle Regelungen für Umschuldungen zu beachten seien.

Solange die Finanzverwaltung ihre Auffassung nicht deutlicher präzisiert, ist aus Gründen der Vorsicht davon auszugehen, daß mit jeder Änderung des Darlehensvertrages – außer der im BMF-Schreiben genannten reinen Zinsanpassung – steuerlich bereits eine Umschuldung verwirklicht wird. Von Bedeutung ist dies für die Frage, ob die Abtretung bei einem Tilgungsdarlehen schon nach jeder von den Parteien vereinbarten Vertragsänderung (Ausnahme: reine Zinsanpassung) zurückgenommen werden muß oder erst bei einem Gläubigerwechsel.

3. *Zulässigkeit von Umschuldungen*

283 Die Finanzverwaltung läßt Umschuldungen zwar zu, betrachtet dies jedoch als großzügiges Entgegenkommen. Einer Umschuldung steht nach Meinung der Finanzverwaltung[49] grundsätzlich das Merkmal der Unmittelbarkeit entgegen. Denn das Ablösedarlehen dient nicht mehr „unmittelbar" der Finanzierung von Anschaffungs- oder Herstellungskosten begünstigter Wirtschaftsgüter, sondern der Umschuldung. Nur aus Billigkeitsgründen wird die Umschuldung dennoch zugelassen. Würde diese Ansicht zutreffen, wäre zwar die Finanzverwaltung, nicht aber die Rechtsprechung hieran gebunden.

Der Begriff der unmittelbaren Verwendung spielt auch im Bereich steuerbegünstigter Bausparverträge eine Rolle. Hier kommt es zu einer Rückgängigmachung des Sonderausgabenabzugs (sog. Nachversteuerung), wenn das Bauspardarlehen nicht „unverzüglich und unmittelbar" zum Wohnungsbau verwendet wird (§ 10 Abs. 5 Nr. 2 Buchstabe a EStG). Die Formulierung ist also sogar noch enger als die des § 10 Abs. 2 EStG. Trotzdem bezweifelt niemand, daß die Umschuldung von Hypotheken- durch Bauspardarlehen unschädlich ist. Schädlich ist nur die Umschuldung fälliger Zins- und Tilgungsbeträge (Annuitäten). Meines Erachtens sind Umschuldungen daher mit dem Gesetzeswortlaut vereinbar. Auch das Ablösedarlehen dient also noch unmittelbar der Finanzierung der begünstigten Anschaffungs- oder Herstellungskosten.

---

[49] Vgl. *Scheurmann-Kettner/Broudré,* DB 1993, S. 348.

4. Voraussetzungen für die Steuerunschädlichkeit

a) Kein neues Disagio

Anläßlich einer Umschuldung wird häufig ein neues Disagio vereinbart. Die Mitfinanzierung durch das Ablösedarlehen wäre steuerschädlich. Dies gilt sowohl für Neu- als auch für Altfälle. Nur bei Erstfinanzierungen kann ein Disagio – bei gleichzeitiger Abtretungsbegrenzung – mitfinanziert werden. 284

Beispiel: Zur Finanzierung der Herstellungskosten einer Fabrikhalle i. H. von 500000 DM benötigt ein Steuerpflichtiger ein Darlehen. Die Bank gewährt das Darlehen unter Einbehaltung eines Disagios von 30000 DM. Anläßlich der Umschuldung vereinbart der Steuerpflichtige ein erneutes Disagio von 30000 DM. Das Ablösedarlehen beläuft sich somit auf 560000 DM. Die Abtretung bleibt auf 500000 DM begrenzt.

1. Erstfinanzierung		
Darlehenssumme	530000 DM	
./. Disagio	30000 DM	
ausgezahlte Darlehenssumme	500000 DM	
abgetretene LV-Ansprüche	500000 DM	
2. Umschuldung	schädlich	unschädlich
Restvaluta Erstdarlehen	530000 DM	530000 DM
neues Disagio	30000 DM	0 DM
Ablösedarlehen	560000 DM	530000 DM
abgetretene LV-Ansprüche	500000 DM	500000 DM
separat finanziertes Disagio	0 DM	30000 DM

Durch die erneute Mitfinanzierung des Disagios und/oder anderer Werbungskosten wird der Lebensversicherungseinsatz steuerschädlich, obwohl nicht mehr Versicherungsansprüche abgetreten sind als vor der Umschuldung. Die Finanzverwaltung hat dies im BMF-Schreiben vom 19. 5. 1993 in Tz. 14 letzter Satz jetzt klargestellt:

„Werden mit dem Ablösungsdarlehen zusammenhängende Finanzierungskosten mitfinanziert, führt das zur Steuerschädlichkeit."

Das neue Disagio muß durch Eigenkapital oder einen weiteren Kredit separat finanziert werden. Aufgrund der alten BFH-Rechtsprechung[50] zur Tilgungsstreckung muß das Disagio von einer **anderen Bank** finanziert werden. Andernfalls gilt das Disagio als nicht abgeflossen. 285

Beispiel: Sachverhalt wie im letzten Beispiel.

Ablösedarlehen	530000 DM
Auszahlungsbetrag (verwendet zur Umschuldung)	530000 DM
berechnetes Disagio	30000 DM
bezahlt durch Eigenkapital	30000 DM

---

[50] BFH v. 26. 11. 1974, BStBl. 1975 II S. 330.

286 Wird das Erstdarlehen nur **teilweise** umgeschuldet, darf das Ablösedarlehen die Restvaluta des abzulösenden Teils der Restvaluta im Zeitpunkt der Ablösung nicht übersteigen, was die Mitfinanzierung eines neuen Disagios ausschließt.[51]

287 Fraglich ist, ob ein neues Disagio mitfinanziert wird, wenn ein **Darlehen mit variablem Zinssatz**, für das ein Disagio vereinbart wurde, in ein Darlehen mit fester Zinsbindung umgewandelt wird. Da der Darlehensnehmer in solchen Fällen jederzeit kündigen, die Bank wechseln und sein ursprüngliches Disagio anteilig zurückfordern kann, könnte man die Ansicht vertreten, daß die kalkulatorische Berücksichtigung des restlichen Disagios bei der Berechnung des Festzinses als neue Vereinbarung eines Disagios zu betrachten ist. Derartige Fälle würden dann wohl stets zur Steuerschädlichkeit führen.

b) Berücksichtigung von Tilgungen

288 Bei der Umschuldung kommt es auf die ursprüngliche Darlehenshöhe und die ursprünglichen Anschaffungs- oder Herstellungskosten als Obergrenzen des Lebensversicherungseinsatzes nicht mehr an, wenn zwischenzeitlich Tilgungen geleistet wurden. In diesem Fall bildet die Restvaluta die Obergrenze. Es ist also nicht zulässig, das Darlehen wieder bis zur ursprünglichen Höhe aufzustocken.

Beispiel: begünstigte Anschaffungs- oder Herstellungskosten	500000 DM
mitfinanziertes Disagio	30000 DM
ursprüngliches Darlehen	530000 DM
Restvaluta bei Umschuldung	400000 DM

Das Ablösedarlehen darf 400000 DM nicht übersteigen. Ein neues Disagio muß separat finanziert werden.

c) Begrenzung der Abtretung

aa) Notwendigkeit der Begrenzung

289 Es besteht Einigkeit darüber, daß die Abtretung nicht mit jeder planmäßigen oder außerplanmäßigen Tilgungsleistung entsprechend zurückgenommen werden muß. Die ursprüngliche Abtretung muß also nicht etwa je nach Tilgungsvereinbarung monatlich, viertel-, halb- oder jährlich angepaßt werden.

Beispiel: Das Erstdarlehen von 500000 DM, das durch Lebensversicherungsansprüche in Höhe von 500000 DM abgesichert ist, wird jährlich um 40000 DM getilgt. Nach fünf Jahren beträgt die Restvaluta 300000 DM, die nach wie vor durch Lebensversicherungsansprüche in Höhe von 500000 DM abgesichert ist, da die Abtretung nicht zurückgeführt werden muß.

---

[51] BMF-Einzelauskunft v. 12. 3. 1993, DStR, S. 517.

Im zweiten Lebensversicherungserlaß vom 19. 5. 1993 ist die Finanzverwaltung der zunächst nur von *Wacker*[52] vertretenen Ansicht gefolgt, wonach die Abtretung anläßlich einer Umschuldung auf den Betrag der umgeschuldeten Restvaluta zurückgenommen werden muß. Dem ersten Lebensversicherungserlaß war diese Verpflichtung noch nicht zu entnehmen. Hierin liegt eine **wesentliche Verschärfung**. 290

Relativ unproblematisch ist die Forderung der Finanzverwaltung, wenn die **Umschuldung mit einem Gläubigerwechsel** verbunden ist. In diesem Fall muß ohnehin eine erneute Abtretung gegenüber der neuen Bank vorgenommen werden. Dabei wird man eine Begrenzung auf die Restvaluta automatisch berücksichtigen. Problematisch ist aber die **Umschuldung ohne Gläubigerwechsel**. In diesem Fall besteht die Gefahr, daß die Anpassung der Abtretungsvereinbarung vergessen wird, womit ein weiteres Fettnäpfchen aufgestellt wäre, das den Verlust der Steuerprivilegien der Lebensversicherung bewirken könnte. Möglicherweise wird bereits der Ablauf der Zinsbindung als Umschuldung gewertet, sofern die Gesamtlaufzeit vorab nicht eindeutig festgelegt war.[53] 291

Beispiel: Sachverhalt wie im letzten Beispiel mit der Maßgabe, daß die Bank das Restdarlehen nach Ablauf der fünfjährigen Zinsbindungsfrist prolongiert. Wird es versäumt, die überschießenden Lebensversicherungsansprüche in Höhe von 200000 DM rückabzutreten, tritt Steuerschädlichkeit ein.

Für die Abtretungsbegrenzung beim erstmaligen Einsatz von Lebensversicherungsansprüchen schlägt *Ehlers*[54] eine Formulierung vor, die das Problem der Rückführung der Abtretung anläßlich einer Umschuldung automatisch beseitigt, wenn sie von der Finanzverwaltung anerkannt würde: 292

„Die Abtretung erfolgt maximal bis zur Höhe der Anschaffungs- oder Herstellungskosten und darf die **aktuelle Darlehensvaluta nicht übersteigen**."

Mit diesem Formulierungsvorschlag will *Ehlers* meines Erachtens nicht sagen, daß er die Beschränkung der Abtretung auf die jeweilige Restvaluta für zwingend hält. Er empfiehlt sie lediglich aus Vorsichtsgründen. Zivilrechtlich ist sie wegen fehlender Bestimmtheit unwirksam.[55] Sie wird daher die Anforderungen der Finanzverwaltung nicht erfüllen.

bb) Form der Begrenzung

In **Neufällen** kann die Begrenzung nur durch dingliche Rückzession der überschießenden Ansprüche erfolgen. Die Rückzession muß der Versicherung angezeigt werden. 293

---

[52] Vgl. *Wacker,* NWB F. 3, S. 12; *ders.,* DB 1993, Heft 10, Beilage 4, S. 11.
[53] Vgl. BMF vom 16. 11. 1993, (abgedruckt im Anhang II.4).
[54] *Ehlers,* BB 1993, Beilage 4, S. 8.
[55] BGH v. 8. 1. 1986, BGHZ 98 S. 313.

In **Altfällen** muß offenbar differenziert werden: Erfolgt die Abtretungsbegrenzung anläßlich der Umschuldung, kann die Begrenzung nur auf dinglichem Wege erreicht werden (z. B. Rückzession). Bis zur Umschuldung ist eine Begrenzung dagegen auch im Wege der schuldrechtlichen Änderung der Sicherungszweckvereinbarung mit Verzichtserklärung gegenüber dem Versicherer gemäß Tz. 12 Abs. 2 des BMF Schreibens vom 19. 5. 1993 möglich.[56]

Meines Erachtens ist die Forderung der Finanzverwaltung nach dinglicher Abtretungsbegrenzung (Tz. 11 des o. g. Schreibens) überzogen.[57] Sollte es zur Steuerschädlichkeit wegen Nichteinhaltung der formalen Anforderungen kommen, muß der Rechtsweg beschritten werden.

cc) Vereinfachungsregelung bei Disagio

294 Die genaue Berechnung des Betrags, auf den die Abtretung begrenzt werden muß, ist schwierig, wenn bei dem *Erst*darlehen ein Disagio mitfinanziert worden ist. In diesem Fall müßte die Abtretung auf einen unter der Restvaluta liegenden Betrag begrenzt werden. Die Tilgungen wären nämlich grundsätzlich, d. h. sofern im Darlehensvertrag nichts anderes vereinbart ist, anteilig auf Disagio und Auszahlungsbetrag zu verrechnen, so daß der auf den Auszahlungsbetrag entfallende Teil der Restvaluta und damit der mögliche Abtretungsbetrag sinkt.

Beispiel:

	gesamt	Auszahlungsbetrag	Disagio
	100%	94,3%	5,7%
Erstdarlehen	530000 DM	500000 DM	30000 DM
Tilgung	130000 DM	122590 DM	7410 DM
Restvaluta	400000 DM	377410 DM	22590 DM
zulässige Abtretung		377410 DM	

295 Für diesen Fall enthält der zweite Lebensversicherungserlaß eine **Vereinfachungsregelung**. Es wird unterstellt, daß Tilgungen zuerst auf das Disagio verrechnet wurden. Sofern die bis zur Umschuldung geleisteten Tilgungen mindestens so hoch sind wie das ursprüngliche Disagio (vgl. den Fall 1 im folgenden Beispiel), entfällt die Aufteilungsproblematik. Die Abtretung kann auf die Restvaluta begrenzt werden.

Beispiel:

	Fall 1	**Fall 2**
Erstdarlehen (incl. Disagio 30000 DM)	530000 DM	530000 DM
Tilgung	40000 DM	20000 DM
Restvaluta	490000 DM	510000 DM
noch nicht getilgtes Disagio	0 DM	10000 DM
zulässige Abtretung	490000 DM	500000 DM

[56] Vgl. *Broudré,* 1994, S. 93 (Beispiel 51 a); *Broudré* fordert entgegen dem ausdrücklichen Wortlaut in Tz. 12 Abs. 2 des BMF-Schreibens vom 19. 5. 1993 (abgedruckt im Anhang II. 1) auch in Altfällen eine dingliche Einschränkung.

[57] Gl. A. *Dahm,* DStZ 1993, S. 391.

Die Vereinfachungsregelung soll offenbar – was der Erlaß vom 19. 5. 1993 in Tz. 14 selbst nicht zum Ausdruck bringt – unabhängig davon gelten, ob sie **im Einklang mit dem Darlehensvertrag** steht.[58] Wer sich trotzdem jegliche Prüfung des Darlehensvertrages bzw. die exakte Berechnung ersparen und völlig auf der sicheren Seite stehen will, kann das ursprüngliche Disagio (ohne Aufteilung) von der Restvaluta abziehen und die Abtretung auf den sich ergebenden Betrag begrenzen. 296

Beispiel:

Erstdarlehen incl. Disagio	530000 DM
./. Tilgung	130000 DM
Umschuldungsdarlehen	400000 DM
./. ursprüngliches Disagio	30000 DM
neue Abtretungsgrenze	370000 DM

dd) Abtretungsbegrenzung bei Policendarlehen

Erfolgt die Umschuldung durch ein Policendarlehen, ergibt sich das Problem, daß die zur Absicherung des Policendarlehens eingesetzten Lebensversicherungsansprüche aus versicherungsrechtlichen Gründen nicht niedriger sein dürfen als das Policendarlehen. Die Abtretungsbegrenzung kann also nicht unmittelbar verwirklicht werden. Nur eine indirekte Berücksichtigung ist möglich, indem das Policendarlehen nur bis zur Höhe der Restvaluta abzüglich des ursprünglichen, noch nicht getilgten Disagios aufgenommen wird. 297

Beispiel:

	gesamt 100%	Auszahlungsbetrag 94,3%	Disagio 5,7%
Erstdarlehen	530000 DM	500000 DM	30000 DM
Annuität			
Zinsanteil	30000 DM		
Tilgungsanteil	20000 DM	18860 DM	1140 DM
Policendarlehen		18860 DM	

Auch in diesen Fällen ist die Anwendung der **Vereinfachungsregelung** gemäß Tz. 14 des BMF-Schreibens vom 19. 5. 1993 zulässig. Soll die Vereinfachungsregelung angewendet werden, dürfen Policendarlehen aber wohl erst eingesetzt werden, wenn das ursprüngliche Disagio als getilgt anzusehen ist, d. h. erst, wenn die Summe der geleisteten Tilgungsanteile mindestens dem ursprünglichen Disagio entspricht. 298

Soweit sich ein Darlehensnehmer vor dem 14. 2. 1992 verpflichtet hat, ein zu diesem Zeitpunkt bereits bestehendes Darlehen in Höhe der jährlichen Annuität durch ein Policendarlehen aus einem ganz bestimmten Lebensversicherungsvertrag abzulösen bzw. umzuschulden, handelt es sich um einen sog. **Altfall**. Ab dem 14. 2. 1992 darf der Darlehensnehmer dann nur den in den Annuitäten jeweils enthaltenen Tilgungsanteil, d. h. die anteilige Restvaluta 299

[58] Gl. A. *Horlemann,* DStR 1993, S. 1016; generell anwendbar; sowie *ders.,* BB 1993, S. 2211; auch *Broudré,* 1994, S. 54 vertritt hierzu keine gegenteilige Ansicht mehr.

durch weitere Policendarlehen aus dem genannten Versicherungsvertrag ablösen.[59] Ein eventuell noch nicht getilgtes Disagio muß aber nicht herausgerechnet werden (vgl. RdNr. 297), da es sich ja grundsätzlich um einen Altfall handelt.

300 Soweit sich der Darlehensnehmer im o. g. Fall lediglich verpflichtet hat, das bestehende Darlehen durch (irgend) ein (nicht näher bezeichnetes) Policendarlehen abzulösen, fehlt es nach *Broudré*[60] an einer namentlichen Bezeichnung des Vertrags („dem Lebensversicherungsvertrag"), so daß die Grundsätze für Umschuldungen in **Neufällen** zu beachten seien. Als Konsequenz wäre auch ein bisher nicht getilgtes Disagio herauszurechnen und die Umschuldung entsprechend zu begrenzen.

d) Mehrere Darlehen

301 Mehrere Darlehen können anläßlich einer Umschuldung zu einem Darlehen zusammengefaßt werden. Nach Tz. 11 des BMF-Schreibens vom 2. 11. 1993 ist auch eine Aufstockung steuerunschädlich möglich, soweit im übrigen die o. g. Regeln für Umschuldungen (vgl. Tz. 13–15, 27 des BMF-Schreibens vom 19. 5. 1993) beachtet werden.

e) Erstmaliger Einsatz einer Lebensversicherung

302 Tz. 12 des BMF-Schreibens vom 2. 11. 1993 stellt klar, daß – sofern das umzuschuldende oder zu prolongierende Erstdarlehen die Voraussetzungen für Steuerunschädlichkeit erfüllt (Begrenzung auf begünstigte Anschaffungs- oder Herstellungskosten gemäß Tz. 8 des BMF-Schreibens vom 19. 5. 1993) – anläßlich einer Umschuldung oder Prolongation auch **erstmalig** Ansprüche aus einer Lebensversicherung in analoger Anwendung der Tz. 14 des BMF-Schreibens vom 19. 5. 1993 eingesetzt werden können.

f) Zwischenanlage

303 Gemäß Tz. 14 des BMF-Schreibens vom 2. 11. 1993 ist die 30-Tage-Regel für den Zahlungsweg auf Zwischenanlagen anläßlich einer Umschuldung analog anzuwenden mit der Folge, daß das valutierte Umschuldungsdarlehen zunächst auf ein Konto (z. B. Kontokorrentkonto, Sparkonto) des Darlehnsnehmers überwiesen werden kann, von dem aus dieser sodann die Umschuldung veranlaßt.

---

[59] Vgl. *Broudré,* 1994, S. 94 (Beispiel 52a).
[60] Vgl. *Broudré,* 1994, S. 94 (Beispiel 52b).

g) Teilumschuldungen

Wird ein Altfall-Darlehen nur teilweise (z. B. mit Policendarlehen) umgeschuldet, gelten die allgemeinen Regelungen entsprechend, d. h. es darf beispielsweise kein neues Disagio mitfinanziert und die Abtretung muß auf das Umschuldungsdarlehen begrenzt werden (vgl. Tz. 17 des BMF-Schreibens vom 2. 11. 1993). In Neufällen darf das Policendarlehen erst eingesetzt werden, wenn das Disagio getilgt ist. **304**

(einstweilen frei) **305–310**

III. Umwidmung des unter Lebensversicherungseinsatz finanzierten Wirtschaftsgutes

1. Verkauf des Wirtschaftsgutes

– Vgl. BMF vom 19. 5. 1993, Tz. 17 (*abgedruckt im* Anhang II. 1); BMF vom 2. 11. 1993, Tz. 13 (*abgedruckt im* Anhang II. 3) –

In **Neufällen** kann ein Verkauf des unter Lebensversicherungseinsatz finanzierten Wirtschaftsgutes zur Steuerschädlichkeit führen. Unschädlich ist die Verwendung des Veräußerungserlöses zur Ablösung des Darlehens oder zum Erwerb begünstigter Wirtschaftsgüter. Im Falle der (teilweisen) Ablösung des Darlehens muß – was der Erlaß allerdings nicht regelt – die Abtretung zurückgeführt werden und zwar in dinglicher Form (Rückzession). Werden statt dessen nicht begünstigte Wirtschaftsgüter (Forderungen, Umlaufvermögen) oder Betriebsausgaben bzw. Werbungskosten finanziert, tritt Steuerschädlichkeit ein. Die Grundsätze gelten analog für die Verwendung von Entschädigungsleistungen. **311**

Verwendung von Veräußerungserlösen und (Versicherungs-)Entschädigungen	
Unschädlich	Schädlich
Tilgung des mittels einer Lebensversicherung abgesicherten Darlehens Kauf begünstigter Wirtschaftsgüter zur langfristigen Einkunftserzielung Verwendung zu rein privaten Zwecken außerhalb der Einkunftserzielung Fehlerverwendungen bis 5000 DM Bagatellgrenze	Tilgung von Betriebsmittelkrediten Anlage als Festgeld (= Erwerb einer Forderung) Kauf von Umlaufvermögen Kauf von Aktien zur kurzfristigen Kapitalanlage Finanzierung von Betriebsausgaben oder Werbungskosten

Wurde das veräußerte Wirtschaftsgut nur teilweise mit Lebensversicherung finanziert (z. B. zu 40%), muß der Veräußerungserlös nur anteilig (d. h. zu 40%) zur Tilgung oder Reinvestition eingesetzt werden (vgl. Tz. 13 des BMF-Schreibens vom 2. 11. 1993).

312 In der Praxis können sich aus diesen Verwendungsregeln **erhebliche Risiken** ergeben, weil es oft nicht leicht ist sicherzustellen, daß der Erlös aus Anlagenverkäufen oder Versicherungsentschädigungen nur für begünstigte Zwecke eingesetzt wird.

Beispiel: Beim Erwerb eines Betriebes wurde der auf begünstigte Wirtschaftsgüter des Anlagevermögens entfallende Teil des Kaufpreises (2 Mio. DM) durch ein gesondertes Darlehen unter Einsatz einer Lebensversicherung zu 100% fremdfinanziert.

Wird ein miterworbener Personenkraftwagen für 6000 DM an einen Mitarbeiter verkauft und der Erlös auf das normale Kontokorrentkonto eingezahlt, gehen die Steuervorteile aus der Lebensversicherung verloren. Die Fehlverwendung von 500 DM aus dem Verkauf einer Schreibmaschine fiele dagegen unter die Bagatellgrenze.

Die 30-Tage-Regel für den Zahlungsweg (vgl. Tz. 22 des BMF-Schreibens vom 19. 5. 1993) soll im übrigen – was die bisherigen Erlasse aber noch nicht ausdrücklich regeln – auch für Umwidmungen gelten.

Beispiel: Sachverhalt wie im obigen Beispiel.

Der Veräußerungserlös muß innerhalb von 30 Tagen zur Anschaffung eines begünstigten Wirtschaftsgutes oder für eine Sondertilgung des mit der Lebensversicherung abgesicherten Darlehens verwendet werden. Die Einzahlung auf das betriebliche Kontokorrentkonto würde zur Steuerschädlichkeit führen. Die Verwendung für private Konsumzwecke wäre unschädlich, würde aber zu einem partiellen Zinsabzugsverbot führen.

313 Wird ein Wirtschaftsgut unter Zurückbehaltung von Schulden verschenkt, tritt keine Steuerschädlichkeit ein, weil die Zinsen nach der Übertragung nicht mehr abzugsfähig sind. Die Finanzierung befindet sich damit im steuerirrelevanten Bereich.

2. Nutzungsänderung

314 Wird ein betriebliches Wirtschaftsgut von Anlage- zu Umlaufvermögen umgewidmet, muß der Lebensversicherungseinsatz vorher rückgängig gemacht werden, um Steuerschädlichkeit zu vermeiden.

Beispiel: Ein Mietshausbesitzer entschließt sich, sein Gebäude umfassend zu renovieren, in Eigentumswohnungen aufzuteilen und diese zu verkaufen. Durch diesen Entschluß wird das Grundstück Umlaufvermögen eines gewerblichen Grundstückshandels. Die Abtretung der Lebensversicherung muß vorher rückgängig gemacht werden.

315 Die bloße Absicht, ein bisher zum Anlagevermögen gehörendes Wirtschaftsgut verkaufen zu wollen, führt nicht zur Umwidmung in Umlaufvermögen. Anderenfalls wäre § 6b EStG niemals anwendbar.[61]

---

[61] BMF-Schreiben v. 29. 10. 1979, BStBl. I S. 639.

Die Entnahme eines betrieblichen Wirtschaftsgutes ohne Nutzungsänderung führt bei einer unschädlichen Finanzierung grundsätzlich nicht zur Steuerschädlichkeit. Mit dem Wirtschaftsgut wird auch die Verbindlichkeit in das Privatvermögen überführt. Lag eine kurzfristige schädliche Verwendung im Sinne der Ausnahmevorschrift für betriebliche Darlehen (§ 10 Abs. 2 Satz 2 Buchstabe c EStG) vor, kommt es statt zur partiellen zur totalen Steuerschädlichkeit.

Beispiel: Ein Gewerbetreibender erwirbt einen Pkw für betriebliche Zwecke. Da er versäumt hat, die Abtretung auf den Darlehensbetrag ohne Disagio zu begrenzen, liegt eine steuerschädliche betriebliche Finanzierung vor, die nur zu einer partiellen Steuerpflicht führt, wenn er die Abtretungsbegrenzung noch rechtzeitig vor Ablauf der Dreijahresfrist nachholt.
Durch Aufnahme einer unselbständigen Tätigkeit kommt es zur Aufgabe des Gewerbebetriebes. Der Pkw, der weiterhin beruflichen Zwecken dient, und das Darlehen werden Privatvermögen. Sofern die Abtretungsbegrenzung nicht vor der Nutzungsänderung erfolgt ist, tritt Totalschädlichkeit ein.

Zur Steuerschädlichkeit kann es auch dann kommen, wenn das Wirtschaftsgut nach der Entnahme nicht mehr der langfristigen Einkunftserzielung dient.

3. Vollabschreibung, Verschrottung

Keine Umwidmung liegt in der vollständigen Abschreibung oder Verschrottung von Wirtschaftsgütern. Die Laufzeit des Darlehens ist unabhängig von der betriebsgewöhnlichen Nutzungsdauer, der Abnutzbarkeit und der Abschreibungsdauer. **316**

Beispiel: Ein Unternehmer nimmt ein Darlehen von 1 Mio. DM auf, das nach 20 Jahren durch eine Lebensversicherung getilgt werden soll, die an die Bank abgetreten wird. Er kauft dafür
(1) geringwertige Wirtschaftsgüter, die im Jahr der Anschaffung voll abgeschrieben werden;
(2) eine EDV-Anlage, die nach drei Jahren verschrottet werden muß.
Die Finanzierung kann wie geplant über 20 Jahre laufen.

4. Umwidmung in Altfällen

In Altfällen können die frei werdenden Mittel nach dem Grundsatz „Einmal Altfall, immer Altfall" meines Erachtens[62] ohne Beachtung der vorstehenden Grundsätze, also auch für nach neuem Recht nicht mehr begünstigte Finanzierungen, eingesetzt werden. Die bisherigen Erlasse regeln den Fall jedoch nicht. **317**

Beispiel: Das Altdarlehen wurde zur Finanzierung von Wareneinkäufen verwendet. Der Verkauf der Waren stellt eine Umwidmung dar. Der Verkaufserlös kann wieder zur Anschaffung von Vorräten verwendet werden, da das ursprüngliche Anschaffungsdarle-

---

[62] Vgl. RdNr. 126.

hen ein Altfall ist. Die Umwidmung führt nicht zum Verlust der Steuerbegünstigungen der Lebensversicherung.

5. Zwischenanlageproblematik

318 Meines Erachtens läßt sich auch die Problematik der Zwischenanlage auf Giro- und Festgeldkonten während der Übergangsfrist bis zum 31. 12. 1993 mit den für den nachträglichen Einsatz von Lebensversicherungen bei schädlichen Finanzierungen geltenden Grundsätzen lösen. Die Auflösung des Zwischenkontos stellt die Veräußerung des Wirtschaftsgutes „kurzfristige verzinsliche Forderung" und damit eine Umwidmung dar. In Neufällen entscheidet die anschließende Verwendung der Mittel über die Steuerschädlichkeit (vgl. RdNr. 326).

Beispiel: Die Darlehensmittel wurden über 30 Tage auf einem Giro- oder Festgeldkonto angelegt, bevor sie ihrer endgültigen Verwendung zur Finanzierung des Kaufpreises einer Immobilie zugeführt wurden. Erfolgt die endgültige Verwendung vor dem 31. 12. 1993, ist die Steuerschädlichkeit meines Erachtens geheilt.

6. Einlagefinanzierung und Anteilskauf bei Personengesellschaften

319 Die vorgenannten Möglichkeiten einer Umwidmung (Veräußerung, Nutzungsänderung) können selbstverständlich in analoger Weise beim Gesamthandsvermögen einer Personengesellschaft auftreten. Die Regeln über die Unschädlichkeit der Umwidmung sind in diesen Fällen auch dann entsprechend anzuwenden, wenn vom Gesellschafter der Erwerb des Anteils oder eine Einlage unter Einsatz von Lebensversicherungsansprüchen finanziert wurde.[63] Dies kann deshalb **besonders problematisch** werden, weil der an einer Personengesellschaft Beteiligte oftmals keinen Einfluß darauf bzw. nicht einmal Kenntnis davon hat, daß beispielsweise ein nicht mehr benötigter Gegenstand des Anlagevermögens veräußert wird. Umgekehrt werden die bei der Gesellschaft Verantwortlichen häufig keine Kenntnis davon haben, welche Gesellschafter in welchem Umfang Lebensversicherungen zur Finanzierung eingesetzt haben. Somit wird es nicht selten zur Steuerschädlichkeit kommen, zumal bei einer Kenntnisnahme des Gesellschafters – was nahezu der Regelfall sein dürfte – im Zeitpunkt des Erhalts der Bilanz im Hinblick auf die 30-Tage-Grenze wohl in der Regel bereits „alles zu spät" sein dürfte.

---

[63] Vgl. *Horlemann,* DStZ 1993, S. 517 (m. w. N.) sowie *Schulze zur Wiesche,* FR 1993, S. 358.

IV. Möglichkeit des nachträglichen Einsatzes von Lebensversicherungsansprüchen

1. Bei schädlichen Mischfinanzierungen

– Vgl. BMF vom 19. 5. 1993, Tz. 15 (*abgedruckt im* Anhang II. 1) –

a) Abspaltung eines begünstigten Darlehens

Ein steuerschädlicher Einsatz einer Lebensversicherung in einem Neufall kann nicht geheilt werden. Dagegen ist es möglich, eine Lebensversicherung nachträglich bei einer schädlichen Finanzierung erstmals einzusetzen. Voraussetzung hierfür ist allerdings die Durchführung einer **Umschuldung**. Zweck der Umschuldung ist es, aus dem schädlichen Darlehen ein begünstigtes Teildarlehen abzuspalten. 320

Beispiel: Durch ein Darlehen wurden neben den Anschaffungskosten begünstigter Wirtschaftsgüter auch Werbungskosten finanziert. Nach Ablauf der Zinsbindung soll die Bank gewechselt und erstmals eine Tilgungsaussetzung unter Einsatz einer Lebensversicherung durchgeführt werden.

mitfinanzierte Werbungskosten	100 000 DM	20%
begünstigte Anschaffungskosten	400 000 DM	80%
Nennwert des Erstdarlehens	500 000 DM	100%

Ein Ablösedarlehen in Höhe von 400 000 DM kann durch eine Lebensversicherung abgesichert werden. Das Restdarlehen von 100 000 DM muß separat ohne Lebensversicherung finanziert werden.

Das BMF-Schreiben vom 19. 5. 1993 behandelt nur die Umschuldung mit Hilfe eines Ablösedarlehens. Statt der vollständigen Ablösung des (schädlichen) Erstdarlehens durch ein neues (unschädliches) Darlehen kann die Umschuldung meines Erachtens[64] auch durch eine (eigen- oder fremdfinanzierte) **Sondertilgung** bewirkt werden. Das Ergebnis ist das gleiche. 321

Beispiel: Sachverhalt wie im letzten Beispiel.
Ein Wechsel der Bank ist nicht vorgesehen. Das (steuerschädliche) Erstdarlehen wird daher nicht voll abgelöst, sondern durch eine Sondertilgung von 100 000 DM auf den begünstigten Betrag von 400 000 DM zurückgeführt und eine Lebensversicherung erstmals bis zu einem Betrag von 400 000 DM als Sicherheit abgetreten.

Eine echte Sondertilgung wird regelmäßig zu einer Vorfälligkeitsentschädigung führen. Um dies zu vermeiden genügt es, den schädlichen Teil auf ein neues Konto umzubuchen. Ein Disagio muß unberücksichtigt bleiben. Es darf nicht anteilig mit umgeschuldet werden (vgl. RdNr. 324).

---

[64] Gl. A. wohl auch *Wacker,* NWB F. 3, S. 8514.

b) Berücksichtigung von Tilgungen

322 Wurde das schädliche Darlehen zwischenzeitlich getilgt, reduziert sich der Spielraum für den Einsatz der Lebensversicherung. Dabei ist davon auszugehen, daß die Tilgungen sowohl den schädlich als auch den unschädlich finanzierten Teil der Schuld vermindert haben. Nur der auf die Anschaffungs- oder Herstellungskosten begünstigter Wirtschaftsgüter entfallende Teil der Restvaluta kann unter Einsatz einer Lebensversicherung steuerunschädlich umgeschuldet werden.

Beispiel: Sachverhalt wie im letzten Beispiel mit der Maßgabe, daß Tilgungen in Höhe von 100000 DM geleistet worden sind.

	gesamt	begünstigt 80%	nicht begünstigt 20%
Ursprungsdarlehen	500000 DM	400000 DM	100000 DM
Tilgung	−100000 DM	−80000 DM	−20000 DM
Restvaluta	400000 DM	320000 DM	80000 DM
Ablösedarlehen mit LV		320000 DM	
Ablösedarlehen ohne LV			80000 DM

323 Die gleichen Grundsätze gelten auch für die Umschuldung von **Zwischendarlehen** (Tz. 20 des BMF-Schreibens vom 19. 5. 1993). Zwischendarlehen ist jeder Kredit, der durch ein anderes Darlehen abgelöst werden soll. Es muß sich ausdrücklich nicht um ein Vorschaltdarlehen handeln. Ausschlaggebend ist lediglich, daß mit dem Kredit (auch) Anschaffungs- oder Herstellungskosten begünstigter Wirtschaftsgüter finanziert wurden. Die Beurteilung von Umschuldungen richtet sich nach den allgemeinen Grundsätzen der Tz. 13 bis 15 des BMF-Schreibens vom 19. 5. 1993.

Beispiel: Ein Unternehmer hat eine Maschine gekauft und über das betriebliche Kontokorrentkonto finanziert, von dem auch alle laufenden Betriebsausgaben bezahlt werden. Zahlungseingänge waren bis zur Umschuldung nicht zu verbuchen.

Kontostand 1. 1. 01	./. 100000 DM	20%
Kauf Maschine 10. 1. 01	./. 400000 DM	80%
	./. 500000 DM	

Der Unternehmer kann einen (zinsgünstigeren) Anschaffungskredit bis zur Höhe der Anschaffungskosten der Maschine (400000 DM) unter Einsatz einer Lebensversicherung aufnehmen und steuerunschädlich zur Rückführung des Kontokorrentkredits verwenden.

Gab es vor der Umschuldung Einzahlungen auf das Kontokorrentkonto, sind diese wie Tilgungsleistungen zu behandeln, wodurch es anteilig zur Reduzierung des höchstmöglichen Ablösedarlehens kommt.

Kontostand 1. 1. 01	./. 100000 DM	20%
Kauf Maschine 10. 1. 01	./. 400000 DM	80%
	./. 500000 DM	
Einzahlung 30. 1. 01	+ 200000 DM	
	./. 300000 DM	

Eine steuerunschädliche Umschuldung ist nur noch in Höhe von 240000 DM möglich (= 400000 DM ./. 80% v. 200000 DM).

c) Berücksichtigung eines Disagios

Wurde bei dem schädlichen Mischdarlehen ein Disagio vereinbart, darf das begünstigte Ablösedarlehen das anteilige Disagio nach Meinung von Finanzverwaltung[65] und Literatur[66] nicht mitumfassen. Meines Erachtens ist kein Grund ersichtlich, weshalb die bei einer Umschuldung zu erfüllenden Anforderungen davon abhängen sollen, ob bei der Erstfinanzierung eine Lebensversicherung im Einsatz war oder nicht. **324**

Beispiel: Sachverhalt wie im vorletzten Beispiel mit der Maßgabe, daß ein Disagio von 50000 DM mitfinanziert worden war.

	gesamt	begünstigt 80%
Ursprungsdarlehen incl. Disagio	550000 DM	440000 DM
Ablösedarlehen mit LV		440000 DM
Abtretungsbegrenzung		400000 DM

Nach Meinung der Finanzverwaltung wäre der Einsatz der Lebensversicherung schädlich, weil das anteilige alte Disagio mit umgeschuldet wurde.

Dieses Problem stellt sich ebenfalls, wenn ein schädliches Mischdarlehen mit Disagio unter erstmaligem Einsatz von Lebensversicherungsansprüchen zu einem Zeitpunkt umgeschuldet werden soll, in dem bereits eine Tilgung vorgenommen worden ist.

Beispiel: Sachverhalt wie im letzten Beispiel, mit der Maßgabe, daß zwischenzeitlich bereits ein Betrag von 100000 DM getilgt wurde.

	gesamt	begünstigt 80%
Ursprungsdarlehen incl. Disagio	550000 DM	440000 DM
Tilgungsrate	100000 DM	80000 DM
Restvaluta bei Umschuldung	450000 DM	360000 DM
Ablösedarlehen mit LV		360000 DM
Abtretungsbegrenzung		360000 DM

Nach Meinung der Finanzverwaltung wäre der Einsatz der Lebensversicherung wiederum schädlich, weil das anteilige alte Disagio mit umgeschuldet wurde.

M. E. ist statt dessen sogar die Vorrangfiktion in Tz. 14 des BMF-Schreibens vom 19. 5. 1993 anwendbar, so daß die Tilgung in Höhe von 50000 DM vorrangig mit dem dann vollständig getilgten Disagio zu verrechnen ist. Dies hat zur Konsequenz, daß auch die Abtretung der Lebensversicherung nur auf 360000 DM (80% der Restvaluta von 450000 DM) und nicht etwa auf 320000 DM (80% der um 100000 DM verringerten Anschaffungskosten in Höhe von dann 400000 DM) beschränkt werden muß.

---

[65] BMF v. 19. 5. 1993, Tz. 15 (abgedruckt im Anhang II.1).
[66] Vgl. *Dahm,* DStZ 1993, S. 393; *Wacker,* DB 1993, Beilage 4, S. 11.

d) Alle Umschuldungen begünstigt

325 Der erstmalige Einsatz einer Lebensversicherung nach Umschuldung einer steuerschädlichen Mischfinanzierung sollte nach dem ersten Lebensversicherungserlaß nur bei der erstmaligen Umschuldung möglich sein. Diese Begrenzung erschien überflüssig und wurde im zweiten Erlaß vom 19. 5. 1993 gestrichen, indem nicht mehr von Erstdarlehen gesprochen wird, sondern ganz allgemein von Darlehen. Auch nach Ablauf der ersten Zinsbindung ist die Umschuldung somit noch jederzeit möglich.

2. Bei schädlicher Zwischenanlage

– Vgl. BMF vom 19. 5. 1993, Tz. 15 (*abgedruckt im* Anhang II.1) –

326 Der nachträgliche Einsatz einer Lebensversicherung kommt nach Tz. 15 des BMF-Schreibens vom 19. 5. 1993 bisher nur bei Mischfinanzierungen in Betracht, „die ganz oder teilweise der Finanzierung von Anschaffungs- oder Herstellungskosten eines begünstigten Wirtschaftsgutes i. S. des § 10 Abs. 2 Satz 2 Buchstabe a EStG dienen". Meines Erachtens sollte die Regelung analog auf die Fälle angewendet werden, in denen das Darlehen nicht unverzüglich für begünstigte Zwecke eingesetzt, sondern auf einem Festgeld- oder Girokonto für länger als 30 Tage zwischenangelegt wurde.

Beispiel: Ein Darlehen zur Anschaffung einer Immobilie wird für zwei Monate als Festgeld angelegt, bevor die Mittel an den Verkäufer überwiesen werden. Erst nach Überweisung des Kaufpreises wird eine Lebensversicherung an die Bank abgetreten.

Da die Festgeldanlage steuerschädlich ist, darf eine Lebensversicherung zunächst nicht eingesetzt werden. Die Auflösung des Festgeldkontos ist eine Umwidmung des finanzierten Wirtschaftsgutes von einem nicht begünstigten in einen begünstigten Zweck. Der (nachträgliche) Einsatz der Lebensversicherung sollte daher unschädlich sein. Auf die Verwendung der Darlehensmittel **vor** Einsatz der Lebensversicherung kann es m. E. in diesem Zusammenhang nicht ankommen.

Dagegen haben Vertreter der Finanzverwaltung die Meinung geäußert, es liege keine Umwidmung des finanzierten Wirtschaftsgutes, sondern des Darlehens vor. Meines Erachtens existiert der Tatbestand der Darlehensumwidmung nicht. Das Darlehen kann nur umgeschuldet werden.

3. Bei unschädlichen Finanzierungen

– Vgl. BMF vom 2. 11. 1993, Tz. 12 (*abgedruckt im* Anhang II.3) –

327 Erfüllt ein vor oder nach dem 13. 2. 1992 aufgenommenes Darlehen sämtliche neuen Bedingungen für eine steuerunschädliche Finanzierung, kann eine

Lebensversicherung jederzeit nachträglich eingesetzt werden.[67] Ein zeitlicher oder sachlicher Zusammenhang mit einer Umschuldung ist nicht erforderlich.

Beispiel: Ein Steuerpflichtiger hat 1990 ein Mietshaus für 500000 DM erworben und durch ein Darlehen in gleicher Höhe ohne Disagio finanziert.

Am 1. 6. 1993 tritt er auf Verlangen der Bank eine Lebensversicherung (Versicherungssumme 600000 DM) ab. Die Abtretung wird auf die Restvaluta am 1. 6. 1993 (= 400000 DM) begrenzt.

(einstweilen frei) **328–340**

---

[67] Gl. A. *Scheurmann-Kettner/Broudré,* DB 1993, S. 349, allerdings nur für den erstmaligen Einsatz anläßlich einer Umschuldung. Dieser Fall ist auch ausdrücklich in Tz. 12 des BMF-Schreibens vom 2. 11. 1993 (abgedruckt im Anhang II.3) erwähnt.

E. Heilung steuerschädlicher Finanzierungen

I. Heilungsfähige Finanzierungen

– Vgl. BMF vom 19. 5. 1993, Tz. 29, 30 (*abgedruckt im* Anhang II. 1) –

Entgegen dem ersten Eindruck, den ein flüchtiger Leser des Erlasses vom 19. 5. 1993 haben könnte, waren nicht alle steuerschädlich gewordenen Neufälle heilungsfähig. Eine Heilungsmöglichkeit bestand nur für die folgenden Finanzierungen: **341**

(1) Darlehen, die im wirtschaftlichen Zusammenhang mit der Finanzierung von „Anschaffungs- oder Herstellungskosten eines Wirtschaftsgutes" stehen, ohne daß die im Erlaß genannten „Begrenzungen" eingehalten worden sind (Tz. 29 des BMF-Schreibens vom 19. 5. 1993);
(2) Kontokorrentkonten, deren Schuldenstand sich nach dem Stichtag erhöht hat (Tz. 30 des BMF-Schreibens vom 19. 5. 1993).

Offenbar **nicht begünstigt** waren Darlehen zur *ausschließlichen* Finanzierung von

(1) **Werbungskosten** oder **Betriebsausgaben**, da keine „Anschaffungs- oder Herstellungskosten eines Wirtschaftsgutes" finanziert wurden,
(2) **Forderungen** oder **Umlaufvermögen**, da die Steuerschädlichkeit nicht auf der Nichteinhaltung der im Erlaß geregelten „Begrenzungen" beruht.[1]

Die Einschränkung wird damit begründet, daß eine Heilungsmöglichkeit nur erforderlich war, soweit es Auslegungsprobleme gab, die die Erlasse des Jahres 1993 beseitigt hatten. In den genannten Fällen war klar, daß der Einsatz einer Lebensversicherung stets steuerschädlich ist. In diesen Fällen besteht daher kein schutzwürdiges Interesse.

Daß **Zwischenanlagen** auf Giro- und Festgeldkonten als steuerschädliche kurzfristige Forderungsfinanzierungen interpretiert werden müssen, war meines Erachtens aber für den normalen Steuerbürger nicht ersichtlich. Derartige Fehler sollten daher heilungsfähig gewesen sein.

Mischfinanzierungen waren stets heilungsfähig, weil nicht absehbar war, daß sich die Finanzverwaltung auf den Standpunkt stellen würde, daß derartige Finanzierungen steuerschädlich sind. Denn nach dem Zweck der gesetzlichen Neuregelung wäre es auch denkbar, Gesamtfinanzierungen zuzulassen, solange der Lebensversicherungseinsatz auf die begünstigten Anschaffungs- oder Herstellungskosten begrenzt ist. Die sehr gekünstelt erscheinende Verpflichtung zur Aufnahme von zwei Darlehen war nicht unbedingt zu erwarten. **342**

Unzutreffend ist die Auffassung von *Horlemann,*[2] nach der betriebliche Inve-

[1] Gl. A. *Scheurmann-Kettner/Broudré,* DB 1993, S. 352.
[2] Vgl. *Horlemann,* LSW 1993 Gr. 5, S. 2002.

stitionsdarlehen, die die „Begrenzungen" des Erlasses verletzen, nicht heilungsfähig sein sollten. Zu Unrecht beruft er sich auf *Scheurmann-Kettner/Broudré*.[3] Offenbar ist *Horlemann* der Ansicht, daß steuerschädlich gewordene betriebliche Investitionsdarlehen keiner Übergangsregelung bedürfen, weil es in diesen Fällen die Schutzvorschrift des § 10 Abs. 2 Satz 2 Buchstabe c EStG gibt, die eine Totalschädlichkeit verhindert. Meines Erachtens läßt der Wortlaut des Erlasses keine derartige Beschränkung seines Anwendungsbereiches erkennen. Sie wäre auch sachlich nicht zu rechtfertigen. Auch im betrieblichen Bereich waren daher alle Investitionsfinanzierungen heilungsfähig, bei denen sich die Schädlichkeit aus der Verletzung der im Erlaß genannten „Begrenzungen" ergab. Lediglich „Betriebsmittelfestdarlehen", die nicht unter die Sonderregelung für Kontokorrentkredite nach Tz. 30 des BMF-Schreibens vom 19. 5. 1993 fallen, konnten nicht geheilt werden.

II. Heilungsfrist

– Vgl. BMF vom 14. 6. 1993 (*abgedruckt im* Anhang II.2); BMF vom 2. 11. 1993, Tz. 10 (*abgedruckt im* Anhang II.3) –

343 Die Heilung steuerschädlicher Finanzierungen muß bis zum 31. 12. 1993 durchgeführt sein, d. h.

(1) die fehlende Begrenzung der eingesetzten Versicherungsansprüche muß nachgeholt,
(2) zu hohe Darlehen müssen auf das erlaubte Maß zurückgeführt,
(3) weite Sicherungszweckerklärungen beseitigt und
(4) schädlich verwendete Policendarlehen müssen ganz oder teilweise zurückgezahlt werden.

Lediglich für den Eingang der in bestimmten Fällen (vgl. RdNr. 350) erforderlichen Verzichtserklärung bei der Lebensversicherung wurde die Frist in Tz. 10 des BMF-Schreibens vom 2. 11. 1993 bis zum 31. 3. 1994 verlängert.

Bei nicht heilungsfähigen Finanzierungen im Betriebsbereich muß der Einsatz der Erlebensfallansprüche vor Ablauf der Dreijahresfrist vollständig aufgehoben werden, was häufig nur möglich sein wird, wenn der Darlehensnehmer andere Sicherheiten stellen kann.

Nach dem ersten Erlaß vom 21. 12. 1992, der erst Ende Januar im Bundessteuerblatt veröffentlicht wurde, sollte die Heilung bis zum 30. 3. 1993 erfolgen. Diese Frist wurde dann kurz vor ihrem Ablauf durch Schreiben vom 12. 3. 1993 auf den 30. 6. 1993 verlängert. Der zweite Erlaß vom 19. 5. 1993 hielt an dieser knappen Frist, trotz einer Verschärfung der Rechtslage (Abtretungsbegrenzung bei Umschuldung, vgl. RdNr. 290) fest. Erst nach Intervention der Bundessteuerberater-, Wirtschaftsprüfer- und Rechtsanwaltskammer[4]

---

[3] DB 1993, S. 352.
[4] Vgl. Pressemitteilung, StB 1993, S. 257.

wurde die Frist um ein halbes Jahr verlängert. Ob diese Verlängerung ausreichend war, erscheint sehr zweifelhaft.

III. Durchführung der Heilung in Altfällen

1. Notwendigkeit der Heilung

– Vgl. BMF vom 19. 5. 1993, Tz. 12 Abs. 2, 29 letzter Satz (*abgedruckt im* Anhang II. 1) –

Viele Steuerberater hatten die Notwendigkeit, Maßnahmen zu ergreifen, lange Zeit nicht erkannt. Sie verschickten vorgefertigte Mandanteninfos, in denen man lesen konnte, daß Finanzierungen vor dem 14. 2. 1992 von der Neuregelung nicht betroffen seien. Das ist falsch. **Auch Altfälle können zwischenzeitlich steuerschädlich geworden sein**, wenn sich – was die Regel sein dürfte – im Darlehensvertrag, der Abtretungsvereinbarung oder den Allgemeinen Geschäftsbedingungen eine sogenannte Globalabtretungsklausel bzw. weite Sicherungszweckerklärung befand, wonach die abgetretene Lebensversicherung nicht nur das jeweilige Darlehen, sondern auch alle zukünftigen Verbindlichkeiten aus der Geschäftsbeziehung absichern sollte. 344

Beispiel: Eine Lebensversicherung dient aufgrund einer Globalabtretung als Sicherheit für einen 1990 aufgenommenen Immobilienkredit (Altfall).

(1) Aufgrund der Globalabtretung dient die Lebensversicherung gleichzeitig auch der Absicherung eines nach dem 13. 2. 1992 eingeräumten Betriebsmittelkredites (Neufall).

(2) Die Zinsen aus dem Immobilienkredit werden auf einem Kontokorrentkonto belastet, wodurch eine Schuld entsteht, die zu verzinsen ist. Aufgrund der Globalabtretung dient die Lebensversicherung auch der Absicherung dieses Kredits. Nach dem 13. 2. 1992 entstandene Zinsverbindlichkeiten, die auf dem Kontokorrentkonto verbucht werden (Neufall), führen zur Steuerschädlichkeit.

Da die Lebensversicherung nicht nur den Altfall, sondern auch einen steuerschädlichen Neufall absichert, liegt eine steuerschädliche Verwendung der Lebensversicherung vor.

Eine vor dem 31. 12. 1993 durchgeführte schuldrechtliche Beschränkung der Sicherungszweckerklärung führte auch dann zur Heilung, wenn die Steuerschädlichkeit schon vor der Anpassung eingetreten war. Das ergibt sich aus der Übergangsregelung nach Tz. 29 letzter Satz des BMF-Schreibens vom 19. 5. 1993: „Vereinbarungen nach Rz. 12 Abs. 2, die vor dem 1. Juli 1993 getroffen werden, werden rückwirkend anerkannt." Durch die Verlängerung der Heilungsfrist muß es statt 1. Juli jetzt heißen: 31. Dezember 1993.

Aus Vorsichtsgründen sollten die weiten Sicherungszweckerklärungen auch in den Fällen beseitigt worden sein, in denen eine Steuerschädlichkeit zunächst nicht eingetreten war und die nach den damals vorliegenden Erkenntnissen unproblematisch zu sein schienen, weil beispielsweise die Zinsaufwendungen 345 nicht auf einem Abwicklungskonto belastet, sondern per Lastschrift taggenau von einer (anderen) Bank eingezogen wurden. Denn es muß vermieden werden, daß durch die Aufnahme eines neuen, schädlichen Darlehens unbemerkt und ungewollt Steuerschädlichkeit eintreten kann. Einige Banken sahen diese Gefahr nicht und klammerten derartige Altfälle von der bankseitig initiierten Heilung aus.

346 Man sollte sich auch nicht darauf verlassen, daß die Belastung von Zinsen auf einem Kreditabwicklungskonto nicht zur Steuerschädlichkeit führt, weil das Abwicklungskonto **kein Darlehen** i. S. des § 10 Abs. 2 Satz 2 EStG darstellt (vgl. zum Problem der „ungewollten" Darlehen durch Belastung laufender Zinsen insbesondere RdNr. 66ff.).[5] Diese Auffassung scheint von der OFD Berlin für die im Zusammenhang mit einem Berlin-Darlehen stehenden Abwicklungskonten vertreten zu werden, was aber in dem diesbezüglichen Schreiben (Az. St 449-S 2252) an die Landesbank Berlin überhaupt nicht zum Ausdruck kommt:

„In den von Ihnen geschilderten Fällen sind die Kredite zur Refinanzierung eines Berlin-Darlehens nach § 17 Abs. 2 BerlinFG regelmäßig vor dem 1. 1. 1992 valutiert worden, so daß aus diesem Grund die Steuerschädlichkeit der Lebensversicherungsbeiträge des § 10 Abs. 2 EStG hier nicht greifen kann. Bei der Abwicklung der sich gegenseitig bedingenden Geschäfte über ein Girokonto ist meines Erachtens auch der Tatbestand der Tz. 25 des BMF-Schreibens vom 21. 12. 1992 nicht gegeben. Dabei ist Voraussetzung, daß der Kontokorrentkredit mit einer Lebensversicherung gesichert ist. Bei den hier in Frage stehenden Fällen wird jedoch nicht das der Abwicklung dienende Girokonto mit der Lebensversicherung gesichert, sondern das refinanzierte Berlin-Darlehen."

Diese Begründung überzeugt nicht. Wenn – was zu vermuten ist – der Normalfall einer weiten Sicherungszweckerklärung vorliegt, dann nützt es gerade nichts, daß die Lebensversicherung nur der Absicherung des Refinanzierungsdarlehens dienen „sollte", wenn durch die weite Sicherungszweckerklärung tatsächlich auch das Berlin-Darlehens-Abwicklungskonto abgesichert wird.[6] So ungerecht es auch erscheinen mag: Nach dem Gesetzeswortlaut kommt es nicht darauf an, ob der Einsatz der Lebensversicherung zur Sicherung gewollt oder ungewollt zustandegekommen ist. Es genügt, daß die Lebensversicherung der Sicherung eines schädlichen Darlehens „dient". Abgesehen von diesen Begründungsmängeln hilft ein solches Schreiben der OFD Berlin allenfalls den dort wohnenden Steuerpflichtigen, nicht aber in anderen Bundesländern.

347 Außer durch weite Sicherungszweckerklärungen können Altfälle nur noch durch eine Verletzung der Spielregeln für Umschuldungen und Prolongationen steuerschädlich werden. Der Umstand, daß das Altfalldarlehen für aus heutiger Sicht steuerschädliche Zwecke verwendet wurde, kann dagegen niemals zum Verlust der Steuerprivilegien führen. Das gilt sogar für eine Umwidmung nach dem 13. 2. 1992 (vgl. RdNr. 317).

---

[5] Gl. A. *Horlemann,* LSW 1993 Gr. 5, S. 2004.
[6] Gl. A. *Broudré,* 1994, S. 48.

2. Form der Heilung

– Vgl. BMF vom 19. 5. 1993, Tz. 12 (*abgedruckt im* Anhang II. 1); BMF vom 2. 11. 1993, Tz. 10 (*abgedruckt im* Anhang II.3) –

In Neufällen muß eine Begrenzung der eingesetzten Lebensversicherungsan- 348
sprüche in der Abtretungsvereinbarung erfolgen, d. h. mit dinglicher Wirkung. Dementsprechend können weite Sicherungszweckerklärungen in Neufällen nur auf dinglichem Wege begrenzt werden.[7] Die Beschränkung muß der Versicherungsgesellschaft angezeigt werden, um Wirksamkeit zu entfalten. Diese Form der Beschränkung konnte auch in Altfällen gewählt werden. Die dingliche Rückzession der überschießenden Ansprüche erforderte die betragsmäßige Konkretisierung durch Einsichtnahme in jede einzelne Kreditakte. Dies war mit erheblichem Verwaltungsaufwand für die Banken verbunden. Einige wenige Banken waren daher dazu übergegangen, die Erlebensfallansprüche vollständig zurück abzutreten, so daß eine Absicherung durch die Lebensversicherung nur noch im Todesfall besteht.

Die meisten Banken sind einen anderen Weg gegangen. Um sich die Ein- 349
sichtnahme in jede Kreditakte zu ersparen, haben sie per Serienbrief schuldrechtlich wirkende Änderungen der Sicherungszweckerklärungen angeregt, ohne die Abtretung selbst zu begrenzen. Durch ihr Vorgehen haben sie Fakten geschaffen, die von der Finanzverwaltung nunmehr in Tz. 12 Abs. 2 des BMF-Schreibens vom 19. 5. 1993 akzeptiert worden sind, allerdings nur für Altfälle („Wurden vor dem 14. Februar 1992 Ansprüche aus Lebensversicherungen . . .“) und leider nicht ohne daß zusätzliche Maßnahmen erforderlich werden:

„. . . reicht die Einschränkung durch eine Sicherungsabrede allein nicht aus. Erforderlich ist zusätzlich, daß . . . der Sicherungsnehmer unverzüglich gegenüber dem Lebensversicherer darauf verzichtet, die abgetretenen Ansprüche aus Lebensversicherungsverträgen geltend zu machen, soweit sie über die Ansprüche aus dem nämlichen Darlehen hinausgehen. Dies gilt entsprechend, wenn die Abtretung sich nicht auf bestimmte (Darlehens-)Konten, z. B. Kontokorrentkonten, erstrecken soll.“

Die schuldrechtliche Änderung der Sicherungszweckerklärung unter Auf- 350
rechterhaltung der vollen Abtretung wurde von der Finanzverwaltung somit nur anerkannt, wenn die Banken die geforderte **Verzichtserklärung** abgaben. Die Kreditwirtschaft zeigte sich von dieser neuen Anforderung überrascht,[8] zumal die zivilrechtliche Bedeutung der Verzichtserklärung völlig im Dunkeln liegt. *Wacker*[9] erblickt hierin unter Berufung auf *Heinrichs*[10] ein sog. „pactum de non petende“ zugunsten des Lebensversicherungsunternehmens, welches letz-

---

[7] Zur Formulierung vgl. Muster-Rückzessionsformulare (abgedruckt im Anhang III.3).

[8] So *Dahm*, DStZ 1993, S. 394.

[9] *Wacker*, NWB 1993 F. 3, S. 8728.

[10] Vgl. *Heinrichs*, in: *Palandt*, Bürgerliches Gesetzbuch, 54. Aufl. 1995, § 397, Tz. 3.

terem die **Einrede** gewähren soll, Leistungen aus dem Lebensversicherungsvertrag an den Darlehensgeber (= Sicherungsnehmer) nur bezüglich der besicherten, d. h. der eingeschränkten Darlehensansprüche erbringen zu müssen.

Eine **Verpflichtung**, nur einen Teil der Lebensversicherungsansprüche an die Bank auszuzahlen, entsteht damit für die Lebensversicherungsgesellschaft jedenfalls nicht.[11] Allenfalls wird ein Recht zur teilweisen Auszahlung an den Versicherungsnehmer begründet.

Der einzige Zweck der Verzichtserklärung besteht daher wohl darin, feststellen zu können, zu welchem Zeitpunkt die Heilung durchgeführt wurde. Die Finanzverwaltung traut offenbar den Steuerpflichtigen und ihren Banken zu, daß sie noch nach Ablauf der offiziellen Heilungsfrist zum 31. 12. 1993 schädliche Sicherungszweckerklärungen durch rückdatierte unschädliche ersetzen. Durch die Verzichtserklärung gegenüber dem Versicherer soll diese Möglichkeit ausgeschlossen werden. So kann das Datum auf der geänderten Sicherungszweckvereinbarung bei einer späteren Außenprüfung mit dem Eingangsstempel der Versicherung auf der Verzichtserklärung abgestimmt werden.

Die Verzichtserklärung muß „unverzüglich" erfolgen, d. h. ohne schuldhaftes Zögern. Diese Formulierung ist vor dem Hintergrund der ursprünglich nur bis zum 30. 6. 1993 laufenden Heilungsfrist zu sehen. Da die Notwendigkeit der Verzichtserklärung erst durch das BMF-Schreiben vom 19. 5. 1993 aufgestellt wurde, wäre eine Heilung bis zum 30. 6. 1993 nicht möglich gewesen. Nachdem die Frist durch Tz. 10 des BMF-Schreibens vom 2. 11. 1993 nochmals bis zum 31. 3. 1994 verlängert wurde, wird man davon ausgehen müssen, daß der Verzicht bis zu diesem Zeitpunkt erklärt worden sein muß.

In Tz. 10 des BMF-Schreibens vom 2. 11. 1993 wird sogar ein – wohl nicht verbindlicher – Formulierungsvorschlag von der Finanzverwaltung bereitgestellt:

> „Soweit Ihnen zu unseren Gunsten die Abtretung von Ansprüchen aus Lebensversicherungsverträgen angezeigt worden ist, verzichten wir darauf, die abgetretenen Ansprüche aus den Lebensversicherungsverträgen geltend zu machen, soweit sie über die durch den Sicherungsvertrag abgesicherten Ansprüche hinausgehen."

Hart getroffen wurden hiervon die Banken, die geänderte Sicherungszweckerklärungen an alle Kunden verschickt haben ohne Rücksicht darauf, ob diese überhaupt eine Lebensversicherung im Einsatz haben. Sie mußten nun unter erheblichem Zeitdruck doch noch alle alten Akten zur Hand nehmen, um herauszufinden, gegenüber welchen Versicherungsgesellschaften überhaupt Verzichtserklärungen erforderlich sind. Um das Verfahren zu beschleunigen, gestattet es die Finanzverwaltung, wenn die Banken dem Angebot zur Änderung der Sicherungszweckvereinbarung die Verzichtserklärung gleich beifügen und der Kunde beides an die Versicherungsgesellschaft weiterleitet, sofern er eine Lebensversicherung abgetreten hat.

---

[11] Vgl. hierzu auch *Horlemann,* DStZ 1993, S. 514 (im wesentlichen gl. A.).

In jedem Fall muß auch das betroffene Darlehen eindeutig (z. B. durch Übersendung des Sicherungsvertrags) bezeichnet werden.[12]

Die Verzichtserklärung setzt eine **wirksame Änderungsvereinbarung** zwischen Darlehensnehmer und Darlehensgeber voraus. Daran dürfte es in der Mehrzahl der Fälle letztendlich fehlen. Denn die meisten Banken haben ihren Kunden bisher nur ein **Angebot** zur Beschränkung der Sicherungszweckerklärungen gemacht, ohne deutlich genug darauf hinzuweisen, daß dieses Angebot der **Annahme durch den Kreditnehmer** bedarf. Ganz im Gegenteil haben sie regelmäßig geschrieben, daß sie von der Annahme des Angebotes durch den Kunden ausgehen, wenn dieser sich nicht meldet.[13] Dies geschah auf Rat des Bundesverbandes der Banken, der von der Anwendbarkeit des § 151 BGB auf Fälle der vorliegenden Art ausgeht. Wäre diese Auffassung zutreffend, könnte auf die Annahmeerklärung verzichtet werden.[14] Die Rechtsprechung ist bei der Anwendung dieser Vorschrift jedoch eher zurückhaltend. In der vorliegenden Problematik gibt es noch keine Entscheidung und auch keinen vergleichenbaren Fall. Es ist daher zweifelhaft, ob ein Anwendungsfall dieser Vorschrift vorliegt. Dagegen spricht, daß das Angebot nicht nur vorteilhaft sein muß. Denn mit der Einschränkung des Sicherungszwecks könnte die Bank sich veranlaßt sehen, andere Sicherheiten zu fordern. Es ist daher dringend ratsam, die Annahme des Angebotes (schriftlich) zu erklären, wenn man nicht ohnehin den sicheren Weg der dinglichen Rückzession gehen will. 351

3. Beseitigung weiter Sicherungszweckerklärungen nach Ablauf der Heilungsfrist

– Vgl. BMF vom 19. 5. 1993, Tz. 12 Abs. 2 (*abgedruckt im* Anhang II.1) –

In Altfällen kann die Beseitigung einer weiten Sicherungszweckerklärung durch *schuldrechtliche Änderung* und Verzichtserklärung auch noch nach Ablauf der allgemeinen Heilungsfrist (31. 12. 1993) erfolgen. 352

Nach Tz. 12 Abs. 2 des BMF-Schreibens vom 19. 5. 1993 muß die Heilung allerdings vor dem Entstehen des Neufalles erfolgen. Im Erlaß heißt es dazu „vor der Entstehung der weiteren Forderung". Hierbei handelt es sich um einen Formulierungsfehler.[15] Es müßte heißen: vor dem Entstehen der weiteren „Darlehensforderung". Dies ist ein erheblicher Unterschied.

Beispiel: Eine Versicherungsgesellschaft hat ein Hypothekendarlehen gewährt, das vor dem 14. 2. 1992 mit einer Lebensversicherung abgesichert war (Altfall). Der Darlehensnehmer bezahlt die Hypothekenzinsen nicht (potentiell steuerschädlicher Neufall). Es entsteht also eine Forderung, die allerdings noch kein Darlehen ist, da sie nicht – wie

---

[12] Vgl. *Broudré,* 1994, S. 49.

[13] Vgl. Muster-Änderungsvereinbarung (*abgedruckt im* Anhang III.3a), letzter Satz.

[14] Auch *Broudré,* 1994, S. 48 hält eine „einseitige Erklärung des Darlehensgebers gegenüber dem Darlehensnehmer, die Lebensversicherungsansprüche insoweit nicht mehr in Anspruch zu nehmen" für ausreichend.

[15] Vgl. *Broudré,* 1994, S. 48.

bei den Banken – auf einem Kreditabwicklungskonto gebucht wird. Diese Forderung wird erst nach 12 Monaten zu einem Darlehen. Selbst wenn Verzugszinsen berechnet werden, entsteht kein kreditähnliches Verhältnis. Die Heilung kann also noch bis zum Ablauf der Zwölfmonatsfrist nach Entstehung der Forderung erfolgen.

4. Fälligkeit der Lebensversicherung vor Ablauf der Bereinigungsfrist

– Vgl. BMF vom 26. 9. 1994, Tz. 3 (*abgedruckt im* Anhang II.8) –

353 Ist eine steuerschädlich eingesetzte Lebensversicherung vor Ablauf der Bereinigungsfrist fällig oder wegen Eintritts des Sicherungsfalls gekündigt worden, ist eine Bereinigung nach Tz. 3 des BMF-Schreibens vom 26. 9. 1994 nicht mehr möglich. Eine „Selbstheilung“ könne in derartigen Fällen grundsätzlich nicht unterstellt werden. M. E. kann der Umstand, daß die Heilung durch Fälligwerden der Lebensversicherung unmöglich geworden ist, nicht zu Lasten des Steuerpflichtigen gehen. Soweit eine Heilung möglich gewesen wäre, ist davon auszugehen, daß sie auch genutzt worden wäre. Vor dem Hintergrund der Fälligkeit erschien dies den Parteien – zu Recht – unnötig.

354–360 *(einstweilen frei)*

IV. Durchführung der Heilung in Neufällen

1. Mitfinanzierung eines Disagios

– Vgl. BMF vom 19. 5. 1993, Tz. 29 (*abgedruckt im* Anhang II.1) –

361 War die Steuerschädlichkeit dadurch eingetreten, daß bei einer Erstfinanzierung ein Disagio (und/oder andere einmalige bankübliche Finanzierungskosten) mitfinanziert wurde(n), ohne daß die Abtretung auf die Anschaffungs- oder Herstellungskosten der begünstigten Wirtschaftsgüter begrenzt wurde, mußte die Begrenzung während der Heilungsfrist nachgeholt werden. Sofern der Lebensversicherungseinsatz mit dinglicher Wirkung erfolgte (Abtretung), mußte auch die Begrenzung mit dinglicher Wirkung vorgenommen werden (Tz. 12 des BMF-Schreibens vom 19. 5. 1993). Entweder mußte die ursprüngliche Abtretung aufgehoben und durch eine neue, begrenzte Abtretung ersetzt oder es mußten die überschießenden Ansprüche zurückübertragen werden (Rückzession). Die Rückzession mußte[16] der Versicherungsgesellschaft angezeigt werden.

Beispiel: Der Kaufpreis von 100000 DM für eine Immobilie wurde einschließlich eines Disagios von 10000 DM durch ein Darlehen über 110000 DM finanziert. Die Abtretung der Lebensversicherung wurde nicht auf 100000 DM begrenzt.

---

[16] Vgl. *Dahm,* DStZ 1993, S. 395.

Die Ansprüche mußten in Höhe von 10000 DM mit dinglicher Wirkung zurück abgetreten und dieser Vorgang der Versicherung angezeigt werden.

Wurde bei einer Umschuldung oder Prolongation ein neues Disagio vereinbart und mitfinanziert, müssen sowohl das Darlehen als auch die Abtretung auf die Restvaluta ohne Disagio zurückgeführt werden. Dies gilt auch für Altfälle.

2. Mischfinanzierung mit Gesamtdarlehen

– Vgl. BMF vom 19. 5. 1993, Tz. 29 (*abgedruckt im* Anhang II. 1) –

Bei Darlehen, die unter anderem auch der Finanzierung von nicht begünstigten Wirtschaftsgütern (Umlaufvermögen, Forderungen) dienten (Tz. 29 des BMF-Schreibens vom 19. 5. 1993), mußte vor dem 31. 12. 1993 der steuerschädliche Einsatz der Lebensversicherung „beseitigt" werden. D. h., Abtretungen mußten begrenzt, Policendarlehen ganz oder teilweise zurückgezahlt werden, um die Steuerprivilegien der Lebensversicherung zu erhalten. **362**

Beispiel: Der Kaufpreis von 100000 DM für einen Betrieb, Teilbetrieb, Mitunternehmer- oder Immobilienfondsanteil wurde durch ein Gesamtdarlehen finanziert. Die Lebensversicherungsansprüche wurden begrenzt auf die Höhe der Anschaffungskosten begünstigter Wirtschaftsgüter (80000 DM).

(1) Die Abtretung mußte aufgehoben und der Kredit durch ein Darlehen in Höhe von 80000 DM abgelöst werden. Für das **Ablösedarlehen** konnte eine Lebensversicherung eingesetzt werden. Ein Disagio für das Ablösedarlehen sollte nicht mitfinanziert worden sein, da nicht sicher ist, ob eine Umschuldung innerhalb der Heilungsfrist noch als Erstfinanzierung gilt.

(2) Durch eine (ggf. fremdfinanzierte) **Sondertilgung** wird das Ursprungsdarlehen auf die begünstigten Aufwendungen in Höhe von 80000 DM zurückgeführt. Die Abtretung mußte durch Rückzession von 20000 DM entsprechend begrenzt werden.

Die gleichen Grundsätze müssen meines Erachtens Anwendung finden, wenn neben begünstigten Wirtschaftsgütern auch Werbungskosten oder Betriebsausgaben durch ein Gesamtdarlehen mitfinanziert worden sind. **363**

Beispiel: Der Kaufpreis für eine Immobilie beträgt 500000 DM. Die Bank hat 5000 DM Zinsen für das erste Quartal und 100 DM Gebühren für eine telegraphische Überweisung vom Darlehensbetrag (500000 DM) einbehalten und nur 494900 DM ausbezahlt. Da es sich nicht um einmalige bzw. banküblich Finanzierungskosten handelt, ist die Mitfinanzierung steuerschädlich.

(1) Der Darlehensnehmer hat die Differenz von 5100 DM an den Käufer überwiesen. Durch eine Sondertilgung mußte das Darlehen auf 494900 DM zurückgeführt werden. Die Abtretung mußte auf diesen Betrag begrenzt werden.

(2) Die Bank zahlt die Differenz an den Verkäufer der Immobilie aus. Der Darlehensnehmer begleicht die Kosten mit Eigenmitteln. Abtretung und Darlehen betragen 500000 DM.

Außerdem können meines Erachtens steuerschädliche **Zwischenanlagefälle** geheilt werden, wenn wenigstens ein Teil der Darlehensmittel innerhalb der 30-Tage-Frist für begünstigte Zwecke verwendet wurde.

Beispiel: Ein Baudarlehen wurde vor Baubeginn auf ein Girokonto ausbezahlt. Die ersten Baurechnungen werden
(1) innerhalb von 30 Tagen
(2) später als 30 Tage
nach Valutierung des Darlehens bezahlt. Im ersten Fall liegt eine Mischfinanzierung vor. Die Heilung erfolgt durch vollständige Aufhebung der Abtretung für den Erlebensfall. Im zweiten Fall hilft dies nicht weiter, weil die Lebensversicherung unheilbar schädlich geworden ist. Handelt es sich um eine betriebliche Finanzierung, tritt nur partielle Steuerpflicht ein. Im Privatvermögen liegt Totalschädlichkeit vor.

3. Kontokorrentkredite

– Vgl. BMF vom 19. 5. 1993, Tz. 30 (*abgedruckt im* Anhang II. 1); BMF vom 26. 9. 1994, Tz. 2 (*abgedruckt im* Anhang II.8) –

364 Bei Kontokorrentkonten mußte die „Besicherung des Kontokorrentkontos mit einer Lebensversicherung rückgängig gemacht" werden (Tz. 30 des BMF-Schreibens vom 19. 5. 1993). Darunter war die **vollständige Aufhebung** der Abtretung zu verstehen. Nach dem Wortlaut des Erlasses genügte es demnach nicht, den Kreditsaldo auf den Stand am 13. 2. 1992 zurückzuführen und einzufrieren.

Erst durch das BMF-Schreiben vom 26. 9. 1994 (Tz. 2) wurde bekannt, daß auch diese Fälle hätten geheilt werden können:

„Bei einem Kontokorrentkonto ist zwischen dem eingeräumten Kreditrahmen und dem tatsächlich in Anspruch genommenen Kredit zu unterscheiden. Da es sich bei einem Kontokorrentkredit in Höhe des jeweils neu in Anspruch genommenen (Kredit-)Betrags um ein neu aufgenommenes Darlehen handelt, liegt nur in Höhe des am 13. Februar 1992 tatsächlich in Anspruch genommenen Kredits ein Altfall i. S. des § 52 Abs. 13a Satz 4 EStG vor.

Bei Altfall-Umschuldungen treten daher folgende steuerliche Wirkungen ein:

- Hat sich der Schuldenstand nach dem 13. Februar 1992 ohne zwischenzeitliche Tilgung weiter erhöht, ist eine Altfall-Umschuldung in Höhe des Schuldenstandes am 13. Februar 1992 steuerunschädlich möglich.
- Wurde ein Teil der Schulden zwischenzeitlich getilgt, und hat sich der Schuldenstand ggf. zwischenzeitlich wieder erhöht, ist eine steuerunschädliche Altfall-Umschuldung nur in Höhe des seit dem 14. Februar 1992 niedrigsten Schuldsaldos, bezogen auf den jeweiligen Tagessaldo, möglich. Die Überprüfung der Salden zu den jeweiligen vierteljährlichen Abrechnungsstichtagen reicht insoweit nicht aus, weil in der täglichen Inanspruchnahme des Kontokorrentkredits jeweils eine Darlehensaufnahme liegt. War das Konto vorübergehend ausgeglichen oder wies es ein Guthaben aus, ist eine steuerunschädliche Umschuldung i. S. der Altfall-Regelung nicht mehr möglich."

Beispiel: Ein Unternehmer hat einen Kreditspielraum von 500000 DM. Dieser war am 13. 2. 1992 mit 300000 DM ausgeschöpft. Nach dem 13. 2. 1992 hat sich der Kredit wieder auf den Normalstand von 500000 DM erhöht und hat seither stets im Bereich zwischen 300000 DM und 500000 DM geschwankt. In diesen Fällen erlaubt die Finanzverwaltung nunmehr eine Aufspaltung des Darlehens/Kontokorrentkredits in ein Altdarlehen und ein Neufalldarlehen.

Im Beispielfall kann ein Festdarlehen von 300000 DM aufgenommen werden, das zur (teilweisen) Ablösung des Kontokorrentkredites verwendet wird.

Dieses Darlehen stellt einen Altfall dar, der durch eine Lebensversicherung steuerunschädlich abgesichert werden kann. Bei Kontokorrentkrediten funktioniert dieser Heilungsweg allerdings nur dann, wenn das Kontokorrentkonto nach dem 13. 2. 1992 nicht getilgt worden ist. Soweit Tilgungen vorgekommen sind, richtet sich der Umschuldungsspielraum nach dem niedrigsten Saldo zwischen dem 13. 2. 1992 und dem Zeitpunkt der Umschuldung.

Beispiel: Der Kontokorrentkredit hat sich nach dem 13. 2. 1992 von 300000 DM auf 0 DM abgebaut und ist dann wieder auf 500000 DM gestiegen. Die Herauslösung eines Altfalldarlehens im Wege der Umschuldung ist in diesem Fall nicht möglich.

Ein nicht heilungsbedürftiger **Altfall** liegt vor, wenn der Kreditsaldo nach **365** dem 13. 2. 1992 entweder gleich geblieben ist oder sich vermindert hat.

4. Weite Sicherungszweckerklärung

– Vgl. BMF vom 19. 5. 1993, Tz. 12 Abs. 2 (*abgedruckt im* Anhang II. 1) –

Wurde in einem Neufall, der alle Voraussetzungen für die Steuerbefreiung **366** der Zinserträge erfüllt, eine weite Sicherungszweckerklärung vereinbart, kann die Aufnahme eines weiteren Darlehens, das die neuen Bedingungen nicht erfüllt, unbemerkt und ungewollt zur Steuerschädlichkeit geführt haben.

Beispiel: Zur Absicherung eines nach dem 13. 2. 1992 aufgenommenen Immobilienanschaffungsdarlehens, das alle Bedingungen einer steuerunschädlichen Finanzierung erfüllt, wurde eine Lebensversicherung abgetreten. Der Darlehensvertrag enthält eine weite Sicherungszweckerklärung. Vor dem 31. 12. 1993 wurde
(1) ein Betriebsmittelkredit
(2) ein Darlehen zum Kauf eines Mitunternehmeranteils
eingeräumt. Obwohl der Lebensversicherungseinsatz nur beim ersten Darlehen gewollt war, kommt es durch die Aufnahme des zweiten Darlehens zur Steuerschädlichkeit und zwar auch ohne ausdrückliche Bezugnahme auf die abgetretene Lebensversicherung.

Durch dingliche Rückzession der überschießenden Ansprüche während der Heilungsfrist konnte die weite Sicherungszweckerklärung beseitigt und die Schädlichkeit geheilt werden. Die bloß schuldrechtliche Änderung der Sicherungszweckerklärung genügte nicht, da die Tz. 12 Abs. 2 des BMF-Schreibens vom 19. 5. 1993 nur auf Fälle anwendbar ist, in denen die Lebensversicherung vor dem 14. 2. 1992 eingesetzt worden war.

Meines Erachtens waren beide Beispielfälle heilbar. Nur wenn sich die Steu- **367** erschädlichkeit aus einem gezielten Einsatz der Lebensversicherung zur Absicherung eines Betriebsmittelkredites ergab, war die Heilung ausgeschlossen. Ergab sich die Steuerschädlichkeit dagegen nicht aus einem gezielten Einsatz, sondern (unbemerkt und automatisch) aus einer weiten Zweckerklärung, sollte die Heilung meines Erachtens stets möglich gewesen sein. Denn die Schädlichkeit ergab sich primär – und das ist meines Erachtens entscheidend – aus der fehlenden Abtretungsbegrenzung. Es kommt also nicht darauf an, ob das schädliche Neudarlehen in die beiden Fallgruppen der Tz. 29, 30 des BMF-

Schreibens vom 19. 5. 1993 eingeordnet werden kann, also ob das neue Darlehen ein Betriebsmittelkredit ist oder der Finanzierung von begünstigten Wirtschaftsgütern dient.

5. *Baufinanzierungen*

– Vgl. BMF vom 19. 5. 1993, Tz. 19, 29 (*abgedruckt im* Anhang II.1) –

368 Bauzwischen- und andere Investitionsfinanzierungen können dadurch steuerschädlich geworden sein, daß die Dreimonatsfrist (Tz. 19 des BMF-Schreibens vom 19. 5. 1993) überschritten wurde.

Nach Tz. 29 ist eine Heilung immer dann möglich, wenn „die vorgenannten Begrenzungen" nicht eingehalten worden sind. Damit sind alle zeitlichen Begrenzungen des Erlasses gemeint, nicht nur die 30-Tage-Regelung, so *Broudré* auf einer Seminarveranstaltung am 16. 11. 1993. Somit hat eine Heilung auch dann automatisch stattgefunden, wenn bei einem Vorschaltdarlehen gemäß Tz. 19 die Dreimonatsfrist überschritten wurde, vorausgesetzt die Endfinanzierung ist bis zum 31. 12. 1993 erfolgt.

Beruhte die Steuerschädlichkeit darauf, daß auf dem Zwischenfinanzierungskonto ein Guthaben für mehr als 30 Tage vorhanden war, lag meines Erachtens eine heilbare Steuerschädlichkeit wegen Mischfinanzierung (vgl. RdNr. 363) vor, wenn das Guthaben innerhalb der 30-Tages-Frist wenigstens teilweise verwendet wurde. Die Heilung konnte allerdings nur dadurch erfolgen, daß der Einsatz der Erlebensfallansprüche vollständig aufgehoben wurde.

6. *Umschuldungen*

369 Wurde es anläßlich einer Umschuldung oder Prolongation versäumt, die Abtretung auf die Restvaluta (ggf. abzüglich ursprüngliches Disagio) zurückzuführen, konnte dies durch eine Rückzession vor dem Stichtag geheilt werden. Wurde die Restvaluta z. B. durch Mitfinanzierung eines neuen Disagios überschritten, mußte das Darlehen durch eine Sondertilgung auf den zulässigen Betrag zurückgeführt werden.

7. *Zwischenanlagen*

370 Die Festgeldkontenproblematik wurde meines Erachtens nicht frühzeitig genug als gravierendes Massenproblem, das bei den meisten Finanzierungen eine Rolle spielt, erkannt. Derartige Fälle müssen meines Erachtens als geheilt angesehen werden, wenn die endgültige Verwendung der Darlehensmittel für begünstigte Zwecke bis zum 31. 12. 1993 erfolgt war (vgl. RdNr. 318). Die Finanzverwaltung sieht diese Fälle jedoch als unheilbare Forderungsfinanzierungen an. Nur wenn wenigstens ein Teil der Darlehensmittel während der 30-

Tage-Frist für begünstigte Zwecke verwendet wurde, besteht die Möglichkeit der Heilung durch vollständige Aufhebung der Abtretung, da eine Mischfinanzierung vorliegt (vgl. RdNr. 363). Zu prüfen ist, ob Steuerschädlichkeit möglicherweise deshalb nicht vorliegt, weil Liebhaberei gegeben ist (vgl. RdNr. 95).

8. Immobilienfonds

– Vgl. BMF vom 19. 5. 1993, Tz. 11, 19 (*abgedruckt im* Anhang II.1) –

Einlagenfinanzierungen bei Immobilienfonds wurden meist analog zu Tz. 11 **371** des BMF-Schreibens v. 19. 5. 1993 bis zur Höhe des Prozentsatzes der anteilig auf den Gesellschafter entfallenden Anschaffungs- oder Herstellungskosten mit Lebensversicherungen finanziert. Auf die Mittelverwendung im Fonds wurde keine Rücksicht genommen. Es ist daher zu vermuten, daß alle derartigen Finanzierungen steuerschädlich sind, weil der Fonds aus Unkenntnis der Problematik die Einlage nicht unmittelbar und/oder ausschließlich für begünstigte Zwecke verwendet hat.

Beispiel: (1) Der Fonds sammelt die Einlagen auf einem Festgeldkonto.

(2) Die erste Einlagenrate wird zur Finanzierung der Eigenkapitalvermittlungsgebühr und anderer Werbungskosten verwendet.

(3) Die Einlagen werden zur Umschuldung verwendet. Der Gesellschafter hatte ein Disagio mitfinanziert.

Wurden die Einlagen unmittelbar sowohl zur Finanzierung von Werbungskosten als auch für Anschaffungs- oder Herstellungskosten verwendet, sind die Grundsätze für Mischdarlehen anzuwenden. Die Heilung erfolgte dann durch Aufteilung in zwei Darlehen durch Umschuldung oder Sondertilgung. Wurden die Einlagen dagegen ausschließlich zur Finanzierung von Werbungskosten verwendet, war eine Heilung wohl nicht möglich.

Wurden die Einlagen zur Ablösung einer Zwischenfinanzierung verwendet, die kein Bauvorschaltdarlehen i. S. der Tz. 19 des Erlasses vom 19. 5. 1993 ist, könnte die Steuerschädlichkeit durch die Mitfinanzierung eines Disagios eingetreten sein. In diesem Fall war eine Sondertilgung oder Umschuldung erforderlich wie bei anderen Mischfinanzierungen. Außerdem mußte die Abtretung begrenzt werden.

9. Selbstgenutzte Wohnung

Ist ein Arbeitszimmer, eine Garage oder ein fremdvermietetes Zimmer vor- **372** handen, befindet sich die Finanzierung im steuerrelevanten Bereich. Steuerschädlichkeit läßt sich nur durch Einhaltung aller neuen Finanzierungsregeln vermeiden. In Altfällen droht Gefahr aufgrund der in jedem Darlehensvertrag zu findenden weiten Sicherungszweckerklärung (vgl. RdNr. 344). Auch bei Umschuldungen und Prolongationen z. B. nach Ablauf der Zinsbindung kann es leicht zur Steuerschädlichkeit kommen. Viele Banken haben diese Finanzierungen jedoch bei ihren Heilungsversuchen ausgenommen, weil sie die Frage der Steuerrelevanz zu oberflächlich beurteilen.

Hier dürfte in einer Vielzahl von Fällen Steuerschädlichkeit eingetreten sein.

In Neufällen besteht, außer durch weite Sicherungszweckerklärungen, noch die zusätzliche Gefahr, daß die Steuerrelevanz der Finanzierung nicht erkannt und daher auf die Einhaltung der neuen Spielregeln für Erstfinanzierungen verzichtet wurde. Die Finanzierung wurde also möglicherweise zu lange auf Festgeld- und Girokonten belassen, die Abtretung nicht oder bloß schuldrechtlich begrenzt, außer den erlaubten Finanzierungs- wurden auch andere Werbungskosten mitfinanziert, usw. Derartige Fehler konnten nur nach den allgemeinen Regeln geheilt werden.

373–390 *(einstweilen frei)*

F. Zusammenfassung der wichtigsten Regeln

(1) Die Finanzierungsregeln sollten **immer beachtet** werden, auch wenn die Finanzierung zunächst im steuerlich irrelevanten Privatbereich erfolgt. Durch nicht vorhersehbare Nutzungs- oder Rechtsprechungsänderungen kann es anderenfalls zur Steuerschädlichkeit kommen. Auch genügt eine nur ganz geringfügige und kurzfristige Nutzung im Rahmen der Einkunftserzielung, um – bei Nichteinhaltung der neuen Spielregeln – zum Totalverlust aller Steuervorteile zu führen.

(2) Ein **Disagio** darf nur bei Erstfinanzierungen mitfinanziert werden, wobei die Abtretung auf den Betrag der begünstigten Anschaffungs- oder Herstellungskosten begrenzt werden muß und zwar bereits im Zeitpunkt der Abtretung, nicht erst in einer späteren Sicherungszweckerklärung.

(3) **Weite Sicherungszweckerklärungen** der Art, daß die Versicherung nicht nur für das gerade aufgenommene Darlehen, sondern auch für alle weiteren Schulden aus der Geschäftsbeziehung als Sicherheit dienen soll, dürfen nicht mehr akzeptiert werden. Es sollte immer eine Begrenzung der Abtretung auf die ursprüngliche Hauptschuld (ohne Zinsen) erfolgen. Bei Policendarlehen muß § 39 VVG ausgeschlossen werden. Vorsichtshalber sollte auch das AGB-Pfandrecht ausdrücklich für nicht anwendbar erklärt werden.

(4) Bei **Mischfinanzierungen** ist Vorsicht geboten. Müssen (zwangsläufig) schädliche und unschädliche Aufwendungen gleichzeitig finanziert werden (Kaufpreis zuzüglich Mehrwertsteuer, Kauf von Betrieben und Anteilen an Personengesellschaften), sind zwei Darlehen bzw. Eigenkapital erforderlich. Eine 100%-ige Finanzierung durch ein Gesamtdarlehen ist stets steuerschädlich.

(5) Bei **Umschuldungen** darf ein neues Disagio nicht mitfinanziert werden. Es muß immer separat aus Eigenmitteln oder einem weiteren Kredit (von einer anderen Bank) bezahlt werden. Außerdem müssen Tilgungen berücksichtigt werden. Das Ablösedarlehen darf die Restvaluta nicht übersteigen. Die Abtretung muß auf die Restvaluta (ggf. abzüglich ursprüngliches Disagio) zurückgeführt werden und zwar mit dinglicher Wirkung.

(6) Nur **bestimmte Wirtschaftsgüter**, die der langfristigen Einkunftserzielung dienen, sind begünstigt. Lebensversicherungsansprüche dürfen nicht zur Finanzierung von Umlaufvermögen, kurzfristigen Anlagen im Privatvermögen, Werbungskosten, Betriebsausgaben oder Forderungen eingesetzt werden.

(7) Wird das **Investitionsobjekt verkauft** (Umwidmung), muß der Erlös steuerunschädlich verwendet werden.

(8) Darlehen für begünstigte Investitionen müssen unmittelbar zur Finanzierung der Anschaffungs- oder Herstellungskosten verwendet werden. Die **Zwi-**

schenanlage auf Festgeld-, Treuhand- oder Girokonten von mehr als 30 Tagen ist steuerschädlich.

(9) Die Abtretung nur für den **Todesfall** ist stets steuerunschädlich. Vor dem Einsatz von Versicherungsansprüchen zur Finanzierung sollte daher stets geprüft werden, ob der Einsatz der Erlebensfallansprüche erforderlich ist.

Anhang I. Rechtsgrundlagen

Einkommensteuergesetz 1990 (EStG 1990)

Zuletzt geändert durch Jahressteuer-Ergänzungsgesetz 1996 vom 18. 12. 1995 (BGBl. I S. 1959)

– Auszug –

[Sonderausgabenabzug]

§ 10 Abs. 2 Satz 2

Als Sonderausgaben können Beiträge zu Versicherungen im Sinne des Absatzes 1 Nr. 2 Buchstabe b Doppelbuchstaben bb, cc und dd nicht abgezogen werden, wenn die Ansprüche aus Versicherungsverträgen während deren Dauer im Erlebensfall der Tilgung oder Sicherung eines Darlehens dienen, dessen Finanzierungskosten Betriebsausgaben oder Werbungskosten sind, es sei denn,

a) das Darlehen dient unmittelbar und ausschließlich der Finanzierung von Anschaffungs- oder Herstellungskosten eines Wirtschaftsgutes, das dauernd zur Erzielung von Einkünften bestimmt und keine Forderung ist, und die ganz oder zum Teil zur Tilgung oder Sicherung verwendeten Ansprüche aus Versicherungsverträgen übersteigen nicht die mit dem Darlehen finanzierten Anschaffungs- oder Herstellungskosten; dabei ist es unbeachtlich, wenn diese Voraussetzungen bei Darlehen oder bei zur Tilgung oder Sicherung verwendeten Ansprüchen aus Versicherungsverträgen jeweils insgesamt für einen Teilbetrag bis zu 5000 DM nicht erfüllt sind,
b) es handelt sich um eine Direktversicherung oder
c) die Ansprüche aus Versicherungsverträgen dienen insgesamt nicht länger als drei Jahre der Sicherung betrieblich veranlaßter Darlehen; in diesen Fällen können die Versicherungsbeiträge in den Veranlagungszeiträumen nicht als Sonderausgaben abgezogen werden, in denen die Ansprüche aus Versicherungsverträgen der Sicherung des Darlehens dienen.

[Steuerfreiheit der Zinsen]

§ 20 Abs. 1 Nr. 6

Zu den Einkünften aus Kapitalvermögen gehören

...

außerrechnungsmäßige und rechnungsmäßige Zinsen aus den Sparanteilen, die in den Beiträgen zu Versicherungen auf den Erlebens- oder Todesfall enthalten sind. Dies gilt nicht für Zinsen aus Versicherungen im Sinne des § 10 Abs. 1 Nr. 2 Buchstabe b, die mit Beiträgen verrechnet oder im Versicherungsfall oder im Fall des Rückkaufs des Vertrags nach Ablauf von 12 Jahren seit dem

Vertragsabschluß ausgezahlt werden. Satz 2 gilt in den Fällen des § 10 Abs. 2 Satz 2 nur, wenn die Voraussetzungen für den Sonderausgabenabzug nach § 10 Abs. 2 Satz 2 Buchstabe a oder b erfüllt sind oder soweit bei Versicherungsverträgen Zinsen in Veranlagungszeiträumen gutgeschrieben werden, in denen Beiträge nach § 10 Abs. 2 Satz 2 Buchstabe c abgezogen werden können. Die Sätze 1 bis 3 sind auf Kapitalerträge aus fondsgebundenen Lebensversicherungen entsprechend anzuwenden.

[Sonderregelung für Altfälle]

§ 52 Abs. 12 Satz 3

§ 10 Abs. 2 Satz 2 ist erstmals anzuwenden, wenn die Ansprüche aus dem Versicherungsvertrag nach dem 13. Februar 1992 zur Tilgung oder Sicherung eines Darlehens dienen, es sei denn, der Steuerpflichtige weist nach, daß bis zu diesem Zeitpunkt die Darlehensschuld entstanden war und er sich verpflichtet hatte, die Ansprüche aus dem Versicherungsvertrag zur Tilgung oder Sicherung dieses Darlehens einzusetzen.

§ 52 Abs. 20 Satz 2

Für die Anwendung des § 20 Abs. 1 Nr. 6 in der Fassung dieses Gesetzes gilt Absatz 12 Satz 3 entsprechend.

Einkommensteuerdurchführungsverordnung 1990 (EStDV 1990)

Zuletzt geändert durch Jahressteuer-Ergänzungsgesetz 1996 vom 18. 12. 1995 (BGBl. I S. 1959)

– Auszug –

§ 29. Anzeigepflichten bei Versicherungsverträgen und Bausparverträgen.

(1) Der Sicherungsnehmer hat nach amtlich vorgeschriebenem Muster dem für die Veranlagung des Versicherungsnehmers nach dem Einkommen zuständigen Finanzamt, bei einem Versicherungsnehmer, der im Inland weder einen Wohnsitz noch seinen gewöhnlichen Aufenthalt hat, dem für die Veranlagung des Sicherungsnehmers zuständigen Finanzamt (§§ 19, 20 Abgabenordnung) unverzüglich die Fälle anzuzeigen, in denen Ansprüche aus Versicherungsverträgen nach dem 13. Februar 1992 zur Tilgung oder Sicherung von Darlehen eingesetzt werden. Satz 1 gilt entsprechend für das Versicherungsunternehmen, wenn der Sicherungsnehmer Wohnsitz, Sitz oder Geschäftsleitung im Ausland hat. Werden Ansprüche aus Versicherungsverträgen von Personen, die im Inland einen Wohnsitz oder ihren gewöhnlichen Aufenthalt haben (§ 1 Abs. 1 des Gesetzes), zur Tilgung oder Sicherung von Darlehen eingesetzt,

sind die Sätze 1 und 2 nur anzuwenden, wenn die Darlehen den Betrag von 50000 Deutsche Mark übersteigen.

...

(4) Der Steuerpflichtige hat dem für seine Veranlagung zuständigen Finanzamt (§ 19 Abgabenordnung) die Abtretung und die Beleihung (Absätze 1 bis 3) unverzüglich anzuzeigen.

Verordnung über die gesonderte Feststellung von Besteuerungsgrundlagen nach § 180 Abs. 2 der Abgabenordnung

Zuletzt geändert durch VO vom 16. 12. 1994 (BGBl. I S. 3834)

– Auszug –

§ 9 Feststellungsgegenstand bei Einsatz von Versicherungen auf den Erlebens- oder Todesfall zu Finanzierungszwecken

Sind für Beiträge zu Versicherungen auf den Erlebens- oder Todesfall die Voraussetzungen für den Sonderausgabenabzug nach § 10 Abs. 2 Satz 2 des Einkommensteuergesetzes nicht erfüllt, stellt das für die Einkommensbesteuerung des Versicherungsnehmers zuständige Finanzamt die Steuerpflicht der außerrechnungsmäßigen und rechnungsmäßigen Zinsen aus den in den Beiträgen enthaltenen Sparanteilen (§ 20 Abs. 1 Nr. 6 des Einkommensteuergesetzes) gesondert fest.

Anhang II. Verwaltungsverlautbarungen

1. Anwendung des § 10 Abs. 2 Satz 2 und des § 52 Abs. 13a Satz 4 EStG in der Fassung des Steueränderungsgesetzes 1992 vom 25. Februar 1992 (BGBl I S. 297, BStBl I S. 146)

Vom 19. Mai 1993 (BStBl. I S. 406)

(BMF $\frac{\text{IV B 1 – S 2221 – 166/93}}{\text{IV B 2 – S 2134 – 88/93}}$)

Im Einvernehmen mit den obersten Finanzbehörden der Länder gilt für die Anwendung des § 10 Abs. 2 Satz 2 und des § 52 Abs. 13a Satz 4 EStG folgendes:

I. Abzugsverbot für bestimmte Beiträge an Lebensversicherungen als Sonderausgaben (§ 10 Abs. 2 Satz 2 EStG)

1 Durch das Steueränderungsgesetz 1992 ist der Sonderausgabenabzug von Beiträgen zu Lebensversicherungen im Sinne des § 10 Abs. 1 Nr. 2 Buchstabe b Doppelbuchstaben bb bis dd EStG von der weiteren Voraussetzung abhängig gemacht worden, daß die Ansprüche aus diesen Versicherungsverträgen während deren Dauer im Erlebensfall nicht der Tilgung oder Sicherung eines Darlehens dienen, dessen Finanzierungskosten Betriebsausgaben oder Werbungskosten sind. Liegt diese Voraussetzung nicht vor, sind grundsätzlich der Sonderausgabenabzug der Lebensversicherungsbeiträge nach § 10 Abs. 2 Satz 2 EStG und die Steuerfreiheit der Erträge aus der Lebensversicherung nach § 20 Abs. 1 Nr. 6 Satz 3 EStG zu versagen und ggf. eine Nachversteuerung (§ 10 Abs. 5 Nr. 1 EStG) durchzuführen. Ansprüche aus Versicherungsverträgen, die **nur** für den Todesfall der Tilgung oder Sicherung eines Darlehens dienen, fallen nicht unter die Einschränkung des § 10 Abs. 2 Satz 2 EStG und des § 20 Abs. 1 Nr. 6 Satz 3 EStG.

Policendarlehen sind Darlehen im Sinne des § 10 Abs. 2 Satz 2 EStG; vgl. BFH-Urteile vom 29. April 1966 (BStBl III, 421) und vom 19. Dezember 1973 (BStBl 1974 II, 237).

2 Die **Ansprüche aus Versicherungsverträgen** umfassen nicht nur die Ansprüche des Versicherungsnehmers auf die Versicherungssumme, sondern alle Ansprüche aus Versicherungsverträgen an das Versicherungsunternehmen (Versicherungsleistung).

3 Ansprüche aus Versicherungsverträgen **dienen während deren Dauer im Erlebensfall der Tilgung oder Sicherung eines Darlehens,** wenn sie gepfän-

det werden oder vor ihrer Fälligkeit eine Tilgungs-/Sicherungsabrede zwischen Darlehensgeber und -nehmer getroffen worden ist. Diese kann zum Inhalt haben, daß die Ansprüche aus Versicherungsverträgen zur Tilgung eingesetzt oder abgetreten, verpfändet oder die Versicherungspolicen zur Sicherheit hinterlegt werden. Steuerlich unschädlich ist, wenn

a) **nach** Fälligkeit der Versicherung im Erlebensfall die Versicherungsleistung zur Darlehnstilgung verwendet wird, **ohne** daß **vorher** eine Tilgungs-/Sicherungsabrede getroffen worden ist,

b) **nach** Eintritt des Versicherungsfalles durch Tod der versicherten Person die Versicherungsleitstung zur Darlehnstilgung verwendet wird, **ohne** daß eine Sicherungsabrede für den Erlebensfall getroffen worden ist.

Das Abzugsverbot greift nur, wenn die **Finanzierungskosten Betriebsausgaben oder Werbungskosten** sind. Die Finanzierung eines Wirtschaftsgutes, das nicht zur Erzielung von Einkünften im Sinne des § 2 EStG eingesetzt wird (= persönliche Zwecke), fällt somit nicht unter dieses Verbot. Wegen sog. Mischfälle siehe Rz. 5ff., insbesondere Rz. 25. 4

II. Ausnahme vom Abzugsverbot bei Anschaffung oder Herstellung bestimmer Wirtschaftsgüter (§ 10 Abs. 2 Satz 2 Buchstabe a EStG)

1. Begünstigtes Wirtschaftsgut

Begünstigt ist die Anschaffung oder Herstellung eines **Wirtschaftsgutes, das dauernd zur Erzielung von Einkünften bestimmt und keine Forderung ist.** Dazu können auch immaterielle Wirtschaftsgüter gehören, nicht jedoch sogenannte negative Wirtschaftsgüter, z. B. Verbindlichkeiten. 5

Bei einem **Anteil** oder einer **Beteiligung** an einer Personengesellschaft handelt es sich nicht um ein Wirtschaftsgut im steuerlichen Sinn; wegen der Möglichkeit eines steuerunschädlichen Erwerbs unter Einsatz von Lebensversicherungsansprüchen siehe Rz. 11. 6

Forderungen gehören nicht zu den begünstigten Wirtschaftsgütern, selbst wenn sie dauernd zur Erzielung von Einkünften bestimmt sind. Davon zu unterscheiden sind andere Kapitalanlagen, die dauernd zur Erzielung von Einkünften bestimmt sind (z. B. Aktien, GmbH-Anteile). Bei der Hingabe von Darlehen, partiarischen Darlehen, Anleihen, Rentenstammrechten u. ä. handelt es sich um die Begründung oder den Erwerb von Forderungen; das gilt auch, wenn die Forderung durch ein Wertpapier verbrieft ist. Eine Steuerbegünstigung ist daher bei deren Anschaffung oder Begründung unter Einsatz von Lebensversicherungsansprüchen ausgeschlossen. 7

2. Anschaffungs- oder Herstellungskosten

Der Begriff der Anschaffungs- oder Herstellungskosten ergibt sich aus § 255 HGB i. V. m. den Abschnitten 32a, 33 und 33a EStR sowie aus § 9b EStG. 8

Nicht zu den Anschaffungs- oder Herstellungskosten gehören danach grundsätzlich Finanzierungskosten wie Zinsen, Schätzgebühren, Bereitstellungszinsen, Darlehensauf- und -abgelder (Agio, Disagio, Damnum). Werden mit einem Darlehen auch solche Aufwendungen, die steuerlich nicht zu den Anschaffungs- oder Herstellungskosten gehören, finanziert, dient das Darlehen nicht mehr ausschließlich der Finanzierung von Anschaffungs- oder Herstellungskosten, sondern zusätzlich der Finanzierung von Finanzierungskosten und ähnlichen Aufwendungen. Aus Vereinfachungsgründen ist es bei der erstmaligen Finanzierung begünstigter Anschaffungs- oder Herstellungskosten jedoch nicht zu beanstanden, wenn das Darlehen auch **bankübliche einmalige Finanzierungskosten** einschließlich Bereitstellungszinsen und Teilvalutierungszuschläge umfaßt und die Versicherungsansprüche vereinbarungsgemäß höchstens bis zur Höhe der mit dem Darlehen finanzierten Anschaffungs- oder Herstellungskosten der Tilgung oder Sicherung des Darlehens dienen.

Beispiel: Zur Finanzierung der Herstellungskosten einer Fabrikhalle i. H. von 500000 DM benötigt ein Steuerpflichtiger ein Darlehen. Die Bank gewährt das Darlehen unter Einbehaltung eines Disagios i. H. von 5 v. H. wie folgt:

Darlehenssumme	526315 DM
– 5 v. H. Disagio	26315 DM
ausgezahlte Darlehnssumme	500000 DM.

Zur Sicherheit kann der Steuerpflichtige Ansprüche aus Lebensversicherungen bis zu 500000 DM an die Bank steuerunschädlich abtreten.

9 Verringern sich die Anschaffungs- oder Herstellungkosten nachträglich, z. B.
- durch einen Preisnachlaß (Skonti, Rabatte),
- durch Erhalt eines Zuschusses (Abschnitt 34 Abs. 3 EStR 1990),

werden daraus keine nachteiligen Folgerungen gezogen, wenn innerhalb von drei Monaten nach Verringerung der Anschaffungs- oder Herstellungskosten das Darlehen sowie die Höhe der diesem Darlehen zur Sicherheit oder Tilgung dienenden Lebensversicherungsansprüche angepaßt werden. Rz. 12 ist zu beachten.

10 Sind die übrigen Voraussetzungen des § 10 Abs. 2 Satz 2 Buchstabe a EStG erfüllt, führt die teilweise Finanzierung eines Gesamtkaufpreises bis zur Höhe der begünstigten Anschaffungs- oder Herstellungskosten unter Einsatz von Lebensversicherungsansprüchen nicht deshalb zur Steuerschädlichkeit, weil in dem Gesamtkaufpreis auch Aufwendungen enthalten sind, die nicht steuerbegünstigt finanziert werden können (z. B. Umsatzsteuer eines vorsteuerabzugsberechtigten Unternehmers).

11 Wird ein **Betrieb** oder ein **Anteil an einer Personengesellschaft** (Rz. 6) erworben, kann unter Einsatz von Lebensversicherungsansprüchen nur der Teil des Kaufpreises steuerunschädlich finanziert werden, der nach dem Verhältnis der durch den Kaufpreis realisierten Teilwerte/Verkehrswerte auf erworbene Wirtschaftsgüter, die dauernd zur Erziehlung von Einkünften bestimmt sind, ohne Forderungen, entfällt.

3. Verwendete Ansprüche aus Versicherungsverträgen

12 Sind die zur Sicherung oder Tilgung des Darlehens verwendeten Ansprüche aus Versicherungsverträgen (Rz. 2) nicht auf die mit dem Darlehen finanzierten Anschaffungs- oder Herstellungskosten und auf die Darlehenshöhe, ggf. abzüglich der banküblichen einmaligen Finanzierungskosten i. S. der Rz. 8, **begrenzt,** führt dies zur vollen Steuerschädlichkeit. Diese Begrenzung muß in der Abtretungs- oder Verpfändungserklärung oder bei der Hinterlegung vorgenommen werden. Die Einschränkung durch eine Sicherungsabrede reicht als Begrenzung **nicht** aus.

Beispiel: – wie Rz. 8 –
Tritt der Steuerpflichtige von vornherein die Ansprüche nur in Höhe von 500000 DM an die Bank ab, ist dies steuerunschädlich. Tritt er hingegen zunächst die Ansprüche unbegrenzt ab und vereinbart er anschließend mit der Bank in der Sicherungsabrede die Einschränkung auf 500000 DM, führt dies zur vollen Steuerschädlichkeit.

Wurden vor dem 14. Februar 1992 Ansprüche aus Lebensversicherungsverträgen begrenzt oder unbegrenzt auch für künftige Forderungen des Gläubigers gegen den Schuldner abgetreten oder dienen Ansprüche aus Lebensversicherungsverträgen nicht mehr ausschließlich der Sicherung oder Tilgung des nämlichen Darlehens (z. B. freigewordene Sicherheiten nach teilweiser Tilgung) und soll sich die Abtretung nicht auf Forderungen des Gläubigers erstrecken, die nach dieser Abtretung entstanden sind, reicht die Einschränkung durch eine Sicherungsabrede allein nicht aus. Erforderlich ist zusätzlich, daß die Einschränkung vor Entstehung der weiteren Forderung getroffen worden ist und der Sicherungsnehmer unverzüglich gegenüber dem Lebensversicherer darauf verzichtet, die abgetretenen Ansprüche aus Lebensversicherungsverträgen geltend zu machen, soweit sie über die Ansprüche aus dem nämlichen Darlehen hinausgehen. Dies gilt entsprechend, wenn die Abtretung sich nicht auf bestimmte (Darlehns-)Konten, z. B. Kontokorrentkonten, erstrecken soll.

4. Umschuldung in Neufällen

13 Ein Neufall ist gegeben, wenn

- das Darlehen vor dem 14. Februar 1992 valutiert worden ist, aber erst nach dem 13. Februar 1992 die Verpflichtung eingegangen wurde, Ansprüche aus Lebensversicherungsverträgen zu seiner Tilgung oder Sicherung einzusetzen, oder
- das Darlehen nach dem 13. Februar 1992 valutiert worden ist, unabhängig davon, wann die Verpflichtung eingegangen wurde, die Ansprüche aus Lebensversicherungsverträgen zu seiner Tilgung oder Sicherung einzusetzen.

Wird ein Darlehen, zu dessen Tilgung oder Sicherung Ansprüche aus Lebensversicherungsverträgen nach dem 13. Februar 1992 eingesetzt wurden und das nach § 10 Abs. 2 Satz 2 EStG steuerlich unschädlich ist, mittels eines zweiten oder weiteren Darlehens (Ablösungsdarlehen) umgeschuldet, dient auch das

Ablösungsdarlehen einer steuerlich unschädlichen Finanzierung, wenn die Darlehenssumme dieses Darlehens die Restvaluta des umzuschuldenden Darlehens zum Zeitpunkt der Umschuldung nicht übersteigt. Entsprechendes gilt bei Prolongation.

14 Wird ein nach Rz. 8 steuerunschädliches Darlehen, das auch Finanzierungskosten umfaßt, umgeschuldet oder prolongiert, ist auch das Ablösungsdarlehen steuerunschädlich, wenn die der Tilgung oder Sicherung dieses Darlehens dienenden Ansprüche aus Lebensversicherungen auf den Teil begrenzt werden, der beim umzuschuldenden oder zu prolongierenden Darlehen zur Finanzierung begünstigter Anschaffungs- oder Herstellungskosten verwendet worden war. Wurde das umzuschuldende oder zu prolongierende Darlehen teilweise getilgt, sind aus Vereinfachungsgründen die Tilgungsbeträge zunächst auf die mitfinanzierten Finanzierungskosten anzurechnen. Werden mit dem Ablösungsdarlehen zusammenhängende Finanzierungskosten mitfinanziert, führt das zur Steuerschädlichkeit.

15 Darlehen, die ganz oder teilweise der Finanzierung von Anschaffungs- oder Herstellungskosten eines begünstigten Wirtschaftsgutes i. S. des § 10 Abs. 2 Satz 2 Buchstabe a EStG dienen und für die bisher im Erlebensfall der versicherten Person Ansprüche aus Lebensversicherungsverträgen weder zur Sicherheit noch zur Tilgung eingesetzt wurden, können auch nach dem 13. Februar 1992 unter Einsatz solcher Ansprüche steuerunschädlich umgeschuldet werden, wenn das Ablösungsdarlehen weder die Restvaluta des Darlehens noch die mit diesem Darlehen finanzierten begünstigten Anschaffungs- oder Herstellungskosten übersteigt. Wurde das Darlehen teilweise getilgt, kann nur anteilig im Verhältnis von begünstigten Anschaffungs- oder Herstellungskosten zu anderen mitfinanzierten Aufwendungen der auf die begünstigten Anschaffungs- oder Herstellungskosten entfallende Teil der Restvaluta unter Einsatz von Lebensversicherungsansprüchen steuerunschädlich umgeschuldet werden.

16 Wegen der Umschuldung in Altfällen vgl. Rz. 27.

5. Umwidmung des begünstigt angeschafften oder hergestellten Wirtschaftsgutes

17 Wird ein mittels eines steuerlich unschädlichen Darlehens angeschafftes oder hergestelltes Wirtschaftsgut einem anderen Zweck zugeführt (Umwidmung), handelt es sich immer dann um einen zur vollen Steuerschädlichkeit führenden Vorgang, wenn der Einsatzzweck des Wirtschaftsgutes nach der Umwidmung als ursprünglicher Zweck zur Steuerschädlichkeit geführt hätte. Danach sind **Veräußerung** und **Untergang** in der Regel steuerunschädlich. Eine **Veräußerung** ist jedoch steuerschädlich, wenn der Veräußerungserlös nicht unverzüglich zur Ablösung des Darlehens oder zur Beschaffung eines begünstigten Wirtschaftsgutes verwendet wird, sondern statt dessen z. B. Umlaufvermögen finanziert wird; Rz. 22 ist anzuwenden. Eine **Umwidmung zu Umlaufver-**

mögen führt stets zur vollen Steuerschädlichkeit. In Fällen der **Entnahme** kommt es auf den weiteren Verwendungszweck an. Dient das Wirtschaftsgut danach z. B. ausschließlich persönlichen Zwecken (Rz. 4), liegt weiterhin Steuerunschädlichkeit vor, da in diesem Fall die Zinsen für das Darlehen weder Betriebsausgaben noch Werbungskosten sind. Dient es verschiedenen steuerlichen Zwecken, gilt Rz. 25 entsprechend.

Wird ein zunächst ausschließlich zu persönlichen Zwecken (Rz. 4) angeschafftes oder hergestelltes Wirtschaftsgut zur Erzielung von Einkünften eingesetzt und werden die Finanzierungskosten, die für das unter Einsatz von Lebensversicherungsansprüchen aufgenommene Anschaffungs- oder Herstellungsdarlehen zu zahlen sind, Betriebsausgaben oder Werbungskosten, bleibt die Steuerunschädlichkeit nur dann erhalten, wenn das ursprüngliche Anschaffungs- oder Herstellungsdarlehen und die diesem Darlehen dienenden Versicherungsansprüche ab dem Zeitpunkt des (teilweisen) Einsatzes zur Erzielung von Einkünften die Voraussetzungen des § 10 Abs. 2 Satz 2 Buchstabe a EStG erfüllen. 18

6. Vorschaltdarlehen

Werden während einer **längeren Investitionsphase** (z. B. der Herstellung eines Gebäudes oder der Einrichtung einer Arztpraxis) Aufwendungen, die nur auf diese Investition bezogen sein dürfen, über ein gesondertes, eigens hierfür eingerichtetes Vorschaltkonto (z. B. Baukonto) unter Beachtung des in Rzn. 22 bis 24 beschriebenen Zahlungsweges bezahlt, sind die Voraussetzungen für die Steuerunschädlichkeit erst für das Darlehen zu prüfen, das unter Einsatz von Lebensversicherungsansprüchen zur Endfinanzierung des angeschafften oder hergestellten Wirtschaftsgutes eingesetzt wird. Die Voraussetzungen sind erfüllt, wenn dieses Darlehen **bis zu drei Monate** nach Fertigstellung oder Lieferung des Wirtschaftsgutes aufgenommen wurde und sowohl das Darlehen als auch der Teil der Ansprüche aus Lebensversicherungen, der zu seiner Tilgung oder Sicherung eingesetzt wird, die Anschaffungs- oder Herstellungskosten des finanzierten Wirtschaftsgutes nicht übersteigen. Das der Endfinanzierung dienende Darlehen gilt als Erstdarlehen i. S. der Rz. 8. 19

Für Zwischendarlehen, die keine Vorschaltdarlehen sind, gelten Rzn. 13 bis 15 entsprechend. 20

Sind die Voraussetzungen nach Rz. 19 Satz 2 nicht erfüllt, führt dies rückwirkend auch für die Laufzeit des Vorschaltdarlehens zur Steuerschädlichkeit. Handelt es sich um ein betriebliches Darlehen, ist die Laufzeit ggf. auf die Drei-Jahres-Frist des § 10 Abs. 2 Satz 2 Buchstabe c EStG anzurechnen. 21

7. Zahlungsweg

Werden die Darlehnsmittel i. S. des § 10 Abs. 2 Satz 2 Buchst. a EStG zunächst auf ein Konto (z. B. Kontokorrentkonto, Sparkonto) des Darlehnsnehmers überwiesen, von dem sodann die Anschaffungs- oder Herstellungskosten 22 des begünstigten Wirtschaftsgutes bezahlt werden, ist dies nur dann steuerlich unschädlich, wenn zwischen der Überweisung der Darlehnsmittel auf das Konto und der Abbuchung zur Bezahlung der Anschaffungs- oder Herstellungskosten ein Zeitraum von nicht mehr als 30 Tagen liegt.

23 Darlehen, die aufgenommen werden, um Anschaffungs- oder Herstellungskosten eines begünstigten Wirtschaftsgutes, die zunächst durch Eigenmittel bezahlt wurden, zu refinanzieren, dienen nicht der Finanzierung dieser Anschaffungs- oder Herstellungskosten i. S. des § 10 Abs. 2 Satz 2 Buchstabe a EStG. Die steuerrechtliche Würdigung dieser Darlehnsmittel richtet sich nach ihrer tatsächlichen Verwendung; vgl. BFH-Beschluß vom 4. Juli 1990, BStBl II, 817.

24 Werden Darlehnsmittel i. S. des § 10 Abs. 2 Satz 2 Buchstabe a EStG auf ein Anderkonto (z. B. Notar-, Anwalts- oder Steuerberater-Anderkonto) überwiesen, weil der Kaufpreis bereits fällig ist, aber z. B. bei einem Grundstückskauf die Auflassung noch nicht erfolgt ist, werden daraus auch dann keine steuerlichen Nachteile gezogen, wenn das Anderkonto als Festgeldkonto geführt wird. Erhält der Darlehnsnehmer die Darlehnsmittel zurück, richtet sich die Beurteilung der Steuerschädlichkeit nach der weiteren Verwendung der Darlehnsmittel.

8. Finanzierung von Wirtschaftsgütern, die unterschiedlichen Zwecken dienen sollen

25 Die Finanzierung eines Wirtschaftsgutes, das unterschiedlichen Zwecken dienen soll (z. B. gemischtgenutztes Grundstück), mit einem **Gesamtdarlehen** unter Einsatz von Lebensversicherungen ist steuerunschädlich, wenn jeder einzelne Einsatzzweck des Wirtschaftsgutes steuerunschädlich ist und die übrigen Voraussetzungen des § 10 Abs. 2 Satz 2 Buchstabe a EStG insgesamt erfüllt sind. Das gilt auch für Fälle, in denen ein Arbeitszimmer im selbstgenutzten Wohneigentum mitfinanziert wird und die anteiligen Finanzierungskosten Betriebsausgaben oder Werbungskosten sind.

III. Zeitliche Anwendung (§ 52 Abs. 13a Satz 4 EStG)

26 § 10 Abs. 2 Satz 2 EStG ist nicht anzuwenden, wenn die Darlehnsschuld vor dem 14. Februar 1992 entstanden ist und der Steuerpflichtige sich vor diesem Zeitpunkt verpflichtet hatte, die Ansprüche aus dem Versicherungsvertrag zur Tilgung oder Sicherung dieses Darlehens einzusetzen. Eine Darlehensschuld ist nach § 607 Abs. 1 BGB mit der Hingabe der Darlehnsmittel (Valutierung) entstanden.

27 Wird bei einem vor dem 14. Februar 1992 vereinbarten **Finanzierungskonzept mit Policendarlehen** nach dem 13. Februar 1992 eine Zinsverpflichtung mit einem Policendarlehen getilgt, ist dies steuerschädlich, wenn das Policendarlehen nach dem 13. Februar 1992 entstanden ist. Werden dagegen die vor dem 14. Februar 1992 entstandenen Darlehen (Restschuld einschließlich etwaiger Policendarlehen) durch eine bis zu diesem Zeitpunkt zur Tilgung oder Sicherung dieser Darlehen eingesetzte Lebensversicherung getilgt oder durch ein neues Darlehen abgelöst (Umschuldung in Altfällen), das auch mit einer Lebensversicherung besichert sein kann, ist dies steuerlich unschädlich, wenn das Ablösungsdarlehen die Restvaluta des umgeschuldeten Darlehens nicht übersteigt und die Versicherungsansprüche vereinbarungsgemäß nur bis zu dieser Höhe der Sicherung oder Tilgung des Ablösungsdarlehens dienen.

Bei **Teilvalutierung** eines Darlehens (z. B. bei Inanspruchnahme eines vereinbarten Darlehens nach Baufortschritt, vgl. Rz. 19), zu dessen Tilgung oder Sicherung eine Lebensversicherung dient, reicht es für die Beurteilung des Gesamtdarlehens als steuerunschädlich nicht aus, wenn eine Teilvalutierung vor dem 14. Februar 1992 erfolgt ist. Dies gilt auch für Teilvalutierungen vor dem 14. Februar 1992, wenn nach dem 13. Februar 1992 Teilvalutierungen steuerschädlich erfolgen. **28**

Wird nach dem 13. Februar 1992 eine Lebensversicherung zur Tilgung oder Sicherung eines Darlehens verwendet, das im wirtschaftlichen Zusammenhang mit der Finanzierung von Anschaffungs- oder Herstellungskosten eines Wirtschaftsgutes steht, ohne daß die vorgenannten Begrenzungen eingehalten worden sind, werden daraus für den Sonderausgabenabzug der Lebensversicherungsbeiträge und für die Steuerfreiheit der Erträge aus der Lebensversicherung keine nachteiligen Folgerungen gezogen, wenn vor dem 1. Juli 1993[1] der steuerschädliche Einsatz der Lebensversicherung beseitigt wird. Die Beseitigung der Steuerschädlichkeit kann entweder durch Tilgung in Höhe des steuerschädlich verwendeten Teils des Darlehens und gleichzeitige Rückabtretung in Höhe der steuerschädlichen Besicherung oder nur durch Rückabtretung in Höhe der Besicherung oder nur durch Rückabtretung in Höhe der steuerschädlichen Besicherung erfolgen. Sie kann auch durch eine Änderung/Ergänzung der bisherigen Vereinbarung über Abtretung, Verpfändung oder Hinterlegung einschließlich der Sicherungsabrede erreicht werden, mit der Folge, daß die Ansprüche aus Lebensversicherungen nur im Todesfall der Tilgung von Darlehen dienen. Vereinbarungen nach Rz. 12 Abs. 2, die vor dem 1. Juli 1993[1] getroffen werden, werden rückwirkend anerkannt. **29**

Bei einem mit einer Lebensversicherung gesicherten **Kontokorrentkredit** gilt folgendes: Hat sich der Schuldenstand des Kontokorrentkontos nach dem 13. Februar 1992 erhöht und liegen die Ausnahmetatbestände des § 10 Abs. 2 Satz 2 EStG nicht vor, werden daraus für den Sonderausgabenabzug der Lebensversicherungsbeiträge und für die Steuerfreiheit der Erträge aus der Lebensversicherung aus Billigkeitsgründen keine nachteiligen Folgerungen gezogen, wenn vor dem 1. Juli 1993 die Besicherung des Kontokorrentkontos mit **30**

---

[1] **[Amtl. Anm.:]** Im Einvernehmen mit den Einkommensteuer-Referatsleitern der obersten Finanzbehörden des Bundes und der Länder bis einschließlich 31. Dezember 1993 verlängert.

einer Lebensversicherung rückgängig gemacht worden ist. Rz. 29 vorletzter und letzter Satz gelten entsprechend.

Dieses Schreiben ersetzt das BMF-Schreiben vom 21. Dezember 1992, BStBl. 1993 I S. 10.

2. Anwendung des § 10 Abs. 2 Satz 2 und des § 52 Abs. 13a Satz 4 EStG i.d.F. des Steueränderungsgesetzes 1992 v. 25. 2. 1992 (BGBl. I, 297, BStBl. I, 146); hier: Verlängerung der Frist zur Bereinigung des steuerschädlichen Einsatzes von Lebensversicherungen

Vom 14. Juni 1993 (BStBl. I S. 484)

(BMF IV B 2 – S 2134 – 148/93)

Unter Bezugnahme auf die Entscheidung der für Einkommensteuer zuständigen Vertreter der obersten Finanzbehörden des Bundes und der Länder werden bei steuerschädlicher Verletzung einer Lebensversicherung in den Fällen der Randziffern 29 und 30 des BMF-Schreibens v. 19. 5. 1993 (IV B 1 – S 2221 – 166/93/IV B 2 – S 2134 – 88/93, BStBl. I S. 406) nachteilige Folgerungen nicht gezogen, wenn der steuerschädliche Einsatz der Lebensversicherung vor dem 1. 1. 1994 beseitigt wird. Dieses Schreiben ersetzt das BMF-Schreiben v. 12. 3. 1993 (IV B 1 – S 2221 – 50/93, BStBl. I S. 277) sowie das BMF-Schreiben v. 19. 5. 1993 (a. a. O.), soweit dort für die Beseitigung des steuerschädlichen Einsatzes von Lebensversicherungen eine Frist bis zum 1. 7. 1993 bestimmt ist.

3. Anwendung des § 10 Abs. 2 Satz 2 und des § 52 Abs. 13a Satz 4 EStG in der Fassung des Steueränderungsgesetzes 1992 vom 25. Februar 1992 (BGBl. I S. 297, BStBl. I S. 146)

Vom 2. November 1993 (BStBl. I S. 901)

(BMF IV B 2 – S 2134 – 290/93)

Im Einvernehmen mit den obersten Finanzbehörden der Länder gilt in Ergänzung des BMF-Schreibens vom 19. Mai 1993 (a. a. O.) für die Anwendung des § 10 Abs. 2 Satz 2 und des § 52 Abs. 13a Satz 4 EStG folgendes:

I. Zu Randziffer 3 des BMF-Schreibens vom 19. Mai 1993:

1 In der Regel weist das Versicherungsunternehmen den Versicherungsnehmer oder die bezugsberechtigte Person vor Ablauf des Versicherungsvertrags auf den bevorstehenden Vertragsablauf hin und kündigt die Auszahlung der Versicherungsleistung an. Der Versicherungsnehmer oder die bezugsberechtigte

Person wird um eine Mitteilung gebeten, auf welches Konto die Versicherungsleistung zu überweisen ist. Bei einer derartigen Mitteilung handelt es sich um eine **Vorausverfügung** über die Versicherungsleistung. Auch wenn das Geld auf ein Konto überwiesen werden soll, das einen Negativsaldo aufweist oder ein Darlehnskonto ist, handelt es sich bei dem geschilderten Sachverhalt grundsätzlich nicht um eine Sicherungs- oder Tilgungsvereinbarung. Trifft der Versicherungsnehmer jedoch mit dem Kreditinstitut eine Sicherungsabrede, oder wird eine Tilgungsaussetzung mit Blick auf die zu erwartende Versicherungsleistung vereinbart, oder wird vor Fälligkeit der Versicherungsleistung eine Vereinbarung getroffen, einen langfristig abgeschlossenen Festkredit vorzeitig abzulösen, sind bei einer Vorausverfügung die Grundsätze des § 10 Abs. 2 Satz 2 EStG und des BMF-Schreibens vom 19. Mai 1993 zu beachten. Die Vereinbarung kann auch durch eine Negativklausel zustande kommen, z. B. durch das Eingehen der Verpflichtung im Darlehnsvertrag, über die Lebensversicherungsmittel nicht anderweitig zu verfügen. Randziffer 3 Satz 2 des BMF-Schreibens vom 19. Mai 1993 zählt nur beispielhaft auf, unter welchen Voraussetzungen Lebensversicherungsansprüche zur Sicherung oder Tilgung eines Darlehens dienen.

II. Zu Randziffern 5, 7 und 11 des BMF-Schreibens vom 19. Mai 1993:

Die Finanzierung der Anschaffung oder Herstellung **mehrerer Wirtschaftsgüter mit einem Gesamtdarlehen** unter Einsatz von Lebensversicherungsansprüchen ist steuerunschädlich, wenn der Einsatzzweck jedes Wirtschaftsguts steuerunschädlich ist und die übrigen Voraussetzungen des § 10 Abs. 2 Satz 2 Buchstabe a EStG insgesamt erfüllt sind. Randziffer 25 des BMF-Schreibens vom 19. Mai 1993 ist sinngemäß anzuwenden. 2

Anteile an einem **offenen Aktien- oder Immobilienfonds** sind keine begünstigten Wirtschaftsgüter im Sinne des § 10 Abs. 2 Satz 2 Buchstabe a EStG. Mit dem Erwerb eines Anteils an einem offenen Aktien- oder Immobilienfonds wird zwar ein Anteil am Sondervermögen einer Kapitananlagegesellschaft (§ 6 KAGG) erworben. Da jedoch das zulässige Wertpapiersondervermögen eines **offenen Aktienfonds** nach § 8 KAGG neben Aktien und GmbH-Anteilen auch Kapitalforderungen umfassen darf, ist der Anteilserwerb unter Einsatz einer Lebensversicherung insgesamt steuerschädlich. 3

Das Grundstücks-Sondervermögen eines **offenen Immobilienfonds** kann gemäß § 27 KAGG aus Grundstücken, Erbbaurechten sowie aus Gegenständen, die zur Bewirtschaftung der Gegenstände des Grundstücks-Sondervermögens erforderlich sind, bestehen. Die Gegenstände des Grundstücks-Sondervermögens dürfen nach § 30 KAGG nur im Eigentum der Kapitanlagegesellschaft stehen. Der Käufer eines Anteils an einem offenen Immobilienfonds (im Gegensatz zum Erwerber eines Anteils an einem geschlossenen Immobilienfonds) erwirbt daher nicht unmittelbar einen Anteil an einem (oder mehreren) Grundstück(en). Darüber hinaus hat die Kapitalanlagegesellschaft nach § 35 KAGG von jedem Grundstücks-Sondervermögen einen Betrag, der mindestens 5 v.H. des Wertes des Sondervermögens entspricht, in längerfristig kündbaren Guthaben anzulegen. Damit ist auch der Erwerb von Anteilen an einem offenen Immobilienfonds unter Einsatz von Lebensversicherungsansprüchen insgesamt schädlich.

4 Die Regelungen zum Erwerb von Anteilen/Beteiligungen an Personengesellschaften (vgl. Randziffer 11 des BMF-Schreibens vom 19. Mai 1993) sind auf offene Aktien- oder Immobilienfonds nicht entsprechend anwendbar.

III. Zu Randziffer 8 des BMF-Schreibens vom 19. Mai 1993:

5 Werden im Zusammenhang mit dem Erwerb eines nach § 10 Abs. 2 Satz 2 Buchstabe a EStG begünstigten Wirtschaftsguts durch den Käufer Verbindlichkeiten des Veräußerers übernommen, handelt es sich bei der **Schuldübernahme** nicht um den steuerschädlichen Erwerb von negativen Wirtschaftsgütern. Vielmehr ist dieser Vorgang einheitlich als Anschaffungs- und Veräußerungsvorgang zu werten mit der Folge, daß die übernommenen Verbindlichkeiten steuerunschädlich unter Einsatz von Lebensversicherungsansprüchen finanziert (besichert) werden können. Handelt es sich um einen teilentgeltlichen Erwerb, können die übernommenen Verbindlichkeiten unter Einsatz von Lebensversicherungsansprüchen nur steuerunschädlich finanziert werden, soweit die Schuldübernahme einkommensteuerrechtlich als Entgelt für das erworbene Wirtschaftsgut zu behandeln ist. Soweit die Schuldübernahme in einen Bereich fällt, in dem keine steuerlich relevanten Einkünfte erzielt werden, führt die Finanzierung dieser Verbindlichkeiten nicht zum Verlust des Sonderausgabenabzugs der Lebensversicherungsbeiträge und nicht zur Steuerpflicht der Lebensversicherungserträge, weil die Finanzierungskosten für die Verbindlichkeiten weder Betriebsausgaben noch Werbungskosten sind. Verbindlichkeiten, die auf den Gesamtrechtsnachfolger übergehen, können von diesem unter Einsatz von Lebensversicherungsansprüchen steuerunschädlich getilgt oder besichert werden, soweit auch beim Erblasser eine Tilgung oder Sicherung steuerunschädlich gewesen wäre.

6 Entsprechendes gilt bei **Erwerb eines Betriebs, Teilbetriebs oder eines Anteils an einer Personengesellschaft**. Erhöht die Schuldübernahme das steuerliche Entgelt, können die übernommenen Verbindlichkeiten steuerunschädlich unter Einsatz von Lebensversicherungsansprüchen finanziert werden, soweit sie auf die durch den gesamten Kaufpreis realisierten Teilwerte/Verkehrswerte für erworbene Wirtschaftsgüter entfallen, die dauernd zur Erzielung von Einkünften bestimmt sind (außer Forderungen).

7 Bei Übertragung eines Betriebs, Teilbetriebs oder Anteils an einer Personengesellschaft im Wege der **vorweggenommenen Erbfolge** gilt folgendes: Waren für Darlehen des Übertragenden, die vor dem 14. Februar 1992 valutiert wurden, bereits vor dem 14. Februar 1992 Lebensversicherungsansprüche im Erlebensfall zur Sicherung oder Tilgung eingesetzt, werden diese Darlehen durch die Übertragung nicht zu Neufällen. Randziffer 5 letzter Satz gilt entsprechend.

IV. Zu Randziffer 9 des BMF-Schreibens vom 19. Mai 1993:

Randziffer 9 des BMF-Schreibens vom 19. Mai 1993 ist entsprechend anzuwenden in Fällen, in denen das Darlehen nach Abschluß des Darlehnsvertrages und nach erfolgter Besicherung durch Lebensversicherungsansprüche nicht vollständig in Anspruch genommen wird, z. B. wenn die Anschaffungs- oder Herstellungskosten niedriger sind als geplant oder wenn bei der geplanten Investition Eigenmittel eingesetzt werden. **8**

V. Zu Randziffer 12 des BMF-Schreibens vom 19. Mai 1993:

Werden **mehrere Darlehen zur Finanzierung eines oder mehrerer Wirtschaftsgüter** i. S. des § 10 Abs. 2 Satz 2 Buchstabe a EStG aufgenommen, und erfüllen sowohl jedes dieser Darlehen als auch die Darlehen insgesamt die Voraussetzungen des § 10 Abs. 2 Satz 2 EStG i. V. m. dem BMF-Schreiben vom 19. Mai 1993, ist es ausreichend, wenn die Abtretung, Verpfändung oder Hinterlegung der Ansprüche aus Lebensversicherungsverträgen **in einer Urkunde** vereinbart wird. Es ist nicht erforderlich, für jedes Darlehen eine gesonderte Abtretung, Verpfändung oder Hinterlegung zu vereinbaren. **Mehrere Darlehen** (Alt- und Neudarlehen) können durch Lebensversicherungsansprüche **aus einem Vertrag** besichert werden, wenn die Darlehen insgesamt die Voraussetzungen der §§ 10 Abs. 2 Satz 2 Buchstabe a und 52 Abs. 13a Satz 4 EStG erfüllen. In den geschilderten Fällen ist es ausreichend, wenn die **Zuordnung** der Sicherheit zum jeweiligen Darlehen in der **Sicherungszweckerklärung** erfolgt. **9**

Die **Verzichtserklärung** nach Randziffer 12 Absatz 2 des BMF-Schreibens vom 19. Mai 1993 kann in der Weise abgegeben werden, daß der Sicherungsnehmer die einschränkende schuldrechtliche Sicherungsabrede dem Versicherungsunternehmen unmittelbar oder mittelbar über den Sicherungsgeber (Versicherungsnehmer) zuleitet und gleichzeitig folgende verbindliche Erklärung abgibt: **10**

„Soweit Ihnen zu unseren Gunsten die Abtretung von Ansprüchen aus Lebensversicherungsverträgen angezeigt worden ist, verzichten wir darauf, die abgetretenen Ansprüche aus den Lebensversicherungsverträgen geltend zu machen, soweit sie über die durch den Sicherungsvertrag abgesicherten Ansprüche hinausgehen."

Die Verzichtserklärung wird erst wirksam mit dem **Eingang beim Versicherungsunternehmen**.

Ist die Sicherungszweckerklärung vor dem 1. Januar 1994 i. S. der Randziffer 12 Absatz 2 des BMF-Schreibens vom 19. Mai 1993 eingeschränkt worden, reicht es für die Bereinigung nach Randziffern 29 und 30 des BMF-Schreibens aus, wenn die Verzichtserklärung vor dem **1. April 1994** beim Versicherungsunternehmen eingeht.

VI. Zu Randziffern 13 bis 15 und 27 des BMF-Schreibens vom 19. Mai 1993:

Mehrere Darlehen, die nach Randziffern 13 bis 15 und 27 des BMF-Schreibens vom 19. Mai 1993 unter Einsatz von Lebensversicherungsansprüchen um- **11**

geschuldet werden sollen, können durch **ein Darlehen umgeschuldet** werden. Sollen ein umzuschuldendes Darlehen prolongiert und ein oder weitere Darlehen umgeschuldet werden, kann das zu prolongierende Darlehen um das oder die umzuschuldenden Darlehen aufgestockt werden.

12 Erfüllte ein Erstdarlehen die Voraussetzungen der Randziffer 8 des BMF-Schreibens vom 19. Mai 1993, ist bei Umschuldung oder Prolongation dieses Darlehen unter erstmaligem Einsatz von Lebensversicherungsansprüchen Randziffer 14 des BMF-Schreibens vom 19. Mai 1993 entsprechend anzuwenden.

VII. Zu Randziffer 17 Satz 3 des BMF-Schreibens vom 19. Mai 1993:

13 Ist das veräußerte Wirtschaftsgut nur **teilweise** unter Einsatz von Lebensversicherungsansprüchen finanziert worden, bleibt die Steuerunschädlichkeit auch dann erhalten, wenn der Veräußerungserlös nur entsprechend dem zuvor finanzierten und besicherten Anteil zur Tilgung des Darlehens oder zur Beschaffung eines anderen begünstigten Wirtschaftsgutes eingesetzt wird.

VIII. Zu Randziffern 22 und 23 des BMF-Schreibens vom 19. Mai 1993:

14 Die Regelung der Randziffer 22 des BMF-Schreibens vom 19. Mai 1993 ist auf **Umschuldungsdarlehen** entsprechend anzuwenden mit der Folge, daß das valutierte Umschuldungsdarlehen zunächst auf ein Konto (z. B. Kontokorrentkonto, Sparkonto) des Darlehnsnehmers überwiesen werden kann, von dem aus dieser sodann die Umschuldung veranlaßt.

15 Die Regelung der Randziffer 22 des BMF-Schreibens vom 19. Mai 1993 ist für **Personengesellschaften** entsprechend anzuwenden mit der Maßgabe, daß zwischen der Darlehnsaufnahme beim Gesellschafter (Valutierung) und der Bezahlung der begünstigten Anschaffungs- oder Herstellungskosten oder der Überweisung der Geldmittel für Umschuldungszwecke durch die Personengesellschaft ein Zeitraum von nicht mehr als 30 Tagen liegen darf. Daraus folgt auch, daß der Gesellschafter die aufgenommenen Darlehnsmittel zunächst auf ein Konto der Personengesellschaft überweisen kann, die sodann die Mittel dem begünstigten Zweck zuführt.

16 Die Regelung der Randziffer 23 des BMF-Schreibens vom 19. Mai 1993 ist für **Personengesellschaften** mit der Maßgabe anzuwenden, daß die Darlehnsmittel, die ein Gesellschafter aufnimmt, um seinen Anteil an begünstigten Anschaffungs- oder Herstellungskosten zu finanzieren, steuerrechtlich nach ihrer tatsächlichen Verwendung zu würdigen sind. Aufwendungen, die bereits von der Personengesellschaft bezahlt worden sind, können demnach nicht noch einmal durch den bereits beteiligten Gesellschafter unter Einsatz von Lebensversicherungsansprüchen steuerunschädlich (re)finanziert werden, auch nicht in Höhe seines Anteils. Auf Randziffern 19 und 20 wird ergänzend hingewiesen.

IX. Zu Randziffer 27 des BMF-Schreibens vom 19. Mai 1993:

Die Regelungen zur **Umschuldung in Altfällen** gelten entsprechend für **Teilumschuldungen in Altfällen**. Daraus folgt, daß ein Darlehen, für das die Regelung des § 10 Abs. 2 Satz 2 i. V. m. § 52 Abs. 13a Satz 4 EStG noch nicht anzuwenden ist, auch teilweise unter Einsatz von Lebensversicherungsansprüchen umgeschuldet werden kann, wenn das Teil-Umschuldungsdarlehen die Restvaluta des umzuschuldenden Darlehens nicht übersteigt und die Versicherungsansprüche vereinbarungsgemäß nur bis zur Höhe des Teil-Umschuldungsdarlehens der Sicherung oder Tilgung dieses Darlehens dienen. 17

Randziffer 27 des BMF-Schreibens vom 19. Mai 1993 ist bei **Prolongationen** entsprechend anzuwenden.

X. Zu Randziffer 28 des BMF-Schreibens vom 19. Mai 1993:

Eine **Teilvalutierung** im Sinne der Randziffer 28 des BMF-Schreibens vom 19. Mai 1993 liegt auch vor, wenn der Darlehnsumfang nach Valutierung des ursprünglichen Darlehens zusätzlich erhöht wird (z. B. durch Ansammlung der laufend anfallenden Schuldzinsen auf dem Darlehnskonto). 18

XI. Zu Randziffer 29 des BMF-Schreibens vom 19. Mai 1993:

Sind Darlehnsmittel, bevor sie zur Bezahlung von Anschaffungs- oder Herstellungskosten eines nach § 10 Abs. 2 Satz 2 Buchstabe a EStG begünstigten Wirtschaftsguts verwendet wurden, vorübergehend auf **Festgeldkonten** angelegt worden, ist eine Bereinigung nach Randziffer 29 des BMF-Schreibens vom 19. Mai 1993 möglich. Soweit die Darlehnsmittel vor Ablauf der Bereinigungsfrist für begünstigte Anschaffungs- oder Herstellungskosten verwendet worden sind, ist durch diese Verwendung der gesetzliche Ausnahmetatbestand nachträglich erfüllt; im übrigen gelten für die Bereinigung die allgemeinen Grundsätze der Randziffern 29 und 30 des BMF-Schreibens vom 19. Mai 1993. 19

XII. Hinweise zu Personengesellschaften:

Die Regelungen des BMF-Schreibens vom 19. Mai 1993 sind entsprechend den Regelungen für Einzelpersonen auch auf **Personengesellschaften** anzuwenden. Die Ausnahmeregelung des § 10 Abs. 2 Satz 2 Buchstabe a EStG stellt nicht darauf ab, ob ein begünstigtes Wirtschaftsgut von einem oder von mehreren Steuerpflichtigen angeschafft oder hergestellt wird. Da es auf die Person des Versicherungsnehmers oder auf die versicherte Person nicht ankommt, kann auch eine Personengesellschaft ein begünstigtes Wirtschaftsgut unter Einsatz von Lebensversicherungsansprüchen steuerbegünstigt finanzieren, wenn die Voraussetzungen des § 10 Abs. 2 Satz 2 Bauchstabe a EStG nach dem BMF-Schreiben vom 19. Mai 1993 erfüllt sind. Finanzieren nur einzelne Mitglieder der Personengesellschaft ihren jeweils auf sie entfallenden Anteil an den begünstigten Anschaffungs- oder Herstellungskosten unter Einsatz von Lebensversicherungsansprüchen, muß sichergestellt sein, daß die aufgenommenen Darlehnsmittel unmittelbar und ausschließlich der Finanzierung dieser Ko- 20 sten dienen. Entsprechendes gilt für Bargründungsfälle, wenn der Gesellschafter zunächst nur seine Einlage leistet.

21 Der Nachweis, daß bei der Finanzierung unter Einsatz von Lebensversicherungsansprüchen der auf den einzelnen Gesellschafter entfallende Anteil am finanzierten Wirtschaftsgut nicht überschritten ist und daß auch die anderen Begrenzungen, wie z. B. die 30-Tage-Frist nach Randziffer 22 des BMF-Schreibens vom 19. Mai 1993, eingehalten wurden, ist sowohl auf der Ebene der Personengesellschaft als auch auf der des einzelnen Gesellschafters zu führen. Er muß sich leicht und einwandfrei für jede nach § 10 Abs. 2 Satz 2 Buchstabe a EStG begünstigte Investition nachvollziehen lassen. Als Nachweis genügt es z. B. nicht, wenn ein geschlossener Immobilienfonds auf ein vorgegebenes Volumen für eine geplante Investition verweist. Wegen der rechtlichen Einordnung der im Rahmen eines geschlossenen Immobilienfonds aufzubringenden Kosten sind im übrigen das BMF-Schreiben vom 31. August 1990 (BStBl. I S. 366) sowie die entsprechenden Erlasse der obersten Finanzbehörden der Länder zu beachten.

4. Policendarlehen: Anwendung des § 10 Abs. 2 Satz 2 und des § 52 Abs. 13a Satz 4 EStG i. d. F. des Steueränderungsgesetzes 1992; hier: Prolongation von Darlehen

Vom 16. November 1993 (FR 1994, S. 62)

(BMF IV B 2 – S 2134 – 127/93)

Ergänzend zu dem BMF-Schreiben vom 2. 11. 1993 (BStBl. I, 901) teile ich zur Frage der Prolongation folgendes mit:

Ob ein neuer Darlehnsvertrag vorliegt oder der bisherige Darlehnsvertrag lediglich modifiziert wurde, beurteilt sich nach der konkreten Gestaltung des Vertrags im Einzelfall. So ist regelmäßig ein einheitlicher Darlehnsvertrag anzunehmen, wenn die Laufzeit festgelegt und lediglich hinsichtlich der Zinsen vereinbart ist, daß nach einer bestimmten Zeit eine Anpassung erfolgen soll. Ist dagegen vereinbart, daß nach Ende der Laufzeit über die weitere Behandlung des Darlehns erneut verhandelt wird, so liegt trotz der Bezeichnung als „Prolongation" ein neuer Darlehnsvertrag vor, mit der Folge, daß die Meldepflichten nach § 29 EStDV sowie die Regelungen für Umschuldungen nach den BMF-Schreiben vom 19. 5. 1993 (BStBl. I, 406) und vom 2. 11. 1993 (a. a. O.) zu beachten sind.

5. Policendarlehen: Anwendung des § 10 Abs. 2 Satz 2 und des § 52 Abs. 13a Satz 4 EStG i.d.F. des Steueränderungsgesetzes 1992; hier: Fällige Zinsen, Kontoführungsgebühren, Kostenbelastung für die Haus-Zeitschrift

Vom 18. November 1993 (FR 1994, S. 62)

(BMF IV B 2 – S 2134 – 202/93)

Im Einvernehmen mit den obersten Finanzbehörden der Länder nehme ich zur Frage der Steuerschädlichkeit bei Belastung des laufenden Darlehnskontos mit fälligen Zinsen, Gebühren für Kontoführung sowie für die Haus-Zeitschrift wie folgt Stellung:

Die steuerlichen Folgen des § 10 Abs. 2 Satz 2 EStG treten nur ein, wenn die Lebensversicherungs-Ansprüche zur Tilgung oder Sicherung eines Darlehens eingesetzt werden, dessen Finanzierungskosten Betriebsausgaben oder Werbungskosten sind. Die Belastung eines Darlehnskontos mit den fälligen Zinsen, Kontoführungsgebühren sowie den Kosten für die Haus-Zeitschrift ist nicht allgemein als neue Darlehnsaufnahme zu beurteilen. Es kommt darauf an, ob das Darlehnskonto in der Form eines Fest-Kredits oder eines Kontokorrentkredits geführt wird.

Wird das Konto in der Form eines Kontokorrentkredits geführt, so stellt jede Belastung mit Zinsen, Kontoführungsgebühren, Gebühren für die Haus-Zeitschrift usw. eine Darlehens-Teilvalutierung dar, die nach dem 13. 2. 1993 bei Absicherung oder Tilgungsvereinbarung durch Lebensversicherungsansprüche für den Erlebensfall zur Steuerschädlichkeit führen würde.

Wird das Darlehnskonto in Form eines Fest-Kredits geführt, kommt es darauf an, wie die Zinsen, Gebühren und Kosten gezahlt werden. Werden diese Zahlungen mit den laufenden Tilgungsraten in der Weise geleistet, daß die Rate zunächst für diese Aufwendungen verwendet wird, hat sich das Darlehen insoweit nicht erhöht. Der Vorgang ist nicht steuerschädlich. Erhöhen hingegen die Zinsen, Gebühren und Kosten das Darlehenskonto und werden diese Aufwendungen erst bei Laufzeitende des Darlehens, z. B. mit der letzten Rate, verrechnet, liegt eine steuerschädliche Darlehenserhöhung vor. Zu einer steuerschädlichen Darlehenserhöhung kann es allerdings auch kommen, wenn der Darlehensnehmer seiner Zahlungsverpflichtung nicht nachkommt und z. B. eine Rate gestundet wird.

Eine Bereinigung bisher steuerschädlicher Fälle ist nach den Rz. 29 und 30 des BMF-Schreibens vom 19. 5. 1993 (BStBl. I, 406) i. V. m. dem BMF-Schreiben vom 14. 6. 1993 (BStBl. I, 484) bis einschließlich 31. 12. 1993 möglich.

6. Anwendung des § 10 Abs. 2 Satz 2 und des § 52 Abs. 13a Satz 4 EStG in der Fassung des Steueränderungsgesetzes 1992 vom 25. Februar 1992 (BGBl. I S. 297, BStBl. I S. 146); hier: Einräumung eines unwiderruflichen Bezugsrechts für den Todesfall

Vom 6. Mai 1994 (BStBl. I S. 311)

(BMF IV B 2 – S 2134 – 56/94)

Nach § 10 Abs. 2 Satz 2 EStG können Beiträge zu bestimmten Lebensversicherungen nicht mehr als Sonderausgaben abgezogen werden, wenn die Ansprüche aus Versicherungsverträgen während deren Dauer im Erlebensfall der Tilgung oder Sicherung „schädlicher" Darlehen dienen. Daraus folgt, daß es steuerlich unschädlich ist, wenn

a) nach Fälligkeit der Versicherung im Erlebensfall die Versicherungsleistung zur Darlehnstilgung verwendet wird, ohne daß vorher eine Tilgungs-/Sicherungsabrede getroffen worden ist,
b) nach Eintritt des Versicherungsfalls durch Tod der versicherten Person die Versicherungsleistung zur Darlehnstilgung verwendet wird, ohne daß eine Sicherungsabrede für den Erlebensfall getroffen worden ist (Randziffer 3 des BMF-Schreibens vom 19. Mai 1993, BStBl. I S. 406).

Es ist gefragt worden, welche steuerlichen Folgen sich ergeben, wenn der Versicherungsnehmer und Darlehnsschuldner für den Fall seines Todes dem Darlehnsgläubiger ein unwiderrufliches Bezugsrecht einräumt. Im Einvernehmen mit den obersten Finanzbehörden der Länder gilt dazu folgendes:

Bei einer Lebensversicherung mit geteilter Begünstigung für den Todes- und Erlebensfall steht der Anspruch auf den Rückkaufswert dem für den Todesfall unwiderruflich Bezugsberechtigten bis zum Eintritt des Erlebensfalls zu, d.h. im Erlebensfall nicht mehr zu (vgl. BFH-Urteil vom 17. Februar 1966, BGHZ 45, 162). Ein Widerruf oder eine Änderung der Bezugsberechtigung ist ohne die Zustimmung des Bezugsberechtigten nicht möglich. Ein zur Auszahlung gelangender Rückkaufswert steht daher dem Bezugsberechtigten der Todesfallversicherung zu, solange dessen Recht auf die Versicherungsleistung besteht, also bis (ausschließlich) zum Eintritt des Erlebensfalls.

Das Kündigungsrecht verbleibt grundsätzlich beim Versicherungsnehmer, solange dieser es nicht an den unwiderruflich Bezugsberechtigten abtritt. Eine Pfändung der Versicherungsansprüche beim Versicherungsnehmer durch Dritte wäre aber erfolglos, weil der unwiderruflich Bezugsberechtigte insoweit ein begründetes Widerspruchsrecht hat. Auch könnte der Versicherungsnehmer die Versicherungsansprüche nicht für den Erlebensfall an einen weiteren Gläubiger abtreten oder verpfänden (vgl. auch Prölls/Martin VVG, ALB § 15, Anm. 3). Daraus folgt, daß die Ansprüche aus dem Lebensversicherungsvertrag im Erlebensfall nicht anderweitig zur Sicherung eingesetzt werden können, wenn ein unwiderrufliches Bezugsrecht besteht. Jede Kündigung, sei es durch den Versicherungsnehmer oder den Sicherungsnehmer (z. B. bei Eintritt des Sicherungsfalls), würde auch im Erlebensfall dazu führen, daß der bis dahin angesparte Rückkaufswert an den für den Todesfall unwiderruflich Bezugsberechtigten auszuzahlen wäre. Da die Lebensversicherungsansprüche – trotz der Beschränkung des unwiderruflichen Bezugsrechts auf den Todesfall – im Erlebensfall nicht anderweitig zu Sicherungszwecken eingesetzt werden können, liegt in der unwiderruflichen Bezugsberechtigung, die der Versicherungsnehmer und Darlehnsschuldner für den Todesfall dem Darlehnsgläubiger einräumt, ein Dienen der Versicherungsansprüche auch im Erlebensfall. Das hat zur Folge, daß der Sonderausgabenabzug für die Lebensversicherungs-Beiträge sowie die Steuerfreiheit der Versicherungserträge zu versagen sind, es sei denn, einer der Ausnahmetatbestände nach § 10 Abs. 2 Satz 2 Buchstaben a bis c EStG ist erfüllt.

7. Anwendung des § 10 Abs. 2 Satz 2 und des § 52 Abs. 13a Satz 4 EStG in der Fassung des Steueränderungsgesetzes vom 25. Februar 1992 (BGBl. I S. 297, BStBl. I S. 146); Einräumung eines unwiderruflichen Bezugsrechts für den Todesfall

Vom 22. Juli 1994 (BStBl. I S. 509)

(BMF IV B 2 – S 2134 – 66/94 II)

Im Einvernehmen mit den obersten Finanzbehörden der Länder ist das BMF-Schreiben vom 6. Mai 1994 (BStBl. I S. 311) erstmals auf Fälle anzuwenden, in denen ein unwiderrufliches Bezugsrecht für den Todesfall zur Besicherung von Darlehen nach dem 30. Juni 1994 eingeräumt worden ist.

8. Anwendung des § 10 Abs. 2 Satz 2 und des § 52 Abs. 13a Satz 4 EStG in der Fassung des Steueränderungsgesetzes 1992 vom 25. Februar 1992 (BGBl. I S. 297, BStBl. I S. 146)

Vom 26. September 1994 (BStBl. I S. 749)

(BMF IV B 2 – S 2134 – 109/94)

Zur Anwendung des § 10 Abs. 2 Satz 2 und des § 52 Abs. 13a Satz 4 EStG (in der Fassung des Steueränderungsgesetzes 1992 vom 25. Februar 1992, a. a. O.) sind weitere Fragen gestellt worden. Auf der Grundlage der BMF-Schreiben vom 19. Mai 1993 (BStBl. I S. 406) und vom 2. November 1993 (BStBl. I S. 901) werden diese im Einvernehmen mit den obersten Finanzbehörden der Länder wie folgt beantwortet:

1. Überweisung auf ein Notaranderkonto

Nach Rz. 24 des BMF-Schreibens vom 19. Mai 1993 (a. a. O.) ist es steuerunschädlich, wenn Darlehnsmittel i. S. des § 10 Abs. 2 Satz 2 Buchstabe a EStG auf ein Anderkonto überwiesen werden, weil der Kaufpreis bereits fällig ist, die tatsächliche Zahlung an den Gläubiger aber aus bestimmten Gründen noch nicht erfolgt. Als Beispiel wird die noch nicht erfolgte Auflassung bei einem Grundstückskauf genannt. Die in Rz. 24 getroffene Regelung steht im Zusammenhang mit Rz. 22, wonach die Darlehnsmittel innerhalb von 30 Tagen dem begünstigten Zweck zuzuführen sind. Daraus folgt, daß die Darlehnsmittel bis 30 Tage vor Fälligkeit der Kaufpreisschuld steuerunschädlich auf ein Anderkonto überwiesen werden können.

2. Umschuldung von Kontokorrentsalden in Altfällen

Bei einem Kontokorrentkonto ist zwischen dem eingeräumten Kreditrahmen und dem tatsächlich in Anspruch genommenen Kredit zu unterscheiden. Da es sich bei einem Kontokorrentkredit in Höhe des jeweils neu in Anspruch genommenen (Kredit-)Betrages um ein neu aufgenommenes Darlehen handelt, liegt nur in Höhe des am 13. Februar 1992 tatsächlich in Anspruch genommenen Kredits ein Altfall i. S. des § 52 Abs. 13a Satz 4 EStG vor.

Bei Altfall-Umschuldungen treten daher folgende steuerliche Wirkungen ein:

- Hat sich der Schuldenstand nach dem 13. Februar 1992 ohne zwischenzeitliche Tilgung weiter erhöht, ist eine Altfall-Umschuldung in Höhe des Schuldenstandes am 13. Februar 1992 steuerunschädlich möglich.
- Wurde ein Teil der Schulden zwischenzeitlich getilgt und hat sich der Schuldenstand ggf. zwischenzeitlich wieder erhöht, ist eine steuerunschädliche Altfall-Umschuldung nur in Höhe des seit dem 14. Februar 1992 niedrigsten Schuldsaldos, bezogen auf den jeweiligen Tagessaldo, möglich. Die Überprüfung der Salden zu den jeweiligen vierteljährlichen Abrechnungsstichtagen reicht insoweit nicht aus, weil in der täglichen Inanspruchnahme des Kontokorrentkredits jeweils eine Darlehnsaufnahme liegt. War das Konto vorübergehend ausgeglichen oder wies es ein Guthaben aus, ist eine steuerunschädliche Umschuldung i. S. der Altfall-Regelung nicht mehr möglich.

3. Fälligkeit der Lebensversicherung vor Abschluß der Bereinigungsfrist

Ist eine steuerschädlich eingesetzte Lebensversicherung vor Ablauf der Bereinigungsfrist fällig oder wegen Eintritts des Sicherungsfalls gekündigt worden, ist eine Bereinigung nicht mehr möglich. Eine „Selbstheilung" kann nicht unterstellt werden, da es Fälle gibt, in denen eine schädliche Sicherungs- oder Tilgungsvereinbarung zur Wahrung der Belange des Darlehnsgläubigers bewußt bestehen bleiben sollte, z. B weil andere Sicherungs- oder Tilgungsmöglichkeiten nicht vorhanden waren. Eine Regelung im Sinne einer „Selbstheilung“ würde den vom Gesetzgeber bestimmten Anwendungszeitpunkt der Neuregelung vom 14. Februar 1992 auf den 1. Januar 1994 verlegen. Den insoweit möglichen Härtefällen kann nur durch Billigkeitsentscheidung im Einzelfall geholfen werden.

Billigkeitsentscheidungen kommen insbesondere in Betracht für Lebensversicherungen, die vor dem 1. Januar 1994 fällig wurden, wenn der Sicherungszweck entsprechend Rz. 12 Abs. 2 des BMF-Schreibens vom 19. Mai 1993 (a. a. O.) schuldrechtlich eingeschränkt worden ist, die erforderliche Verzichtserklärung gegenüber dem Lebensversicherungsunternehmen jedoch wegen Fälligkeit der Lebensversicherung nicht mehr abgegeben werden kann.

4. Zinsen und Kontoführungsgebühren bei Darlehen

Die steuerlichen Folgen des § 10 Abs. 2 Satz 2 EStG treten nur ein, wenn die Lebensversicherungs-Ansprüche im Erlebensfall zur Tilgung oder Sicherung eines **Darlehens** eingesetzt werden, dessen Finanzierungskosten Betriebsausgaben oder Werbungskosten sind. Die Belastung eines Darlehnskontos mit fälligen Zinsen, Kontoführungsgebühren oder, z. B. bei Bausparkassen, den Kosten für die Hauszeitschrift, ist nicht allgemein als neue Darlehnsaufnahme zu beurteilen. Es kommt darauf an, ob das Darlehnskonto in der Form eines Fest-Kredites oder eines Kontokorrentkredites geführt wird.

Wird das Konto in der Form eines Kontokorrentkredites geführt, so stellt jede Belastung mit Zinsen, Kontoführungsgebühren, Gebühren für die Hauszeitschrift usw. die Neuaufnahme eines Darlehens (s. o. Nr. 2 Abs. 1) bzw. eine Darlehns-Teilvalutierung dar, die nach dem 13. Februar 1992 bei Absicherung oder Tilgungsvereinbarung durch Lebensversicherungsansprüche für den Erlebensfall grundsätzlich zur Steuerschädlichkeit führen würde.

Wird das Darlehnskonto in Form eines Fest-Kredits geführt, kommt es darauf an, wie die Zinsen, Gebühren und Kosten gezahlt werden. Werden die Zahlungen mit den laufenden Tilgungsraten in der Weise geleistet, daß die Rate zunächst für diese Aufwendungen verwendet wird, hat sich das Darlehen insoweit nicht erhöht. Der Vorgang ist nicht steuerschädlich.

Erhöhen hingegen die Gebühren und Kosten das Darlehen, ist dies steuerschädlich. Zu einer steuerschädlichen Darlehnserhöhung kann es auch kommen, wenn der Darlehnsnehmer seiner Zahlungsverpflichtung nicht nachkommt und z. B. eine Rate gestundet wird. Aus Vereinfachungsgründen ist es bei vereinbarter laufender Zahlung der Zinsen, Gebühren und Kosten jedoch nicht zu beanstanden, wenn der Darlehnsvaluta aus technischen Abwicklungsgründen zunächst Gebühren, Kosten und Zinsen zugerechnet, diese aber sodann mit der nächstfälligen Zahlung ausgeglichen werden.

Entsprechendes gilt bei sog. Abwicklungskonten, bei denen vereinbarungsgemäß die fälligen Zinsen auf dem Darlehnskonto belastet und rechnerisch der

Darlehnsvaluta hinzugerechnet werden, wenn der entsprechende Zinsbetrag unverzüglich bezahlt wird und ein zusätzlicher Kreditrahmen nicht eingeräumt wird.

5. AGB-Pfandrecht

In Rz. 3 des BMF-Schreibens vom 19. Mai 1993 (a. a. O.) sind beispielhaft Fälle aufgeführt, in denen die Finanzverwaltung ein „Dienen" der Ansprüche aus Lebensversicherungsverträgen zur Sicherung oder Tilgung von Darlehen im Erlebensfall annimmt. Danach liegt ein „Dienen" u. a. vor, wenn die Ansprüche **gepfändet** werden. Eine „schädliche" Verwendung der Ansprüche aus Lebensversicherungsverträgen kann daher auch dann vorliegen, wenn ein Gläubiger von seinem Pfandrecht Gebrauch macht, ohne daß vorher eine entsprechende Sicherungs- oder Tilgungsvereinbarung getroffen worden ist.

Im Gegensatz zur Pfändung im Vollstreckungsverfahren, bei der ein „Dienen" i. S. des § 10 Abs. 2 Satz 2 EStG erst mit der tatsächlich durchgeführten Pfändung vorliegen kann, ist das AGB-Pfandrecht rechtsgeschäftlich vereinbart. Das AGB-Pfandrecht muß daher rechtswirksam ausgeschlossen sein, um die Steuerschädlichkeit des Einsatzes von Ansprüchen aus Lebensversicherungsverträgen in solchen Fällen zu vermeiden.

6. Vertrauensschutzregelung für Altfälle; hier: Austausch der Lebensversicherung

Die Vorschrift des § 52 Abs. 13a Satz 4 EStG besagt ausdrücklich, daß § 10 Abs. 2 Satz 2 EStG erstmals anzuwenden ist, „wenn die Ansprüche aus dem Versicherungsvertrag nach dem 13. Februar 1992 zur Tilgung oder Sicherung eines Darlehens dienen, es sei denn, der Steuerpflichtige weist nach, daß bis zu diesem Zeitpunkt die Darlehensschuld entstanden war und er sich verpflichtet hatte, die Ansprüche aus dem Versicherungsvertrag zur Tilgung oder Sicherung dieses Darlehens einzusetzen". Handelt es sich nach diesen Grundsätzen um einen Altfall, ist nicht weiter zu prüfen, für welchen Zweck die Darlehnsmittel eingesetzt worden sind. Sie sind also unschädlich eingesetzt. Aus diesem Grunde wird es auch zugelassen, solche Darlehen nach dem 13. Februar 1992 unter Einsatz von Ansprüchen aus Lebensversicherungsverträgen steuerunschädlich ganz oder teilweise umzuschulden. In der Umschuldung liegt an sich eine Darlehnsaufnahme nach dem 13. Februar 1992. Um Darlehnsnehmer und Darlehnsgeber die Möglichkeit zu geben, andere Vertragspartner zu wählen, wird in den genannten Fällen und unter den Voraussetzungen der Rz. 27 des BMF-Schreibens vom 19. Mai 1993 (a. a. O.) und der Rz. 17 des BMF-Schreibens vom 2. November 1993 (a. a. O.) die Altfall-Umschuldung nicht als ein Darlehns-Neufall angesehen.

Handelt es sich dem Grunde nach um einen Altfall i. S. des § 52 Abs. 13a Satz 4 EStG und sind die Ansprüche aus Lebensversicherungsverträgen somit steuerunschädlich eingesetzt, kann es nicht zur Steuerschädlichkeit führen, wenn zur Sicherung oder Tilgung vereinbarungsgemäß Ansprüche aus anderen Lebensversicherungsverträgen eingesetzt werden. Voraussetzung ist allerdings, daß die übrigen Voraussetzungen der Steuerunschädlichkeit eingehalten werden. So darf z. B. bei einer Umschuldung der abgetretene Betrag nicht höher sein als das Umschuldungsdarlehen, das seinerseits nicht höher sein darf als die Restvalua des umzuschuldenden Darlehns.

7. Gesonderte Kreditierung eines Damnums

Wurde ab dem Anwendungszeitpunkt des § 10 Abs. 2 Satz 2 EStG (14. Februar 1992) und vor Veröffentlichung des BMF-Schreibens vom 21. Dezember 1992 (BStBl. 1993 I S. 10) ein gesondertes Darlehen zur Finanzierung eines Damnums aufgenommen, um für die zur Besicherung des Darlehens zur Finanzierung von Anschaffungs- oder Herstellungskosten (Investitionsdarlehen) eingesetzten Ansprüche aus Lebensversicherungsverträgen die Steuerunschädlichkeit zu erhalten, können die mit dem Investitionsdarlehen verbundenen Finanzierungskosten – unabhängig von der Höhe der Tilgungsrate im Jahr der Aufnahme des Darlehens zur Finanzierung des Damnums – zur Wahrung des Grundsatzes der Gleichbehandlung in voller Höhe als Betriebsausgaben oder Werbungskosten abgezogen werden, wenn die übrigen Voraussetzungen für den Abzug erfüllt sind.

8. Anwendung auf vor dem 1. Januar 1974 abgeschlossene Versicherungsverträge

Nach § 52 Abs. 20 Satz 2 EStG ist § 10 Abs. 2 Satz 2 EStG auch auf vor dem 1. Januar 1974 abgeschlossene Versicherungsverträge anzuwenden.

9. Vorweggenommene Teil-Endfinanzierung bei Einrichtung eines Vorschaltkontos

Die Erleichterungen der Rz. 19 des BMF-Schreibens vom 19. Mai 1993 (a. a. O.) sind auch zu gewähren, wenn ein Vorschaltkonto vor Abschluß der Investition durch Fest-Darlehen teilweise abgelöst wird und die Inanspruchnahme der Fest-Darlehen nicht über die zunächst im Rahmen der insgesamt über das Vorschaltkonto finanzierten Aufwendungen hinausgeht (doppelstökkiges Vorschaltkonto). Die (Teil-)Fest-Darlehen können wie das Vorschaltkonto mit Lebensversicherungsansprüchen besichert sein. Voraussetzung für den Erhalt der Steuerunschädlichkeit ist auch in diesem Fall, daß die Beschränkung nach Rz. 19 Satz 2 des BMF-Schreibens vom 19. Mai 1993 (a. a. O.) auf die finanzierten Anschaffungs- oder Herstellungskosten innerhalb von drei Monaten nach Fertigstellung oder Lieferung des finanzierten Wirtschaftsguts (Abschluß der Investition) vorgenommen wird.

9. Gesonderte Feststellung der Steuerpflicht von Zinsen aus einer Lebensversicherung nach § 9 der Verordnung zu § 180 Abs. 2 AO

Vom 27. Juli 1995 (BStBl. I S. 371)
(BMF IV A 4 – S 0361 – 10/95)

Unter Bezugnahme auf das Ergebnis der Erörterungen mit den obersten Finanzbehörden der Länder gilt für gesonderte Feststellungen nach § 9 der Verordnung zu § 180 Abs. 2 AO folgendes:

I. Allgemeines

Setzt ein Steuerpflichtiger Ansprüche aus einer Lebensversicherung i. S. d. § 10 Abs. 1 Nr. 2 Buchst. b Doppelbuchstaben bb, cc und dd EStG während der Dauer der Versicherung im Erlebensfall zur Tilgung oder Sicherung von Darlehen ein, deren Finanzierungskosten Betriebsausgaben oder Werbungskosten sind, können die Versicherungsbeiträge grundsätzlich nicht als Sonderausgaben abgezogen werden (§ 10 Abs. 2 Satz 2 EStG). Gegebenenfalls ist eine Nachversteuerung durchzuführen (§ 30 Abs. 2 EStDV). Soweit die Voraussetzungen für den Sonderausgabenabzug nicht erfüllt sind, gehören die Zinsen aus den in den Beiträgen enthaltenen Sparanteilen zu den Einkünften aus Kapitalvermögen (§ 20 Abs. 1 Nr. 6 Satz 3 EStG). In diesen Fällen muß das Versicherungsunternehmen bei Verrechnung oder Auszahlung von Zinsen (z. B. bei Fälligkeit der Versicherung) Kapitalertragsteuer einbehalten (§ 43 Abs. 1 Nr. 4 EStG). Nach § 29 EStDV haben der Sicherungsnehmer, das Versicherungsunternehmen und der Versicherungsnehmer dem zuständigen Finanzamt unverzüglich die Fälle anzuzeigen, in denen Ansprüche aus Versicherungsverträgen nach dem 13. Februar 1992 zur Tilgung oder Sicherung von Darlehen eingesetzt werden.

II. Gesonderte Feststellung der Steuerpflicht der Zinsen

Nach § 9 der Verordnung über die gesonderte Feststellung von Besteuerungsgrundlagen nach § 180 Abs. 2 der Abgabenordnung (V zu § 180 Abs. 2 AO) ist die Steuerpflicht der außerrechnungsmäßigen und rechnungsmäßigen Zinsen aus den in den Versicherungsbeiträgen enthaltenen Sparanteilen gesondert festzustellen. Der Feststellungsbescheid ergeht gegenüber dem Versicherungsnehmer als Steuerschuldner. Außerdem ergeht an das Versicherungsunternehmen eine Mitteilung über die Verpflichtung zur Einbehaltung und Abführung von Kapitalertragsteuer. Mit Eintritt der Unanfechtbarkeit des Feststellungsbescheids ist die Entscheidung über die künftige Steuerpflicht der Zinserträge für den Steuerpflichtigen, das Versicherungsunternehmen und die Finanzbehörden verbindlich. Dies gilt nicht nur für die Einbehaltung und Abführung der Kapitalertragsteuer, sondern auch für die spätere Festsetzung der

Einkommensteuer. Eine Korrektur des Feststellungsbescheides ist nur nach Maßgabe der §§ 129, 164, 165, 172–175 AO zulässig.

Die Bindungswirkung des Feststellungsbescheids erstreckt sich nur auf die künftige Steuerpflicht der Zinserträge, nicht auch auf die Berücksichtigung der Versicherungsbeiträge als Sonderausgaben. Für die im Falle der steuerschädlichen Verwendung durchzuführende Nachversteuerung (§ 30 Abs. 2 EStDV) ist daher der Feststellungsbescheid nicht Grundlagenbescheid i. S. des § 171 Abs. 10 AO. Hieraus folgt auch, daß bei den noch offenen Steuerfestsetzungen der Sonderausgabenabzug anzuerkennen ist, wenn sich nach Eintritt der Unanfechtbarkeit des Feststellungsbescheids aufgrund späterer Rechtserkenntnisse herausstellt, daß die Verwendung der Ansprüche aus einer Lebensversicherung zu Finanzierungszwecken steuerlich unschädlich ist.

III. Regelungsinhalt des Feststellungsbescheids

Gegenstand der gesonderten Feststellung nach § 9 der V zu § 180 Abs. 2 AO ist die verbindliche Entscheidung über die aus einer bestimmten Verwendung der Ansprüche aus der Lebensversicherung sich ergebenden steuerlichen Folgen hinsichtlich der rechnungsmäßigen und außerrechnungsmäßigen Zinsen aus den in den Versicherungsbeiträgen enthaltenen Sparanteilen.

Die Steuerpflicht umfaßt grundsätzlich sämtliche Zinsen für die gesamte Vertragslaufzeit. In diesem Fall ergeht nur ein Feststellungsbescheid, der die uneingeschränkte Steuerpflicht aller Zinsen feststellt.

In den Fällen des § 10 Abs. 2 Satz 2 Buchst. c EStG sind nur die anteiligen Zinsen für bestimmte Kalenderjahre steuerpflichtig. Insoweit ist die Regelung des Feststellungsbescheids auf die Feststellung der Steuerpflicht der anteiligen Zinsen für das betroffene Kalenderjahr beschränkt. Deshalb können bei „partieller“ Steuerpflicht mehrere Feststellungsbescheide, jeweils bezogen auf die anteiligen Zinsen für die im einzelnen benannten Kalenderjahre, ergehen.

IV. Gesonderte Feststellung bei steuerunschädlicher Verwendung

Soweit die Zinsen aufgrund einer bestimmten Verwendung der Ansprüche aus der Lebensversicherung nicht steuerpflichtig sind, liegen die Voraussetzungen für eine gesonderte Feststellung nach § 9 der V zu § 180 Abs. 2 AO nicht vor. Da aber der Steuerpflichtige im Regelfall ein berechtigtes Interesse daran hat, das Ergebnis der Prüfung durch das Finanzamt zu erfahren, ist in diesen Fällen grundsätzlich ein negativer Feststellungsbescheid zu erteilen. Das Finanzamt ist bei der späteren Einkommensteuerveranlagung an die Entscheidung im negativen Feststellungsbescheid gebunden. Seine Bindungswirkung wird nur eingeschränkt, wenn er nach §§ 129, 164, 165 oder 172ff. AO berichtigt, aufgehoben oder geändert wird und ein Feststellungsbescheid über die steuerschädliche Verwendung ergeht oder wenn aufgrund einer anderen, steuerschädlichen Verwendung ein Feststellungsbescheid ergeht. Hat der Steuerpflichtige einen Feststellungsbescheid erfolgreich angefochten oder wurde er aus anderen Gründen aufgehoben, steht der Aufhebungsbescheid einem negativen Feststellungsbescheid gleich.

V. Änderung der Verwendung nach zunächst steuerunschädlicher Verwendung

Bei zunächst steuerunschädlicher Verwendung kann sich aus einer späteren anderweitigen Verfügung (z. B. erneute Beleihung oder Umwidmung des begünstigt angeschafften oder hergestellten Wirtschaftsgutes) eine erstmalige partielle oder umfassende Steuerpflicht der Zinsen ergeben. In diesem Fall ist der negative Feststellungsbescheid bzw. der entsprechende Aufhebungsbescheid im Hinblick auf die Rückwirkung der materiellrechtlichen Folgen des neu hinzugetretenen Sachverhaltes nach § 175 Abs. 1 Satz 1 Nr. 2 AO aufzuheben und zugleich ein (neuer) Feststellungsbescheid zu erlassen.

VI. Überschreitung des Drei-Jahres-Zeitraums

Überschreitet die Verwendung der Ansprüche aus der Lebensversicherung den Drei-Jahres-Zeitraum nach § 10 Abs. 2 Satz 2 Buchst. c EStG, führt dies zur umfassenden Steuerpflicht aller Zinsen für die gesamte Laufzeit des Versicherungsvertrages. In diesem Fall sind die bisher ergangenen Feststellungsbescheide über die partielle Steuerpflicht nach § 175 Abs. 1 Satz 1 Nr. 2 AO aufzuheben und ein Feststellungsbescheid über die umfassende Steuerpflicht zu erteilen.

VII. Unterschreitung des Drei-Jahres-Zeitraums

Ist ein Feststellungsbescheid über die umfassende Steuerpflicht der Zinsen ergangen, weil der Einsatz der Ansprüche aus der Lebensversicherung zur Sicherung eines Betriebsmittelkredits zunächst für einen Zeitraum von mehr als drei Jahren (z. B. unbefristet) vereinbart war, kann die vorzeitige Beendigung dieses Einsatzes (z. B. bei Kündigung des Darlehensvertrages oder bei Sicherheitentausch innerhalb des Drei-Jahres-Zeitraums) zu einer rückwirkenden Änderung des Umfangs der Steuerpflicht der Zinsen führen. In diesem Fall sind der Feststellungsbescheid über die umfassende Steuerpflicht nach § 175 Abs. 1 Satz 1 Nr. 2 AO aufzuheben und zugleich neue Feststellungsbescheide über die partielle Steuerpflicht zu erlassen.

VIII. Örtliche Zuständigkeit

Die gesonderte Feststellung nach § 9 der V zu § 180 Abs. 2 AO obliegt dem für die Einkommensbesteuerung des Versicherungsnehmers örtlich zuständigen Finanzamt. Dies gilt auch für den Erlaß eines negativen Feststellungsbescheides.

IX. Schlußbestimmungen

Die Zweite Verordnung zur Änderung der Verordnung über die gesonderte Feststellung von Besteuerungsgrundlagen nach § 180 Abs. 2 der Abgabeordnung ist am 24. Dezember 1994 in Kraft getreten. § 9 der Verordnung zu § 180 Abs. 2 AO ist ab diesem Zeitpunkt auch in allen anhängigen Verfahren anzuwenden. Deshalb kann ein Feststellungsbescheid über die künftige Steuerpflicht der Zinsen aus einem Lebensversicherungsvertrag auch dann ergehen, wenn die zugrundeliegende Verwendung vor dem 24. Dezember 1994 erfolgte.

10. Steuerliche Behandlung von Lebensversicherungen, die zur Tilgung oder Sicherung eines Darlehens eingesetzt werden – Anzeige nach § 29 Abs. 1 EStDV

Vom 8. Juli 1992 (DStR S. 1205)

(Vfg. OFD Münster S 2532 – 192 – St II – 31)

Nach Maßgabe der §§ 10 Abs. 2, 20 Abs. 1 EStG in der Fassung des StÄndG 1992 (BStBl. I 1992, 146) sind Lebensversicherungsverträge von der steuerlichen Förderung (Abzug als Sonderausgabe und Steuerbefreiung der Erträge aus der Lebensversicherung) ausgeschlossen, wenn der Versicherungsvertrag nach dem 13. 2. 1992 zur Tilgung oder Sicherheit eines Darlehens eingesetzt wird (sog. Policendarlehen, vgl. hierzu meine Bezugsverfügung v. 12. 3. 1992, S 2000 – 9 – St 11 – 31).

Der Darlehensgeber (Sicherungsnehmer) bzw. das Versicherungsunternehmen haben nach § 29 Abs. 1 EStDV in der Fassung des StÄndG 1992 dem für ihre Veranlagung zuständigen Finanzamt unverzüglich die Fälle anzuzeigen, in denen Ansprüche aus Lebensversicherungsverträgen nach dem genannten Stichtag zur Tilgung oder Sicherung von Darlehen eingesetzt werden, wenn der Betrag von 50000 DM überschritten wird.

Die Anzeige ist nach dem als Anlage beigefügten Muster „ESt 29 – Anzeige nach § 29 EStDV –" abzugeben. Es bestehen keine Bedenken, wenn die Anzeige vom Darlehensgeber unmittelbar an das im Vordruck ohnehin anzugebende Wohnsitzfinanzamt des Darlehensnehmers übersandt wird. Ist der Darlehensnehmer nicht identisch mit dem Versicherungsnehmer, ist die Anzeige dem Wohnsitzfinanzamt des Versicherungsnehmers zuzuleiten. Ferner ist nicht zu beanstanden, wenn die Anzeige bereits ergänzt um die Rückantwort des Darlehensnehmers/Versicherungsnehmers (vgl. Rückseite der 1. Ausfertigung des Vordrucks) abgegeben wird.

Das *Wohnsitzfinanzamt* des Darlehensnehmers/Versicherungsnehmers prüft, ob die Voraussetzungen für den Sonderausgabenabzug der Versicherungsbeiträge und für die Steuerfreiheit der außerrechnungsmäßigen und rechnungsmäßigen Zinsen (§ 10 Abs. 2 S. 2, § 20 Abs. 1 Nr. 6, § 43 Abs. 1 Nr. 4 EStG) vorliegen. Vertragsunterlagen sind grundsätzlich nur anzufordern, wenn aufgrund der Anzeige oder Erkenntnissen des Finanzamts Anhaltspunkte für eine schädliche Verwendung des Versicherungsvertrages vorliegen.

Liegen die Voraussetzungen für den Sonderausgabenabzug/die Steuerfreiheit nicht vor, ist dem Stpfl., dem Versicherungsunternehmen sowie dem Betriebsfinanzamt des Versicherungsunternehmens mitzuteilen, daß die Erträge aus der Versicherung steuerpflichtig sind. Eine Durchschrift der Mitteilung ist zu den Steuerakten zu nehmen. Dabei ist sicherzustellen, daß die Mitteilung nicht vor Ablauf der Versicherungslaufzeit ausgesondert wird (ggfs. Ablage in bes. Vertragsakten oder in der Bilanzakte).

Soweit die Beiträge zur Lebensversicherung in diesen Fällen als Sonderausgaben berücksichtigt wurden, ist – ggfs. rückwirkend – eine Nachversteuerung nach § 30 Abs. 2 EStDV durchzuführen.

11. Refinanzierte Berlin-Darlehen

Vom 11. August 1993 (NWB-E 40/93, Fach 1 S. 297f.)

(Vfg. OFD Köln S 2252 – 56 – St 122a)

Steuerpflichtige, die ein Berlin-Darlehen gezeichnet haben, haben dieses oftmals ganz oder teilweise refinanziert. Das aufgenommene (Refinanzierungs-) Darlehen wurde zumeist bis zur Fälligkeit einer Lebensversicherung von der Tilgung ausgesetzt. Die Neuregelung des § 10 Abs. 2 Satz 2 EStG findet auf diese Fälle grundsätzlich keine Anwendung, da es sich um Altfälle handelt (Darlehensaufnahme und Tilgungsabrede vor dem 14. 2. 1992; § 52 Abs. 13a Satz 4 EStG). Allerdings erfolgte die laufende Abwicklung des aufgenommenen (Refinanzierungs-)Darlehens oftmals nicht über ein gesondertes „Verrechnungskonto“. Vielmehr wurde das Darlehenskonto monatlich oder quartalsmäßig insbes. um die fällige Zinsrate belastet und bei Zahlung durch eine entsprechende Gutschrift „bereinigt“. Erfolgen Belastung und Gutschrift taggleich, bleibt der Vorgang steuerunschädlich. Erfolgt die Gutschrift jedoch später, erhöht sich somit also der Darlehnsstand, ergeben sich Probleme in all den Fällen, in denen bei der ursprünglichen Sicherungs- und Tilgungsabrede eine Globalabtretung vereinbart worden ist. Denn hier dienen die Versicherungsansprüche zur Sicherung/Tilgung auch der nach dem 13. 2. 1992 entstandenen (schädlichen) Zinsverbindlichkeiten. Die Finanzministerien des Bundes und der Länder haben hierzu übereinstimmend die Auffassung vertreten, daß der Steuerpflichtige nicht Inhaber eines „normalen“ Darlehenskontos, sondern eines Kontokorrentkontos ist. Erhöht sich der Schuldenstand dieses Kontokorrentkontos durch eine Zinsbelastung nach dem 13. 2. 1992, geht hierdurch grundsätzlich das Steuerprivileg für die Lebensversicherung verloren. Dies kann nur durch eine Bereinigung nach Tz. 30 des BMF-Schreibens v. 19. 5. 1993 (BStBl. I, 406) vermieden werden. Um die Steuerschädlichkeit zu vermeiden, müssen die Darlehensmittel unmittelbar für begünstigte Zwecke verwandt werden. Das BMF-Schreiben bietet insoweit eine Billigkeitsregelung, als der Steuerpflichtige nicht sofort, sondern innerhalb von 30 Tagen über die Darlehensmittel in unschädlicher Weise verfügen muß. Bei Fristüberschreitung geht grundsätzlich das Steuerprivileg verloren, weil vorrangig eine Kapitalforderung abgesichert wird. Bis zum 31. 12. 1993 kann der Steuerpflichtige jedoch die Steuerschädlichkeit nach den Tzn. 29 und 30 des BMF-Schreibens v. 19. 5. 1993 heilen.

12. Anerkennung einer Kapitallebensversicherung mit steigender Todesfalleistung als Direktversicherung i. S. des § 40b EStG

Vom 17. März 1994 (DB 1994, S. 756)

(Fin.Min. Niedersachsen S 2373 – 38 – 351)

Nach dem in Abschn. 129 Abs. 3 LStR zitierten BFH-Urteil vom 9. 9. 1990 (BStBl. II 1991 S. 189) ist eine Versicherung, bei der das typische Todesfallwagnis und – bereits bei Vertragsabschluß – das Rentenwagnis ausgeschlossen worden sind, keine Direktversicherung. In den Urteilsgründen bringt der BFH zum Ausdruck, daß eine Lebensversicherung als Direktversicherung nur dann begünstigt weden sollte, wenn das der Lebensversicherung innewohnende Todesfallrisiko dem Versicherungsvertrag das Gepräge gibt. Im Hinblick auf das vorgenannte BFH-Urteil ist die Frage gestellt worden, ob eine Kapitallebensversicherung, bei der zu Beginn der Versicherung nur ein Versicherungsschutz von 10 v. H. der Summe im Erlebensfall vereinbart wird, als Direktversicherung i. S. des § 40b EStG anzuerkennen ist.

Hierzu ist folgende Auffassung zu vertreten:

Die in § 1 Abs. 2 Satz 1 Betriebsrentengesetz enthaltene arbeitsrechtliche Definition der Direktversicherung setzt Risikoschutz während der gesamten Versicherungsvertragsdauer voraus, der nicht von untergeordneter Bedeutung sein darf. Vielmehr muß dieser Risikoschutz zumindest die Hälfte der vereinbarten Kapitalleistung umfassen.

Da die arbeitsrechtliche Definition der Direktversicherung auch für das Steuerrecht gilt, ist eine Direktversicherung i. S. des § 40b EStG nur dann anzuerkennen, wenn die Todesfalleistung während der gesamten Versicherungsvertragsdauer mindestens 50 v. H. der vereinbarten Kapitalleistung beträgt.

Dieser Erlaß ergeht im Einvernehmen mit dem BMF und den obersten Finanzbehörden der anderen Länder.

Bezeichnung und Anschrift des Darlehensgebers, ggf. des Versicherungsunternehmens

An das Finanzamt des Versicherungsnehmers [1]

Finanzamt

Anzeige

nach § 29 Abs. 1 der Einkommensteuer-Durchführungsverordnung

Hat der Darlehensgeber den Wohnsitz, Sitz oder die Geschäftsleitung im Ausland, ist das Versicherungsunternehmen anzeigepflichtig.

Angaben zur Person des Darlehensnehmers
Name und Anschrift

Finanzamt und Steuernummer

Angaben zum Darlehen Vertragsnummer/Kontonummer	Vertragsabschluß am	(Teil-) Valutierung am	Nennbetrag in DM	Auszahlungsbetrag in DM

Verwendungszweck des Darlehens (in Kurzform)

Angaben zum Versicherungsvertrag, dessen Ansprüche für den Erlebensfall der ☐ Darlehens-sicherung ☐ Darlehens-tilgung dienen.
Bezeichnung und Anschrift des Versicherungsunternehmens

Name, Anschrift, Finanzamt und Steuernummer des Versicherungsnehmers (falls nicht identisch mit dem Darlehensnehmer)

Versicherungsnummer	Gesamtlaufzeit des Versicherungsvertrages von Kj.	bis Kj.	Datum der Vereinbarung [2]	Eingesetzte Versicherungsansprüche im DM [3]

Datum, Unterschrift

Fußnoten siehe Rückseite der 4. Ausfertigung.

Nur vom Finanzamt auszufüllen

Finanzamt

Sehr geehrte(r)

Hiermit übersende ich die Anzeige mit der Bitte,

☐ die Rückseite auszufüllen und die Anzeige innerhalb von vier Wochen zurückzusenden. Zu Ihrer Information sind Erläuterungen beigefügt.

☐ die Vertragsunterlagen (Kopien) beizufügen.

Mit freundlichen Grüßen
Im Auftrag

1. Ausfertigung für das Finanzamt

Absender (Darlehensnehmer)

Finanzamt

Rückantwort

Ich bestätige die umseitigen Angaben des Darlehensgebers, ggf. des Versicherungsunternehmens und teile zur Verwendung der Darlehensmittel ergänzend folgendes mit:

(Bezeichnung der angeschafften oder hergestellten Wirtschaftsgüter, Anschaffungs-/Herstellungskosten)

Das mit dem Darlehen finanzierte Wirtschaftsgut wird dauernd zur Erzielung von Einkünften eingesetzt ☐ Nein ☐ Ja

Anzahl

Darlehens- und Versicherungs-Vertragsunterlagen sind beigefügt.

Dienen die Ansprüche aus dem Versicherungsvertrag nicht länger als insgesamt drei Jahre der Sicherung des betrieblich veranlaßten Darlehens, werde ich dies mitteilen.

Datum, Unterschrift

Nur vom Finanzamt auszufüllen

Finanzamt

Steuernummer

1. Über einen steuerlich schädlichen bzw. steuerlich unschädlichen Tatbestand ist in einem gesonderten Feststellungsverfahren zu entscheiden.

Erledigt

2. ☐ Z. d. A.

Datum

Hinweise für das Ausfüllen der Anzeige nach § 29 Abs. 1 EStDV

Die Anzeige nach § 29 Abs. 1 EStDV ist nicht abzugeben, wenn vereinbart ist, daß die Versicherungsleistung nur nach Eintritt des Versicherungsfalles durch Tod der versicherten Person zur Darlehenstilgung verwendet wird, ohne daß eine Sicherungsabrede für den Erlebensfall getroffen worden ist. Wurde dem Darlehensgeber jedoch eine unwiderrufliche Bezugsberechtigung für den Todesfall eingeräumt, ist eine Anzeige erforderlich. Der Einsatz von Ansprüchen aus Risikolebensversicherungen, die nur für den Todesfall eine Leistung vorsehen, ist nicht anzuzeigen. Eine Anzeige ist auch dann nicht erforderlich, wenn Ansprüche aus einer Direktversicherung oder einer Rückdeckungsversicherung der Darlehenssicherung oder -tilgung dienen.

Angaben zum Darlehen

Werden zur Finanzierung der Anschaffungs-/Herstellungskosten e i n e s Wirtschaftsguts oder mehrerer Wirtschaftsgüter mehrere Darlehen aufgenommen, die zusammen den Nennbetrag von 50 000 DM übersteigen, sind alle Darlehen aufzuführen (ggf. auf besonderem Blatt).

Angaben zum Versicherungsvertrag

Ansprüche aus Lebensversicherungsverträgen dienen der Sicherung/Tilgung eines Darlehens, wenn sie z.B. abgetreten, beliehen, verpfändet oder hinterlegt werden.

Bei Einsatz mehrerer Lebensversicherungsverträge zur Sicherung/Tilgung eines Darlehens ist für jeden dieser Verträge eine Anzeige auszufüllen. Werden in e i n e r Anzeige mehrere Darlehen aufgeführt, so sind im Fall der Sicherung/Tilgung dieser Darlehen durch mehrere Lebensversicherungsverträge auch alle Lebensversicherungsverträge anzugeben (ggf. auf besonderem Blatt).

Erläuterungen

Die Voraussetzungen für die steuerliche Begünstigung von Lebensversicherungen (Abzug der Beiträge als Sonderausgaben, Steuerfreiheit der Zinserträge) haben sich durch die Neufassung des § 10 Abs. 2 Einkommensteuergesetz (EStG) geändert. Die Steuerbegünstigung fällt grundsätzlich weg, wenn Ansprüche aus Lebensversicherungsverträgen nach dem 13.2.1992 während deren Dauer im Erlebensfall der Tilgung oder Sicherung von Darlehen dienen, deren Finanzierungskosten Betriebsausgaben oder Werbungskosten sind. Auf folgende Tatbestände wird besonders hingewiesen:

1. Selbstgenutztes Wohneigentum

Die Finanzierung von ausschließlich zu eigenen Wohnzwecken genutztem Wohneigentum unter Einsatz von Lebensversicherungsansprüchen fällt grundsätzlich nicht unter die Regelung des § 10 Abs. 2 Satz 2 EStG, da die Zinsen und sonstigen Finanzierungskosten weder Betriebsausgaben noch Werbungskosten sind. Ein evtl. Schuldzinsenabzug nach § 10 e Abs. 6a EStG ist für die Anwendung des § 10 Abs. 2 Satz 2 EStG ohne Bedeutung.

Folgendes ist jedoch zu beachten:

Befindet sich im eigengenutzten Wohneigentum ein steuerlich anzuerkennendes **Arbeitszimmer**, sind die anteilig auf dieses Arbeitszimmer entfallenden Finanzierungskosten Betriebsausgaben oder Werbungskosten. Die Finanzierung mit einem oder mehreren Darlehen ist steuerunschädlich, wenn das bzw. die Darlehen insgesamt die betragsmäßigen und inhaltlichen Voraussetzungen des § 10 Abs. 2 Satz 2 EStG erfüllen, also durch das/die Darlehen nicht mehr und nichts anderes finanziert wird als die Anschaffungs- oder Herstellungskosten, ggf. zuzüglich eines Disagios, und wenn die zur Sicherung oder Tilgung vereinbarungsgemäß verwendeten Ansprüche aus Versicherungsverträgen die mit dem Darlehen finanzierten Anschaffungs- oder Herstellungskosten (ohne Disagio!) nicht übersteigen (Beispiel: Anschaffungs-/Herstellungskosten des begünstigten Wirtschaftsguts: 90 000 DM; Darlehen: Nennbetrag 100 000 DM, Disagio 10 000 DM. Maximal abtretbare Lebensversicherungsansprüche: 90 000 DM). Entsprechendes gilt, wenn zum eigengenutzten Wohneigentum eine **Garage** gehört, deren Finanzierungskosten (teilweise) Betriebsausgaben oder Werbungskosten sind, weil das darin abgestellte Fahrzeug zu betrieblichen oder beruflichen Fahrten, z.B. zu Fahrten zwischen Wohnung und Arbeitsstätte, genutzt wird.

2. Anschaffung oder Herstellung eines begünstigten Wirtschaftsguts (§ 10 Abs. 2 Satz 2 Buchst. a EStG)

Steuerlich unschädlich ist die Finanzierung von Anschaffungs- oder Herstellungskosten eines oder mehrerer Wirtschaftsgüter, das/die dauernd zur Erzielung von Einkünften bestimmt und keine Forderung(en) ist/sind, wenn die ganz oder zum Teil zur Tilgung oder Sicherung verwendeten Ansprüche aus Versicherungsverträgen nicht die mit dem Darlehen finanzierten Anschaffungs- oder Herstellungskosten übersteigen.

3. Umwidmung eines begünstigt angeschafften oder hergestellten Wirtschaftsguts

Wird ein Wirtschaftsgut, dessen Anschaffungs- oder Herstellungskosten ganz oder teilweise steuerunschädlich unter Einsatz von Lebensversicherungsansprüchen finanziert wurden (s. 2.), einem anderen Zweck zugeführt, ist folgendes zu beachten:

Veräußerung oder **Untergang** sind in der Regel steuerunschädlich; allerdings ist der Veräußerungserlös oder ggf. ein Schadensersatz unverzüglich zur Ablösung des Darlehens oder zur Beschaffung begünstigter Wirtschaftsgüter zu verwenden. In Fällen der **Entnahme** kommt es auf den weiteren Verwendungszweck an. Dient das Wirtschaftsgut danach ausschließlich persönlichen Zwecken, ist dies steuerunschädlich, da in diesem Fall die Finanzierungskosten für das Darlehen ab dem Zeitpunkt der Entnahme des Wirtschaftsgutes weder Betriebsausgaben noch Werbungskosten sind. Dient das Wirtschaftsgut nach der Entnahme verschiedenen steuerlichen Zwecken, ist dies nur dann steuerunschädlich, wenn jeder einzelne Zweck steuerunschädlich ist und die übrigen Voraussetzungen des § 10 Abs. 2 Satz 2 EStG erfüllt sind.

4. Umwidmung eines zunächst ausschließlich zu persönlichen Zwecken angeschafften oder hergestellten Wirtschaftsguts

Ab dem Zeitpunkt des Einsatzes eines Wirtschaftsgutes zur Erzielung von Einkünften sind die Finanzierungskosten, die für das unter Einsatz von Lebensversicherungsansprüchen aufgenommene Darlehen zur Finanzierung der Anschaffungs- oder Herstellungskosten zu zahlen sind, Betriebsausgaben oder Werbungskosten. Die Steuerunschädlichkeit bleibt nur dann erhalten, wenn das ursprüngliche Anschaffungs- oder Herstellungsdarlehen (oder ein späteres Umschuldungsdarlehen) und die diesem Darlehen dienenden Versicherungsansprüche ab dem Zeitpunkt des (teilweisen) Einsatzes zur Erzielung von Einkünften die Voraussetzungen des § 10 Abs. 2 Satz 2 Buchst. a EStG erfüllen. Daraus folgt, daß ggf. **vor der Umwidmung** das Darlehen auf die damit anteilig finanzierten Anschaffungs- oder Herstellungskosten, ggf. abzüglich zwischenzeitlich erfolgter Tilgung, zu vermindern ist und die dem Darlehen dienenden Versicherungsansprüche entsprechend anzupassen sind.

5. Kurzfristige „schädliche" Verwendung

Dienen Ansprüche aus Lebensversicherungsverträgen insgesamt nicht länger als drei Jahre der Sicherung betrieblich veranlaßter Darlehen und liegen die Voraussetzungen zu Ziffer 2 nicht vor, können Versicherungsbeiträge in den Veranlagungszeiträumen nicht als Sonderausgaben abgezogen werden, in denen diese Ansprüche der Darlehenssicherung dienen. Die Zinsen aus dem Lebensversicherungsvertrag sind zu versteuern, soweit sie in diesen Veranlagungszeiträumen gutgeschrieben werden. (Die Vereinbarung der **Tilgung** durch Lebensversicherungsansprüche führt hier von Anfang an zur Steuerschädlichkeit.)

Zur Berechnung des Drei-Jahres-Zeitraums sind die jeweiligen Zeiträume der Verwendung der Lebensversicherungsansprüche zu Sicherungszwecken genau zu ermitteln und zu addieren. Dazu zählen z.B. bei laufenden Kontokorrentkrediten nur die Zeiträume, in denen das gesicherte Konto tatsächlich einen Negativsaldo aufweist.

Die Berechnung des Drei-Jahres-Zeitraums beginnt frühestens am 14.2.1992. Sie ist für jeden zur Sicherung eingesetzten Lebensversicherungsvertrag gesondert zu ermitteln.

Ist die Drei-Jahres-Frist überschritten, entfällt der Sonderausgabenabzug der Beiträge für den eingesetzten Lebensversicherungsvertrag insgesamt. Ggf. ist eine Nachversteuerung durchzuführen (§ 30 Abs. 2 EStDV). Die Zinsen aus dem Lebensversicherungsvertrag sind dann außerdem insgesamt zu versteuern.

Beispiel:

Ein betriebliches Kontokorrentkonto ist durch Lebensversicherungsansprüche für den Erlebensfall abgesichert.

Im Jahr 01 wird der Kontokorrentkredit	an 30 Tagen
im Jahr 02	an 45 Tagen
im Jahr 03	gar nicht
im Jahr 04	an 20 Tagen
im Jahr 05	an 50 Tagen
	(= 145 Tage)

in Anspruch genommen.

In den Jahren 01, 02, 04 und 05 können die Versicherungsbeiträge nicht als Sonderausgaben abgezogen werden. Die in diesen Jahren gutgeschriebenen Zinsen aus dem Versicherungsvertrag sind zu versteuern. Zur Berechnung der Drei-Jahres-Frist sind die Zeiträume zu addieren, in denen die Versicherungsansprüche tatsächlich der Sicherung des Kontokorrentkredites gedient haben. Das sind hier 145 Tage. Der Drei-Jahres-Zeitraum ist also noch nicht überschritten, obwohl bereits für vier Jahre der Sonderausgabenabzug zu versagen und die Zinsen zu versteuern waren.

Auf die Verwaltungsanweisungen in den BMF-Schreiben vom 19.5.1993 (BSt Bl I S. 406), vom 2.11.1993 (BSt Bl I S. 901), vom 6.5.1994 (BSt Bl I S. 311), vom 22.7.1994 (BSt Bl I S. 509) und vom 26.9.1994 (BSt Bl I S. 749) wird hingewiesen.

1) Die Anzeige ist an das für die Veranlagung des Sicherungsnehmers zuständige Finanzamt zu senden, wenn der Versicherungsnehmer beschränkt steuerpflichtig ist. 2) **Datum der Vereinbarung.** Anzugeben ist der Zeitpunkt des Abschlusses der Sicherungs-/Tilgungsvereinbarung (z.B. Abtretung, Verpfändung, Hinterlegung). 3) **Eingesetzte Versicherungsansprüche in DM.** Anzugeben sind die zur Tilgung bzw. Sicherung des Darlehens dienenden Versicherungsansprüche in DM. Sind die Ansprüche aus einem Versicherungsvertrag in voller Höhe abgetreten und sind diese im Zeitpunkt der Anzeige noch nicht bezifferbar, genügt die Angabe „in voller Höhe".

Anhang III. Musterformulare

1. *Abtretung mit weiter Sicherungszweckerklärung (steuerschädlich)*

Interne Angaben der Bank/Ablagehinweise

Aktenzeichen/Kunden-Nummer	Bankleitzahl
Versicherungsschein-Nummer	

Abtretung von Lebensversicherungsansprüchen

Zwischen Sicherungsgeber (Name und Anschrift)

und Bank (Name und Anschrift)

wird folgendes vereinbart:

1. Gegenstand der Abtretung

(1) Der Sicherungsgeber hat/wird bei der

Name und Anschrift der Versicherungsgesellschaft

eine Lebensversicherung abgeschlossen/abschließen. Er tritt hiermit sämtliche Ansprüche und Rechte, die ihm aufgrund des Versicherungsvertrages gegen die genannte Versicherungsgesellschaft zustehen oder noch zustehen werden, an die Bank ab, insbesondere

- die Ansprüche aus einer Unfall-Zusatzversicherung,
- die Ansprüche aus einer Risiko-Zusatzversicherung sowie
- die Ansprüche aus etwaigen Anpassungsversicherungen.

Mitübertragen ist das Recht auf Kündigung des Versicherungsvertrages und auf Entgegennahme des Rückkaufswertes.

(2) Abgetreten werden außerdem alle gegenwärtigen und künftigen Ansprüche aus einem für diese Lebensversicherung unterhaltenen **Beitragskonto** oder **Beitragsdepot**, auch soweit dieses nicht bei der Versicherungsgesellschaft selbst geführt wird.

2. Übergabe des Versicherungsscheins

Der Sicherungsgeber übergibt der Bank den Versicherungsschein und verpflichtet sich, Nachträge zum Versicherungsschein der Bank jeweils unverzüglich nach Erhalt zu übermitteln.

3. Widerruf von Bezugsrechten

Etwaige Bezugsrechte werden, soweit sie den Rechten der Bank entgegenstehen, für die Dauer dieser Abtretung widerrufen.

4. Sicherungszweck

Die Abtretung sichert die **Ansprüche der Bank,** die ihr aus dem nachstehend bezeichneten Kredit zustehen, und zwar auch dann, wenn die vereinbarte Kreditlaufzeit verlängert wird.

Bezeichnung des Kredits, ggf. Name des Kreditnehmers, falls mit dem Sicherungsgeber nicht identisch

5. Beitragszahlung

Auf Verlangen der Bank ist der Sicherungsgeber verpflichtet, die Beitragszahlung nachzuweisen. Die Bank ist berechtigt, aber nicht verpflichtet, zu Lasten des Sicherungsgebers Beiträge und sonstige Zahlungen im Rahmen des Versicherungsverhältnisses zu entrichten.

6. Eintritt des Versicherungsfalles

Erhält die Bank die Versicherungsleistung vor Fälligkeit der gesicherten Ansprüche, so dient dieser Betrag zur Sicherung der in Nummer 4 genannten Ansprüche. Die Bank wird den ausgezahlten Betrag bis zur Erledigung des Sicherungszwecks angemessen verzinsen.

7. Sicherheitenverwertung

(1) Die Bank ist berechtigt, die ihr gemäß Nummer 1 abgetretenen Rechte geltend zu machen, wenn der Kreditnehmer mit einem Betrag, der mindestens zwei vollen Raten entspricht, in Verzug ist und mindestens zweimal schriftlich zur Zahlung aufgefordert worden ist, wobei die erste Zahlungsaufforderung schon nach Verzug mit nur einer Rate erfolgen kann. Bei einem Kreditverhältnis ohne Ratenvereinbarung kann die Einziehung nach zwei vorangegangenen fruchtlosen schriftlichen Zahlungsaufforderungen erfolgen.

(2) Die Bank wird dem Sicherungsgeber die Geltendmachung dieser Rechte mit einer Frist von drei Monaten schriftlich androhen. Diese Androhung kann mit einer Zahlungsaufforderung verbunden werden.

(3) Macht die Bank die ihr abgetretenen Rechte geltend, ist sie insbesondere berechtigt, den Versicherungsvertrag zu kündigen, den Rückkaufswert und ein auf einem Beitragskonto/-depot angesammeltes Guthaben nebst Zinsen einzuziehen.

8. Rückübertragung, Sicherheitenfreigabe

(1) Nach Befriedigung ihrer durch die Abtretung gesicherten Ansprüche ist die Bank verpflichtet, die ihr abgetretenen Rechte an den Sicherungsgeber freizugeben und einen etwaigen Übererlös aus der Verwertung an ihn herauszugeben; im Falle des Todes der versicherten Person hat die Bank die vorgenannten Rechte mit Ausnahme der Rechte an einem Beitragskonto oder Beitragsdepot an einen etwaigen Bezugsberechtigten zu übertragen. Die Bank wird jedoch diese Sicherheiten an einen Dritten übertragen, falls sie hierzu verpflichtet ist; dies ist zum Beispiel dann der Fall, wenn der Sicherungsgeber zugleich Kreditnehmer ist und ein Bürge die Bank befriedigt hat.

(2) Die Bank ist schon vor vollständiger Befriedigung ihrer durch die Abtretung gesicherten Ansprüche verpflichtet, auf Verlangen ganz oder teilweise die ihr abgetretenen Rechte sowie auch etwaige andere, ihr bestellte Sicherheiten (z.B. übereignete Sachen, Grundschulden) nach ihrer Wahl freizugeben, sofern der realisierbare Wert sämtlicher Sicherheiten

____ % der gesicherten Ansprüche der Bank nicht nur vorübergehend überschreitet. Sofern kein Prozentsatz eingesetzt und auch anderweitig nichts anderes vereinbart worden ist, ist ein Satz von 100% maßgeblich.

9. Bewertung der Rechte
Der realisierbare Wert der abgetretenen Rechte entspricht während der Laufzeit des Versicherungsvertrages dem jeweiligen Rückkaufswert der Versicherung, bei Eintritt des Versicherungsfalles der Erlebens- bzw. Todesfalleistung. Dieser Wert erhöht sich jeweils um ein etwaiges Guthaben auf einem Beitragskonto/-depot. Der so ermittelte Betrag ist um etwaige Steuern zu kürzen, die von der Versicherungsgesellschaft oder der beitragskonto- oder -depotführenden Stelle abzuführen sind.

10. Abtretungsanzeige, Mitteilungen an die Bank
(1) Die Bank wird hiermit beauftragt, der Versicherungsgesellschaft die Abtretung unter Widerruf etwa bestehender Bezugsrechte im Namen des Sicherungsgebers anzuzeigen.

(2) Der Sicherungsgeber ist damit einverstanden, daß die Bank in Angelegenheiten des Versicherungsverhältnisses, insbesondere bei Mahnung und Kündigung, vom Versicherer benachrichtigt und ihr der Rückkaufswert auf Anfrage bekanntgegeben wird.

11. Rechtswirksamkeit
Sollte eine Bestimmung dieses Vertrages nicht rechtswirksam sein oder nicht durchgeführt werden, so wird dadurch die Gültigkeit des übrigen Vertragsinhaltes nicht berührt.

Hinweis:
Durch diese Abtretung kann die **steuerliche Begünstigung der Lebensversicherung (Sonderausgabenabzug für die Prämien, Steuerfreiheit der Zinsen) entfallen,** wenn die Kosten des gesicherten Kredits Betriebsausgaben oder Werbungskosten sind. Weitere Informationen enthält das **anliegende Merkblatt.** Gegebenenfalls sollte ein Steuerberater angesprochen werden. Die Bank ist gesetzlich verpflichtet, dem Finanzamt die Abtretung der Lebensversicherungsansprüche anzuzeigen, sofern der Kreditbetrag DM 50.000 übersteigt.

Ort, Datum, Unterschrift des Sicherungsgebers	
Ort, Datum, Unterschrift der Bank	

Mit den Erklärungen des Versicherungsnehmers bin ich/sind wir einverstanden:

Ort, Datum, Unterschrift des unwiderruflich Bezugsberechtigten	

Interne Angaben der Bank/Ablagehinweise

Aktenzeichen/Kunden-Nummer	Bankleitzahl
Versicherungsschein-Nummer	

Betragsmäßig begrenzte Abtretung von Lebensversicherungsansprüchen[1]

Zwischen Sicherungsgeber (Name und Anschrift) **und Bank** (Name und Anschrift)

wird folgendes vereinbart:

1. Gegenstand der Abtretung

(1) Der Sicherungsgeber hat/wird bei der

Name und Anschrift der Versicherungsgesellschaft

eine Lebensversicherung abgeschlossen/abschließen. Er tritt hiermit die Ansprüche für den Erlebens- und Todesfall, die ihm aufgrund des Versicherungsvertrages gegen die genannte Versicherungsgesellschaft zustehen oder noch zustehen werden, in Höhe des zuerst zu bedienenden Betrages von[2]

DM

an die Bank ab.

Sollten die mit dem Kredit finanzierten Anschaffungs- oder Herstellungskosten des Wirtschaftsgutes den der Bank aufgrund der Abtretung zustehenden Betrag unterschreiten, wird der Sicherungsgeber dies der Bank schriftlich mitteilen. Die Bank wird auf Verlangen von den ihr abgetretenen Ansprüchen den zuletzt zu zahlenden Teilbetrag in Höhe dieses Differenzbetrages an den Sicherungsgeber zurückabtreten, wenn der Kredit über die nachgewiesenen Anschaffungs-/Herstellungskosten hinaus noch nicht in Anspruch genommen worden ist.

(2) Mitübertragen ist das Recht auf Kündigung des Versicherungsvertrages und auf Entgegennahme des Rückkaufswertes.

(3) Zusätzlich und ohne Beschränkung auf den vorgenannten Auszahlungsbetrag werden alle gegenwärtigen und künftigen Ansprüche aus einem für diese Lebensversicherung unterhaltenen **Beitragskonto** oder **Beitragsdepot** abgetreten, auch soweit dieses nicht bei der Versicherungsgesellschaft selbst geführt wird.

2. Übergabe des Versicherungsscheins

Der Sicherungsgeber übergibt der Bank den Versicherungsschein und verpflichtet sich, Nachträge zum Versicherungsschein der Bank jeweils unverzüglich nach Erhalt zu übermitteln.

3. Widerruf von Bezugsrechten

Etwaige Bezugsrechte werden, soweit sie den Rechten der Bank entgegenstehen, für die Dauer dieser Abtretung widerrufen.

4. Sicherungszweck

Die Abtretung sichert die **Ansprüche der Bank,** die ihr aus nachstehend bezeichnetem Kredit auf Rückzahlung des Auszahlungsbetrages zustehen, und zwar auch dann, wenn die vereinbarte Kreditlaufzeit verlängert wird.

Bezeichnung des Kredits, ggf. Name des Kreditnehmers, falls mit dem Sicherungsgeber nicht identisch

5. Beitragszahlung

Auf Verlangen der Bank ist der Sicherungsgeber verpflichtet, die Beitragszahlung nachzuweisen. Die Bank ist berechtigt, aber nicht verpflichtet, zu Lasten des Sicherungsgebers Beiträge und sonstige Zahlungen im Rahmen des Versicherungsverhältnisses zu entrichten.

6. Eintritt des Versicherungsfalles

Erhält die Bank die Versicherungsleistung vor Fälligkeit der gesicherten Ansprüche, so dient dieser Betrag zur Sicherung der in Nummer 4 genannten Ansprüche. Die Bank wird den ausgezahlten Betrag bis zur Erledigung des Sicherungszwecks angemessen verzinsen.

7. Sicherheitenverwertung

(1) Die Bank ist berechtigt, die ihr gemäß Nummer 1 abgetretenen Rechte geltend zu machen, wenn der Kreditnehmer mit einem Betrag, der mindestens zwei vollen Raten entspricht, in Verzug ist und mindestens zweimal schriftlich zur Zahlung aufgefordert worden ist, wobei die erste Zahlungsaufforderung schon nach Verzug mit nur einer Rate erfolgen kann. Bei einem Kreditverhältnis ohne Ratenvereinbarung kann die Einziehung nach zwei vorangegangenen fruchtlosen schriftlichen Zahlungsaufforderungen erfolgen.

(2) Die Bank wird dem Sicherungsgeber die Geltendmachung dieser Rechte mit einer Frist von drei Monaten schriftlich androhen. Diese Androhung kann mit einer Zahlungsaufforderung verbunden werden.

(3) Macht die Bank die ihr abgetretenen Rechte geltend, ist sie insbesondere berechtigt, den Versicherungsvertrag zu kündigen, den Rückkaufswert und ein auf einem Beitragskonto/-depot angesammeltes Guthaben nebst Zinsen einzuziehen.

8. Rückübertragung, Sicherheitenfreigabe

(1) Nach Befriedigung ihrer durch die Abtretung gesicherten Ansprüche ist die Bank verpflichtet, die ihr abgetretenen Rechte an den Sicherungsgeber freizugeben und einen etwaigen Übererlös aus der Verwertung an ihn herauszugeben; im Falle des Todes der versicherten Person hat die Bank die vorgenannten Rechte mit Ausnahme der Rechte an einem Beitragskonto oder Beitragsdepot an einen etwaigen Bezugsberechtigten zu übertragen. Die Bank wird jedoch diese Sicherheiten an einen Dritten übertragen, falls sie hierzu verpflichtet ist; dies ist zum Beispiel dann der Fall, wenn der Sicherungsgeber zugleich Kreditnehmer ist und ein Bürge die Bank befriedigt hat.

(2) Die Bank ist schon vor vollständiger Befriedigung ihrer durch die Abtretung gesicherten Ansprüche verpflichtet, auf Verlangen ganz oder teilweise die ihr abgetretenen Rechte sowie auch etwaige andere, ihr bestellte Sicherheiten (z. B. übereignete Sachen, Grundschulden) nach ihrer Wahl freizugeben, sofern der realisierbare Wert sämtlicher Sicherheiten

% der gesicherten Ansprüche der Bank nicht nur vorübergehend überschreitet. Sofern kein Prozentsatz eingesetzt und auch anderweitig nichts anderes vereinbart worden ist, ist ein Satz von 100% maßgeblich.

[1] Dieses Formular ist zu verwenden, wenn wegen § 10 Abs. 2 Satz 2 EStG die Abtretung auf die Höhe der Anschaffungs- oder Herstellungskosten beschränkt ist. [2] Der hier einzusetzende Betrag ist der Auszahlungsbetrag des gesicherten Darlehens, der die Anschaffungs-/Herstellungskosten nicht übersteigen darf. Werden Ansprüche aus mehreren Versicherungen abgetreten, ist hier nicht der volle Darlehens-Nominalbetrag, sondern der abgetretene Anspruch aus dem jeweiligen Versicherungsvertrag einzusetzen, wobei insgesamt der Auszahlungsbetrag nicht überschritten werden darf.

9. Bewertung der Rechte
Der realisierbare Wert der abgetretenen Rechte entspricht während der Laufzeit des Versicherungsvertrages dem jeweiligen Rückkaufswert der Versicherung, bei Eintritt des Versicherungsfalles der Erlebens- bzw. Todesfalleistung. Dieser Wert erhöht sich jeweils um ein etwaiges Guthaben auf einem Beitragskonto/-depot. Der so ermittelte Betrag ist um etwaige Steuern zu kürzen, die von der Versicherungsgesellschaft oder der beitragskonto/-depotführenden Stelle abzuführen sind. Der realisierbare Wert entspricht jedoch höchstens dem Betrag der Abtretung.

10. Abtretungsanzeige, Mitteilungen an die Bank
(1) Die Bank wird hiermit beauftragt, der Versicherungsgesellschaft die Abtretung unter Widerruf etwa bestehender Bezugsrechte im Namen des Sicherungsgebers anzuzeigen.

(2) Der Sicherungsgeber ist damit einverstanden, daß die Bank in Angelegenheiten des Versicherungsverhältnisses, insbesondere bei Mahnung und Kündigung, vom Versicherer benachrichtigt und ihr der Rückkaufswert auf Anfrage bekanntgegeben wird.

11. Rechtswirksamkeit
Sollte eine Bestimmung dieses Vertrages nicht rechtswirksam sein oder nicht durchgeführt werden, so wird dadurch die Gültigkeit des übrigen Vertragsinhaltes nicht berührt.

Hinweis:
Durch die Abtretung von Lebensversicherungsansprüchen kann deren **steuerliche Begünstigung (Sonderausgabenabzug für die Prämien, Steuerfreiheit der Zinsen) entfallen,** wenn die Kosten des gesicherten Kredits Betriebsausgaben oder Werbungskosten sind. Weitere Informationen enthält das **anliegende Merkblatt.** Gegebenenfalls sollte ein Steuerberater angesprochen werden. Die Bank ist gesetzlich verpflichtet, dem Finanzamt die Abtretung der Lebensversicherungsansprüche anzuzeigen, sofern der Kreditbetrag DM 50.000 übersteigt.

Ort, Datum, Unterschrift des Sicherungsgebers	
Ort, Datum, Unterschrift der Bank	

Mit den Erklärungen des Versicherungsnehmers bin ich/sind wir einverstanden:

Ort, Datum, Unterschrift des unwiderruflich Bezugsberechtigten	

[Abdruck erfolgt mit freundlicher Genehmigung des Bank-Verlags, Köln.]

2/93

Änderungsvereinbarung

Änderungsvereinbarung zur Abtretung Ihrer Lebensversicherung

mit Vereinbarung vom hatten Sie uns zur Sicherung dort bestimmter Ansprüche Rechte und Ansprüche aus Ihrer Kapitallebensversicherung

Nr. bei

abgetreten. Aufgrund des Steueränderungsgesetzes 1992 kann die Abtretung der Ansprüche aus Lebensversicherungen **steuerschädliche Folgen** nach sich ziehen (Änderung von § 10 Abs. 2 und § 20 Abs. 1 Nr. 6 EStG), wenn die Finanzierungskosten (wie etwa Zinsen oder ein Disagio) **steuerlich Betriebsausgaben oder Werbungskosten** sind. Wir möchten – soweit für uns ersichtlich – solche Folgen für Sie möglichst abwenden.

1. Wir haben uns daher entschlossen, auf die Kapitallebensversicherung in folgendem Umfang als Sicherheit zu verzichten. Eine Haftung für die Steuerunschädlichkeit der verbleibenden Abtretung können wir allerdings nicht übernehmen; **weitere Fragen zu dieser steuerrechtlichen Problematik besprechen Sie bitte mit Ihrem Steuerberater.**

a) In Abänderung des ursprünglich vereinbarten Sicherungszwecks dient die Abtretung **für den Erlebensfall nicht** zur Sicherung unserer Rechte und Ansprüche aus allen Kontokorrentkrediten, Dispositionskrediten und Überziehungen sowie aus
- allen sonstigen Darlehen, die nach dem 13. 02. 1992 (teil-)valutiert wurden, sowie
- vor dem 14. 02. 1992 vollvalutierten Darlehen, wenn sie erstmalig durch eine Abtretung nach dem 13. 02. 1992 besichert wurden.

Davon ausgenommen ist folgendes/sind folgende Darlehen:

Für den Todesfall bleibt der Sicherungszweck unverändert.

☐ **b)** Die abgetretenen Rechte und Ansprüche aus Ihrer Kapitallebensversicherung übertragen wir **für den Erlebensfall** an Sie zurück

in voller Höhe /soweit sie DM übersteigen.

Für den Todesfall bleibt die Abtretung in vollem Umfange bestehen.

☐ **2. Es sind noch weitere Fragen zu klären.** Bitte vereinbaren Sie mit uns spätestens bis zum einen Termin.

☐ **3.** Die Lebensversicherung dient als Sicherheit für unsere Ansprüche aus Krediten/Darlehen gegen

Er/Sie erhält/erhalten eine Kopie dieses Schreibens.

Bitte teilen Sie uns kurzfristig mit, wenn Sie mit dieser Änderung nicht einverstanden sind. Ansonsten gehen wir von Ihrer Zustimmung aus.

Mit freundlicher Empfehlung

PS: Bitte heften Sie diese Vereinbarung an die Durchschrift des Abtretungsvertrages.

Interne Angaben der Bank/Ablagehinweise

Aktenzeichen/Kunden-Nummer	Bankleitzahl
Versicherungsschein-Nummer	

Rückabtretung der Lebensversicherung

Versicherungsgesellschaft (Name und Anschrift)

Sehr geehrte Kundin, sehr geehrter Kunde,

hiermit übertragen wir Ihnen die uns seinerzeit abgetretenen Ansprüche aus der vorgenannten Versicherung zurück.

Den uns überlassenen Versicherungsschein

☐ fügen wir als **Anlage** zu unserer Entlastung bei ☐ haben wir Ihnen bereits ausgehändigt/zugesandt.

Die Versicherungsgesellschaft wurde von der Rückabtretung unterrichtet.

Ort, Datum, Unterschrift der Bank	

Name und Anschrift des Sicherungsgebers

Interne Angaben der Bank/Ablagehinweise

Aktenzeichen/Kunden-Nummer	Bankleitzahl
Versicherungsschein-Nummer	

Mitteilung an die Versicherungsgesellschaft über die Rückabtretung einer Lebensversicherung

Versicherungsgesellschaft (Name und Anschrift)

Sehr geehrte Damen und Herren,

zur obengenannten Versicherung teilen wir Ihnen mit, daß wir die uns seinerzeit abgetretenen Rechte aus dem Versicherungsvertrag an den Versicherungsnehmer zurückabgetreten haben.
Den Versicherungsschein haben wir zurückgegeben.

Wir bitten um Kenntnisnahme.

Ort, Datum, Unterschrift der Bank	

Versicherungsnehmer (Name und Anschrift)

Interne Angaben der Bank/Ablagehinweise

Aktenzeichen/Kunden-Nummer	Bankleitzahl
Versicherungsschein-Nummer	

Abtretung von Lebensversicherungsansprüchen für den Todesfall

Zwischen Sicherungsgeber (Name und Anschrift)

und Bank (Name und Anschrift)

wird folgendes vereinbart:

1. Gegenstand der Abtretung

(1) Der Sicherungsgeber hat/wird bei der

Name und Anschrift der Versicherungsgesellschaft

eine Lebensversicherung abgeschlossen/abschließen. Er tritt hiermit sämtliche Ansprüche und Rechte ab, die aufgrund des Versicherungsvertrages für den Todesfall gegen die genannte Versicherungsgesellschaft bestehen; insbesondere

- die Ansprüche aus einer Unfall-Zusatzversicherung,
- die Ansprüche aus einer Risiko-Zusatzversicherung sowie
- die Ansprüche aus etwaigen Anpassungsversicherungen.

(2) Abgetreten werden außerdem alle gegenwärtigen und künftigen Ansprüche aus einem für diese Lebensversicherung unterhaltenen **Beitragskonto** oder **Beitragsdepot**, auch soweit dieses nicht bei der Versicherungsgesellschaft selbst geführt wird.

2. Übergabe des Versicherungsscheins

Der Sicherungsgeber übergibt der Bank den Versicherungsschein und verpflichtet sich, Nachträge zum Versicherungsschein der Bank jeweils unverzüglich nach Erhalt zu übermitteln.

3. Widerruf von Bezugsrechten

Etwaige Bezugsrechte werden, soweit sie den Rechten der Bank entgegenstehen, für die Dauer dieser Abtretung widerrufen.

4. Sicherungszweck

Die Abtretung erfolgt

☐ zur Sicherung **der Ansprüche der Bank aus dem nachstehend bezeichneten Kredit,** und zwar auch dann, wenn die vereinbarte Kreditlaufzeit verlängert wird.

Bezeichnung des Kredits, ggf. Name des Kreditnehmers, falls mit dem Sicherungsgeber nicht identisch

☐ zur Sicherung **aller bestehenden, künftigen und bedingten Ansprüche,** die der Bank mit ihren sämtlichen in- und ausländischen Geschäftsstellen **aus der bankmäßigen Geschäftsverbindung** gegen den Sicherungsgeber zustehen. Hat dieser die Haftung für Verbindlichkeiten eines anderen Kunden der Bank übernommen (z. B. als Bürge), so sichert die Abtretung die aus der Haftungsübernahme folgende Schuld erst ab deren Fälligkeit.

5. Kündigung des Versicherungsvertrages

Der Sicherungsgeber kann den Vertrag nur mit vorheriger schriftlicher Zustimmung der Bank kündigen. Der Sicherungsgeber wird diese Beschränkung des Kündigungsrechts der Versicherungsgesellschaft anzeigen.

6. Beitragszahlung

Auf Verlangen der Bank ist der Sicherungsgeber verpflichtet, die Beitragszahlung nachzuweisen. Die Bank ist berechtigt, aber nicht verpflichtet, zu Lasten des Sicherungsgebers Beiträge und sonstige Zahlungen im Rahmen des Versicherungsverhältnisses zu entrichten.

7. Eintritt des Versicherungsfalles

Erhält die Bank die Versicherungsleistung vor Fälligkeit der gesicherten Ansprüche, so dient dieser Betrag zur Sicherung der in Nummer 4 genannten Ansprüche. Die Bank wird den ausgezahlten Betrag bis zur Erledigung des Sicherungszwecks angemessen verzinsen.

8. Sicherheitenverwertung

Die Bank wird die an sie ausgezahlten Versicherungsbeträge sowie ein an sie ausgezahltes Beitragsdepot mit einem gesicherten Darlehen verrechnen, sobald dieses fällig geworden ist.

9. Rückübertragung, Sicherheitenfreigabe

(1) Nach Befriedigung ihrer durch die Abtretung gesicherten Ansprüche ist die Bank verpflichtet die ihr abgetretenen Rechte an den Sicherungsgeber freizugeben und einen etwaigen Übererlös aus der Verwertung an ihn herauszugeben; im Falle des Todes der versicherten Person hat die Bank die vorgenannten Rechte mit Ausnahme der Rechte an einem Beitragskonto oder Beitragsdepot an einen etwaigen Bezugsberechtigten zu übertragen. Die Bank wird jedoch diese Sicherheiten an einen Dritten übertragen, falls sie hierzu verpflichtet ist; dies ist zum Beispiel dann der Fall, wenn der Sicherungsgeber zugleich Kreditnehmer ist und ein Bürge die Bank befriedigt hat.

(2) Die Bank ist schon vor vollständiger Befriedigung ihrer durch die Abtretung gesicherten Ansprüche verpflichtet, auf Verlangen ganz oder teilweise die ihr abgetretenen Rechte sowie auch etwaige andere, ihr bestellte Sicherheiten (z. B. übereignete Sachen, Grundschulden) nach ihrer Wahl freizugeben, sofern der realisierbare Wert sämtlicher Sicherheiten

____ % der gesicherten Ansprüche der Bank nicht nur vorübergehend überschreitet. Sofern kein Prozentsatz eingesetzt und auch anderweitig nichts anderes vereinbart worden ist, ist ein Satz von 100% maßgeblich.

10. Bewertung des Rechts
Der realisierbare Wert der abgetretenen Rechte entspricht während der Laufzeit des Versicherungsvertrages dem jeweiligen Guthaben auf einem Beitragskonto/-depot. Nach Eintritt des Versicherungsfalles erhöht sich der realisierbare Wert um die zur Auszahlung gelangende Versicherungsleistung.

11. Abtretungsanzeige, Mitteilungen an die Bank
(1) Die Bank wird hiermit beauftragt, der Versicherungsgesellschaft die Abtretung unter Widerruf etwa bestehender Bezugsrechte im Namen des Sicherungsgebers anzuzeigen.

(2) Der Sicherungsgeber ist damit einverstanden, daß die Bank in Angelegenheiten des Versicherungsverhältnisses, insbesondere bei Mahnung und Kündigung, vom Versicherer benachrichtigt wird.

12. Rechtswirksamkeit
Sollte eine Bestimmung dieses Vertrages nicht rechtswirksam sein oder nicht durchgeführt werden, so wird dadurch die Gültigkeit des übrigen Vertragsinhaltes nicht berührt.

Ort, Datum, Unterschrift des Sicherungsgebers	
Ort, Datum, Unterschrift der Bank	

Mit den Erklärungen des Versicherungsnehmers bin ich/sind wir einverstanden:

Ort, Datum, Unterschrift des unwiderruflich Bezugsberechtigten	

5. Auszug aus den Allgemeinen Geschäftsbedingungen der Banken (Pfandrecht)

Vereinbarung eines Pfandrechts zugunsten der Bank

(1) Einigung über das Pfandrecht

Der Kunde und die Bank sind sich darüber einig, daß die Bank ein Pfandrecht an den Wertpapieren und Sachen erwirbt, an denen eine inländische Geschäftsstelle im bankmäßigen Geschäftsverkehr Besitz erlangt hat oder noch erlangen wird. Die Bank erwirbt ein Pfandrecht auch an den Ansprüchen, die dem Kunden gegen die Bank aus der bankmäßiagen Geschäftsverbindung zustehen oder künftig zustehen werden (zum Beispiel Kontoguthaben).

(2) Gesicherte Ansprüche

Das Pfandrecht dient der Sicherung aller bestehenden, künftigen und bedingten Ansprüche, die der Bank mit ihren sämtlichen in- und ausländischen Geschäftsstellen aus der bankmäßigen Geschäftsverbindung gegen den Kunden zustehen. Hat der Kunde gegenüber der Bank eine Haftung für Verbindlichkeiten eines anderen Kunden der Bank übernommen (zum Beispiel als Bürge), so sichert das Pfandrecht die aus der Haftungsübernahme folgende Schuld jedoch erst ab ihrer Fälligkeit.

(3) Ausnahmen vom Pfandrecht

Gelangen Gelder oder andere Werte mit der Maßgabe in die Verfügungsgewalt der Bank, daß sie nur für einen bestimmten Zweck verwendet werden dürfen (zum Beispiel Bareinzahlung zur Einlösung eines Wechsels), erstreckt sich das Pfandrecht der Bank nicht auf diese Werte. Dasselbe gilt für die von der Bank selbst ausgegebenen Aktien (eigene Aktien) und für die Wertpapiere, die die Bank im Ausland für den Kunden verwahrt. Außerdem erstreckt sich das Pfandrecht nicht auf die von der Bank selbst ausgegebenen eigenen Genußrechte/Genußscheine und nicht auf die verbrieften und nicht verbrieften nachrangigen Verbindlichkeiten der Bank.

(4) Zins- und Gewinnanteilscheine

Unterliegen dem Pfandrecht der Bank Wertpapiere, ist der Kunde nicht berechtigt, die Herausgabe der zu diesen Papieren gehörenden Zins- und Gewinnanteilscheine zu verlangen.

[Abdruck erfolgt mit freundlicher Genehmigung des Bank-Verlags, Köln.]

Anhang IV. Vorteilhaftigkeit von Zinsaufblähungsmodellen im Vergleich mit normaler Annuitätenfinanzierung und Tilgungsaussetzung

1. Annuitätenfinanzierung

Darlehen		Lebensversicherung	Grenzsteuersatz
Nennbetrag:	100000 DM		
Zinssatz:	8%	keine	40%
Laufzeit:	12 Jahre		

Jahr	Tilgung	Zins	Annuität	Steuer-ersparnis	Liquiditäts-abfluß
1	5270	8000	13270	3200	10070
2	5692	7578	13270	3031	10239
3	6147	7123	13270	2849	10421
4	6639	6631	13270	2652	10618
5	7170	6100	13270	2440	10830
6	7743	5527	13270	2211	11059
7	8363	4907	13270	1963	11307
8	9032	4238	13270	1695	11575
9	9754	3516	13270	1406	11864
10	10535	2735	13270	1094	12176
11	11378	1892	13270	757	12513
12	12278	982	13270	393	12868
	100000	59229	159230	23681	135549

2. Tilgungsaussetzungsmodell

Darlehen		Lebensversicherung		Grenzsteuersatz
Nennbetrag:	100000 DM	Eintrittsalter:	24 Jahre, weibl.	40%
Zinssatz:	8%	Versicherungsdauer:	12 Jahre	
Laufzeit:	12 Jahre	Ablaufleistung:	100000 DM	
		Jahresbeitrag:	5186 DM	

Jahr	Zinsen	Beitrag Lebensvers.	Brutto-aufwand	Steuer-ersparnis	Liquiditäts-abfluß
1	8000	5186	13186	3200	9986
2	8000	5186	13186	3200	9986
3	8000	5186	13186	3200	9986
4	8000	5186	13186	3200	9986
5	8000	5186	13186	3200	9986
6	8000	5186	13186	3200	9986
7	8000	5186	13186	3200	9986
8	8000	5186	13186	3200	9986
9	8000	5186	13186	3200	9986
10	8000	5186	13186	3200	9986
11	8000	5186	13186	3200	9986
12	8000	5186	13186	3200	9986
	96000	62232	158232	38400	119832

3. Tilgungsaussetzungs- und Zinsrefinanzierungsmodell

Darlehen		Lebensversicherung		Grenzsteuersatz
Nennbetrag:	100000 DM	Eintrittsalter:	24 Jahre, weibl.	40%
Zinssatz:	8%	Versicherungsdauer:	12 Jahre	
Laufzeit:	12 Jahre	Ablaufleistung:	261118 DM	Kontokorrentzinssatz
		Jahresbeitrag:	13503 DM	9%

Jahr	Zinsen Hauptschuld	Zinsen Kontokorrent	Beitrag Lebensvers.	Steuer-ersparnis	Liquiditäts-abfluß
1	8000	–	13503	3200	10303
2	8000	720	13503	3488	10015
3	8000	1504	13503	3801	9702
4	8000	2360	13503	4144	9359
5	8000	3292	13503	4516	8987
6	8000	4308	13503	4923	8580
7	8000	5416	13503	5366	8137
8	8000	6624	13503	5849	7654
9	8000	7940	13503	6376	7127
10	8000	9374	13503	6949	6554
11	8000	10938	13503	7575	5928
12	8000	12642	13503	8256	5247
	96000	65118	162036	64443	97593

4. Vergleich von Annuitätenmodell, Tilgungsaussetzungsmodell und Zinsaufblähungsmodell

	Annuitätenmodell	Tilgungsaussetzungsmodell	Zinsaufblähungsmodell

Schulden Bank

Lebensversicherungen

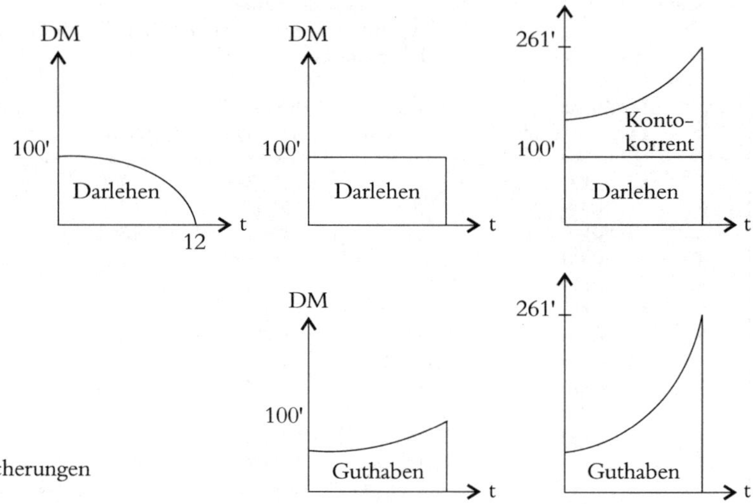

Liquidität	135.549	119.832	97.593

Anhang V. Rechtsprechung

Nachversteuerung bei Bausparverträgen: Festgeldkonto als steuerschädliche Anlageform?

Finanzgericht Nürnberg, Urteil vom 14. April 1983 VI 15/80 – rechtskräftig.
(EFG 1983 S. 601)

1. Allein die Anlage von Bausparmitteln auf einem Festgeldkonto stellt noch keine steuerschädliche Verwendung (Erzielung von Kapitaleinkünften) dar, sofern keine längere Festlegungsfrist als ein Monat vereinbart ist.

2. Voraussetzung für die unmittelbare Verwendung zum Wohnungsbau (§ 31 Abs. 2 EStDV) ist jedoch, daß mit den jeweils freiwerdenden Festgeldern inzwischen eingegangene Baurechnungen bezahlt bzw. inzwischen über Baukonten verauslagte Rechnungsbeträge ersetzt werden. Wird statt dessen die Festlegung erneut verlängert, so tritt die Erzielung von Kapitaleinkünften als eigenständiger Zweck in den Vordergrund.

EStG 1971/1975 § 10 Abs. 1 Nr. 3; EStDV 1971/1975 § 31 Abs. 1 und 2.

Den Klägern (KL) floß 1975 das Bausparguthaben, 1976 das Baudarlehen zu. Die Beträge wurden, soweit sie nicht sogleich zur Bezahlung fälliger Baurechnungen Verwendung fanden, auf Festgeldkonten angelegt (Festlegungsfrist 30 Tage). Jeweils nach Ablauf der Festlegungsfrist wurden mit den Geldern inzwischen eingegangene Baurechnungen bezahlt bzw. über Baukonten verauslagte Rechnungsbeträge ersetzt. Zum Teil wurde statt dessen aber auch die Festlegung verlängert, und die Gelder wurden erst nach 4 bzw. 5 Monaten auf die Baukonten übertragen. Das FA sah die Einzahlung auf Festgeldkonten als steuerschädlich an und nahm eine Nachversteuerung vor.

Aus den Gründen: Die Klage ist begründet.

Das FA ist unter Hinweis auf Stäuber-Walter (WoPG 9. Aufl., Anm. 173) davon ausgegangen, daß allein schon die Anlage eines Teils der ausgezahlten Bausparmittel auf Festgeldkonten dazu führe, daß die Bausparmittel nicht unmittelbar zum Wohnungsbau verwendet worden sind (EStDV § 31 Abs. 2) und deshalb eine Nachversteuerung erfolgen müsse. Diese Auffassung teilt der Senat nicht. Eine unmittelbare Verwendung zum Wohnungsbau setzt voraus, daß die Gelder vor ihrer Verwendung zum begünstigten Zweck nicht zunächst anderen Zwecken zugeführt werden (Herrmann-Heuer-Raupach, Komm. zur ESt und KSt, 19. Aufl., § 10 EStG Anm. 500). Sinn des § 31 Abs. 2 EStDV ist es, leicht und einwandfrei feststellen zu können, ob eine begünstigte Verwendung vorliegt. Deshalb muß eine schädliche Verwendung zu anderen Zwecken insbesondere angenommen werden, wenn die Mittel einem Konto gutgebracht werden, über das gleichzeitig mit der Finanzierung des Hausbaus auch die Finanzierung anderer Ausgaben (z. B. Betriebsausgaben, sonstige private Ausgaben) abgewickelt wird, ohne daß sich eine einwandfreie Trennung durchführen läßt, wie es oft bei einem betrieblichen Girokonto der Fall sein wird (BFH-Urteil vom 9. Februar 1979 VI R 178/76, BFHE 127, 198, BStBl II 1979, 421). Die vorübergehende Anlage der Bausparmittel auf einem verzinslichen Konto stellt als solche dagegen keine schädliche Verwendung – nämlich zur Erzielung von Kapitaleinkünften – dar, sofern auf Grund der getroffenen Vereinbarungen festgestellt werden kann, daß die Verzinsung nur ein Nebenzweck ist, durch den der Hauptzweck – die Bezahlung der Baurechnungen mit den ausgezahlten Bausparmitteln – nicht beeinträchtigt wird. Danach ist die wirtschaftlich vernünftige, verzinsliche Anlegung von im Moment nicht benötigten Geldern noch als unschädlich anzusehen, sofern bei einem Sparkonto gesetzliche Kündigung von einem Monat oder aber bei einem Festgeldkonto eine Festlegungsfrist von einem Monat vereinbart ist. Denn in diesen Fällen ist es dem Stpfl. i. d. R. noch möglich, die Bezahlung der eingehenden Baurechnungen so lange hinauszuschieben, bis die Gelder wieder zu Verfügung stehen. Darüber hinaus ist es auch unschädlich, wenn die anfallenden Baurechnungen über ein laufendes Baukonto bezahlt und diese Beträge spätestens nach Ablauf eines Monats durch Beträge von den Konten ersetzt werden, auf denen die Bausparmittel angelegt sind. Es erschiene dem Senat abwegig, bei dieser allgemein festzustellenden Handhabung im Hinblick auf die geringen Zins- bzw. Skontovorteile schon eine andere und damit schädliche Verwendung anzunehmen. Dies wäre rein formalistisch. Vielmehr liegt eine schädliche Verwendung erst dann vor, wenn von vornherein eine Festlegungsfrist von mehr als einem Monat vereinbart wird, weil dann klar erkennbar ist, daß sich der Stpfl. wegen einer längerfristigen und entsprechend günstigen Anlage der Gelder selbst der Möglichkeit begibt, beim Eingehen von Baurechnungen die Bausparmittel in angemessener Zeit einzusetzen. In diesem Falle tritt die Erzielung von Kapitaleinkünften als eigenständiger Zweck in den Vordergrund, und zwar auch dann, wenn dennoch unter Inkaufnahme eines Zinsverlustes verfügt werden könnte, weil auf ein solches Entgegenkommen der Banken kein Rechtsanspruch bestünde. Gleiches muß gelten, wenn nach Freiwerden von als Festgeld angelegten Bausparmitteln zwischenzeitlich von einem Baukonto verauslagte Mittel nicht ersetzt werden, sondern in Höhe dieser Betrages die Festlegung auf dem Festgeldkonto erneut verlängert wird ...

Anhang VI. Checklisten für den Einsatz von Lebensversicherungen zur Finanzierung

Checkliste 1

Liegt ein potentiell steuerschädlicher Einsatz zur Sicherung oder Tilgung vor?

ja	nein
1. Ist die als Sicherungs- oder Tilgungsinstrument eingesetzte „Versicherung" von der Neuregelung betroffen?	
Kapitallebensversicherung Rentenversicherung fondsgebundene Lebensversicherung	Direktversicherung Risikolebensversicherung Unfallversicherung
2. Dient die Versicherung als „Sicherheit"?	
offene Abtretung Verpfändung Hinterlegung Pfändung stille Zession Policendarlehen Bezugsberechtigung Negativerklärung Vorausverfügung anläßlich einer Tilgungsaussetzung weite Sicherungszweckvereinbarung § 39 VVG AGB-Pfandrecht	routinemäßige Vorausverfügung über die Ablaufleistung kurz vor deren Fälligkeit
3. Dient die Versicherung zwar nicht als Sicherheit, aber zur „Tilgung"?	
Schriftliche Tilgungsabrede im Darlehensvertrag	Verwendung der Ablaufleistung zur Tilgung eines Darlehens, ohne daß die Versicherung jemals in ein Finanzierungskonzept eingebettet war
Zivilrechtlich wirksame mündliche Tilgungsabrede; ist bei einer Tilgungsaussetzung (widerlegbar) zu vermuten, wenn Laufzeit und Hö-	Gewährung einer Tilgungsaussetzung mit Blick auf die Ablaufleistung einer Lebensversicherung, wenn der Darlehensvertrag eine Klausel enthält, wo-

he der Versicherung auf das Darlehen abgestimmt sind.	nach mündliche Nebenabreden nicht getroffen sind und Vertragsänderungen der Schriftform bedürfen.

4. *Werden die Versicherungsansprüche „während der Dauer der Versicherung im Erlebensfall" als Sicherheit oder zur Tilgung eingesetzt?*

Die Sicherungs- oder Tilgungsabrede ist nicht auf den Todesfall beschränkt.	Die Sicherungs- oder Tilgungsabrede betrifft nur den Todesfall. Unschädlich ist
Bei einer reinen Todesfallabtretung – steht das Kündigungsrecht **allein** dem Darlehensgeber zu oder – hat der Darlehensgeber ein **un**widerrufliches Bezugsrecht.	– ein „gemeinsames" Kündigungsrecht von Darlehensgeber und Versicherungsnehmer – ein „widerrufliches" Bezugsrecht für die Todesfalleistung.

5. *Dient die Versicherung der Absicherung oder Tilgung eines „Darlehens"?*

Darlehen i. S. d. § 607 BGB	stille Beteiligung
Kontokorrentkredite	Bürgschaft (Ausnahme: Bürgschaft dient der Absicherung eines Darlehens)
kreditähnliche Verhältnisse (Ratenzahlung, Stundung)	
Zinsrückstände nach Ablauf eines Jahres	Zinsrückstände (bis zu einem Jahr)

Checkliste 2

Erstfinanzierungen

1. *Dient das Darlehen der Finanzierung begünstigter Aufwendungen?*

begünstigt	**nicht begünstigt**
Anschaffungskosten eines Wirtschaftsgutes (einschl. Nebenkosten)	Werbungskosten
Herstellungskosten eines Wirtschaftsgutes	Betriebsausgaben
	Renovierungskosten
	Finanzierungskosten

2. *Gehört das erworbene Wirtschaftsgut zum Kreis der begünstigten Investitionsgüter?*

begünstigt	**nicht begünstigt**
materielles Wirtschaftsgut	Darlehensforderungen
immaterielles Wirtschaftsgut	festverzinsliches Wertpapier
GmbH-Anteil	Rentenstammrecht
Aktienbeteiligung	Festgeld- oder Girokonto
	sonstige Forderung
	Ablösung einer Verbindlichkeit
	Investmentfondsanteile
	typisch stille Beteiligung

3. *Soll das Investitionsobjekt langfristig oder nur kurzfristig gehalten werden?*

langfristige Nutzung geplant	kurzfristige Verwertung geplant
Anlagevermögen	Umlaufvermögen
nachhaltige Vermietung	gewerblicher Grundstückshandel
langfristige Fruchtziehung	kurzfristige Spekulation

4. *Werden bei der Auszahlung des Darlehens schädliche Aufwendungen mitfinanziert?*

Nennwert des Darlehens übersteigt die AHK nicht und wird zu 100% ausbezahlt.	Bei der Auszahlung werden Zinsen einbehalten.
Die Bank behält einmalige, bankübliche Finanzierungskosten einschließlich Bereitstellungszinsen und Teilvalutierungszuschläge ein.	Bei der Auszahlung werden wiederkehrende oder bankunübliche Finanzierungskosten oder andere, nicht der Finanzierung dienende Kosten einbehalten (Teilvalutierungszinsen).

5. *Wird das Darlehen wirklich „ausschließlich" zur Finanzierung begünstigter Anschaffungs- bzw. Herstellungskosten oder für eine Mischfinanzierung verwendet?*

Verwendung des Darlehens auf die reinen AHK und separate Finanzierung des nicht begünstigten Teils des Kaufpreises über Eigenkapital oder ein weiteres Darlehen	Mitfinanzierung der Umsatzsteuer bei Vorsteuerabzugsberechtigung
	Mitfinanzierung der Instandhaltungsrücklage beim Kauf einer gebrauchten Eigentumswohnung
	Mitfinanzierung von Umlaufvermögen beim Kauf von Betrieben, Teilbetrieben und Mitunternehmeranteilen
	Mitfinanzierung nicht begünstigter Wirtschaftsgüter bei Umwandlungen und vorweggenommener Erbfolge

6. *Wurden die Anschaffungs- bzw. Herstellungskosten der begünstigten Wirtschaftsgüter richtig berechnet?*

Kaufpreis	Umsatzsteuer bei Vorsteuerabzugsberechtigten
Anschaffungsnebenkosten	
nachträgliche AHK	Rabatte, Zuschüsse und andere nachträgliche Minderungen der AHK
anschaffungsnahe Erhaltungsaufwendungen	Renovierungskosten

7. *Wurde der Einsatz der Versicherungsansprüche der Höhe nach richtig begrenzt?*

Die eingesetzten LV-Ansprüche übersteigen weder die AHK noch den Auszahlungsbetrag des Darlehens.	Die eingesetzten Ansprüche übersteigen den Auszahlungsbetrag des Darlehens.

	Die eingesetzten Ansprüche übersteigen die begünstigten AHK

8. *Wurde der Sicherungszweck richtig abgegrenzt?*

Die Versicherungsansprüche dienen nur der Absicherung der Hauptforderung, nicht aber der Absicherung von Zinsen und Nebenkosten oder gar anderen Krediten.	Die Ansprüche dienen auch der Absicherung der Zinsansprüche. Die Ansprüche dienen der Absicherung aller bestehenden und künftigen Forderungen des Kreditgebers (sog. weite Sicherungszweckerklärung).
Bei einem Policendarlehen wurde § 39 VVG ausdrücklich ausgeschlossen.	Der Verzicht auf die Anwendung des § 39 VVG (Kündigungsrecht wegen rückständiger Policendarlehenszinsen) fehlt.

9. *Erfüllt die Begrenzung die formalen Anforderungen der Finanzverwaltung?*

Die Begrenzung wurde bei der Abtretung, Verpfändung, Hinterlegung vereinbart, gilt für alle Sicherungsinstrumente und lautet auf einen bestimmten DM-Betrag.	Die Begrenzung wurde in einer gesonderten Sicherungszweckerklärung vereinbart. Die Begrenzung bezieht sich nur auf die Abtretung, nicht aber auch auf die Hinterlegung der Police. Die Begrenzung ist der Höhe nach nicht hinreichend konkret und daher zivilrechtlich unwirksam.

10. *Entspricht der Zahlungsweg den Anforderungen an eine „unmittelbare" Verwendung der Darlehensmittel?*

Die Gelder werden vom Kreditgeber direkt an den Verkäufer überwiesen.	Die Gelder befinden sich für länger als 30 Tage auf einem Giro- oder Festgeldkonto des Darlehensnehmers.
Die Darlehensmittel werden auf ein unbelastetes Zwischenkonto des Darlehensnehmers ausgezahlt und von dort innerhalb von 30 Tagen für begünstigte Zwecke verwendet.	Die Gelder werden auf ein Kontokorrentkonto überwiesen, das einen Schuldsaldo aufweist und von diesem Konto weiterüberwiesen.
Das Darlehen wird höchstens 30 Tage vor der Fälligkeit des Kaufpreises auf ein (Notar-)Anderkonto des Verkäufers überwiesen.	Das Darlehen wird länger als 30 Tage vor Fälligkeit des Kaufpreises auf das Anderkonto überwiesen.

Die Darlehensmittel werden zur Ablösung eines (Bau-)Vorschaltdarlehens verwendet.	Das Geld wird bei Fälligkeit auf ein Anderkonto überwiesen, dient aber nicht der Finanzierung eines Kaufpreises, sondern z. B. einer Einlage bei einer Personengesellschaft.

11. *Sind die Sonderbestimmungen für Vorschaltkonten eingehalten?*

Das Vorschaltdarlehen dient der Finanzierung einer längeren Investitionsphase (Herstellung eines Gebäudes, Einrichtung einer Arztpraxis) und wird spätestens drei Monate nach der Fertigstellung, dem Übergang von Besitz, Nutzen und Lasten bzw. dem Ende der Investitionsphase durch eine Endfinanzierung abgelöst, die die Spielregeln einer Erstfinanzierung erfüllt.	Eine längere Investitionsphase liegt nicht vor. Die Dreimonatsfrist wird falsch berechnet, weil die Investitionsphase früher beendet ist als gedacht (Behandlung des ersten Patienten statt Ende der Umbau-Bauarbeiten). Bei vorgezogener Endfinanzierung entsteht ein Guthaben auf dem Baukonto für mehr als 30 Tage.

Checkliste 3

Umschuldung/Prolongation

1. *Wann liegt eine Umschuldung/Prolongation vor?*
   - Wechsel der Bank (Umschuldung)
   - Verlängerung eines abgelaufenen Kredits (Prolongation i. e. S.)
   - Konditionenanpassung nach Ablauf der Zinsbindung (Prolongation i. w. S.)

2. *Darf ein neues Disagio vereinbart werden?*
   Ja, aber es darf nicht mitfinanziert werden. Vielmehr ist eine separate Bezahlung aus Eigen- oder Fremdkapital (von einer anderen Bank) notwendig.

3. *Muß die Sicherungsabrede geändert werden?*
   Bei einer Tilgungsaussetzung nicht. Nur wenn Tilgungen vorgenommen werden, muß der Sicherungsumfang auf die Restvaluta zum Zeitpunkt der Umschuldung bzw. Prolongation zurückgeführt werden. Im Falle der Abtretung muß die Begrenzung auf dinglichem Wege erfolgen (z. B. durch Rückabtretung der überschießenden Versicherungsansprüche).
   Wurden bei dem umzuschuldenden bzw. zu prolongierenden Darlehen ein Disagio und andere einmalige, banküblicher Finanzierungskosten zulässigerweise mitfinanziert, genügt eine Rückführung des Sicherungsumfangs auf die Restvaluta nur dann, wenn die Tilgungen mindestens so hoch waren wie

die mitfinanzierten Finanzierungskosten. Bei geringeren Tilgungen muß die Abtretung auf einen unter der Restvaluta liegenden Betrag (Restvaluta ./. noch nicht getilgtes Disagio) zurückgeführt werden.

4. *Kann auch ein Altfall steuerschädlich werden?*
Wird ein neues Disagio mitfinanziert oder wird die Abtretung nicht auf die Restvaluta (ggf. abzüglich noch nicht getilgtes Disagio) begrenzt, kommt es auch in Altfällen zur Steuerschädlichkeit. Die Umschuldung führt aber nicht dazu, daß der Altfall zum Neufall wird. Aus der ursprünglichen, aus heutiger Sicht steuerschädlichen Verwendung des Darlehens, kann keine Steuerschädlichkeit erwachsen.

Checkliste 4

Umwidmung

1. *Wodurch kommt es zu einer Umwidmung?*
   - Verkauf des Wirtschaftsgutes
   - Untergang gegen Entschädigung
   - Nutzungsänderung
2. *Wann kommt es im Veräußerungsfall zur Steuerschädlichkeit?*
   - Verwendung des Veräußerungserlöses für steuerschädliche Zwecke.
   - Einzahlung des Veräußerungserlöses auf ein Kontokorrentkonto, das sich im Minus befindet.
   - Finanzierung von Umlaufvermögen, Forderungen, kurzfristigen Kapitalanlagen, Betriebsausgaben, Werbungskosten.
3. *Wie kann die Steuerschädlichkeit bei einem Verkauf verhindert werden?*
   - Wiederanlage des Veräußerungserlöses für begünstigte Zwecke innerhalb von 30 Tagen.
   - Tilgung des Darlehens (meist nur unter Inkaufnahme einer Vorfälligkeitsentschädigung möglich).
   - Verwendung für rein private Konsumzwecke (mit der Folge eines Zinsabzugsverbotes).
   - Aufhebung der Sicherungsvereinbarung (mit der Folge, daß eine Versicherung bei diesem Darlehen niemals mehr als Sicherheit eingesetzt weden darf).
4. *Wann kommt es durch eine Nutzungsänderung zur Steuerschädlichkeit?*
   - Ein zunächst ausschließlich privat genutztes Wirtschaftsgut, bei dessen Finanzierung die neuen Spielregeln nicht eingehalten werden mußten und auch nicht auf freiwilliger Basis eingehalten wurden, wird ganz, partiell

oder zeitweise zur Einkunftserzielung genutzt (Einrichtung eines Arbeitszimmers, Untervermietung von Räumen).
- Ein langfristig der Einkunftserzielung dienendes Wirtschaftsgut wird Umlaufvermögen (ein zunächst über viele Jahre zur Erzielung von Mieteinkünften genutztes Mietshaus soll grundlegend renoviert, in Eigentumswohnungen aufgeteilt und diese dann verkauft werden).
- Ein im Betriebsvermögen schädlich finanziertes Wirtschaftsgut wird innerhalb der Drei-Jahres-Frist in das Privatvermögen übernommen (statt einer nur partiellen ist Totalschädlichkeit gegeben).

5. *Wie kann die Steuerschädlichkeit durch Nutzungsänderung verhindert werden?*
   - Durch Aufhebung der Sicherungsabrede vor der Nutzungsänderung.
   - Durch Einhaltung der neuen Spielregeln von Anfang an, auch bei zunächst ausschließlich privat genutzten Objekten.
   - Durch nachträgliche Anpassung von Darlehen und Sicherungsabrede (sofern die Schädlichkeit nur auf der Nichteinhaltung der Begrenzung beruht).

6. *Kann die Vollabschreibung oder Verschrottung eines Wirtschaftsgutes zur Steuerschädlichkeit führen?*
   Nur wenn ein Schrotterlös erzielt und falsch verwendet wird.

7. *Kann die Umwidmung auch in Altfällen zur Steuerschädlichkeit führen?*
   Nein: Einmal Altfall, immer Altfall.

Checkliste 5

Nachträglicher Einsatz von Versicherungsansprüchen

1. *Kann eine Versicherung bei einem teilweise schädlich verwendeten Darlehen nachträglich als Sicherheit eingesetzt werden?*
   Das schädliche Mischdarlehen muß in einen unschädlichen und einen schädlichen Teil gesplittet werden.

2. *Kann ein beim Ursprungsdarlehen mitfinanziertes Disagio gesplittet werden?*
   Die Finanzverwaltung läßt nur die Herauslösung der reinen Anschaffungs- bzw. Herstellungskosten zu. Das Ablösedarlehen darf das ursprüngliche Disagio also nicht umfassen. Das Disagio muß separat finanziert werden.

3. *Kann für den unschädlichen Darlehensteil erstmals ein Disagio vereinbart werden?*
   Ein neues Disagio kann zwar vereinbart, darf aber nicht mitfinanziert werden, da keine Erstfinanzierung, sondern eine Umschuldung vorliegt.

4. *Können Tilgungen allein dem schädlichen Darlehensteil zugerechnet werden?*
   Nein. Soweit das schädliche Mischdarlehen durch Tilgungen gemindert wurde, sind die Tilgungen anteilig auf beide Darlehensateile zu verrechnen.

Checkliste 6

Policendarlehen

1. *Was ist ein Policendarlehen?*
Versicherungsrechtlich handelt es sich um eine verzinsliche Vorauszahlung auf die Versicherungsleistung, steuerlich um ein „normales" Darlehen, das auch ohne eine ausdrückliche Abtretung immer durch die Ansprüche aus dem Versicherungsvertrag abgesichert ist. Das Policendarlehen kann nur bis zur Höhe des Beleihungswertes der Police aufgenommen werden. Zusätzliche Sicherheiten werden nicht verlangt.

2. *Welche Regeln sind zu beachten, um die Steuerschädlichkeit zu vermeiden?*
   - Nach § 39 VVG hat die Versicherung ein Kündigungsrecht, wenn Policendarlehenszinsen rückständig sind. Auf die sich aus dieser Vorschrift ergebenden Rechte muß die Versicherung verzichten.
   - Die normalen Regeln über Zahlungsweg und Verwendungszweck sind zu beachten.

3. *Was ist zusätzlich zu beachten, wenn das Policendarlehen zur Umschuldung verwendet werden soll?*
   - Die Umschuldung ist unproblematisch, wenn das umzuschuldende Darlehen alle Anforderungen an eine steuerunschädliche Erstfinanzierung erfüllt.
   - Erfüllt das umzuschuldende Darlehen nicht die strengen Anforderungen, ist dies unproblematisch, wenn es sich um einen Altfall handelt. Das ist nur der Fall, wenn vor dem 14. 2. 1992 eine Verpflichtung begründet wurde, die Versicherung, aus der das zur Umschuldung verwendete Policendarlehen stammt, als Sicherheit oder zur Tilgung einzusetzen.
   - Ein Policendarlehen kann auch dazu verwendet werden, den begünstigten Teil eines steuerschädlichen Mischdarlehens im Wege der Umschuldung herauszulösen. In diesem Fall sind die Grundsätze für den nachträglichen Einsatz von Versicherungsansprüchen (Checkliste 5) anzuwenden.
   - Eine Teilumschuldung in der Weise, daß der Tilgungsanteil einer Annuität finanziert wird, ist zulässig. Es muß aber sichergestellt sein, daß der Zinsanteil der Annuität nicht durch das Policendarlehen finanziert wird.

Stichwortverzeichnis

Die Ziffern bezeichnen die Randnummern

Abfindung, Erbfall 101
Ablauf der Zinsbindung 282
Ablaufleistung 73
Ablösedarlehen 283
Absicherung, mittelbare 41
Abtretungsbegrenzung
– betragsmäßige Begrenzung 228
– Form und Zeitpunkt 231
– Globalabtretung 235
– bei Hinterlegung 234
– bei Policendarlehen 297
– bei Umschuldung 289
Abwicklungskonto
– Darlehensbegriff 69f.
– taggleiche Gutschrift 118
AGB – Pfandrecht 44, 237
Aktienkauf 195
Altfall
– Abgrenzung Alt-/Neufall 111
– Globalabtretungsproblematik 235
– Heilung 344
– Kontokorrentkonten 116f.
– Merkmale 113
– Policendarlehen 120, 299
– Sicherungszweckerklärung 111
– Teilvalutierung 115
– Umschuldung 293
– Verfassungsmäßigkeit 127
– Zinsen 123
Anderkonto 242
Anlagevermögen
– Begriff 192
– im Privatbereich 195
Anschaffungs- oder Herstellungskostenminderungen
– Einzelfälle 218ff.
– im engerem Sinne 215
Anschaffungsnebenkosten, Mitfinanzierung 208
Anteile
– an Investmentfonds 202
– an Personengesellschaften 252
Arbeitszimmer 97
Arztpraxis 273
Atypisch stille Beteiligung 201
Auszahlungsanweisung 65
Aval 41

Bagatellklausel
– Begriff 207
– Berechnung der Bagatellgrenze 279f.
– Instandhaltungsrücklage 246
– Kritik 244
– typische Bagatellfehler 278
Bauabschnitte, mehrere 274
Baufinanzierung
– Heilung 368
– Vorschaltdarlehen 264
Bauherrenmodell, Gebühren 213
Bauspardarlehen, Zwischenanlage 240
Bauträgermodell 265
Beitragsdepot 22
Bereitstellungszinsen 211
Berlin – Darlehen 118
Bescheid
– Steuerschädlichkeit 175f.
– Steuerunschädlichkeit 177
Beteiligungen
– Aktien 202
– atypisch stille 201
– GmbH-Anteile 202
– Immobilienfonds 252

– Investmentfonds 202
– Mitunternehmeranteile 252
– Sozietät 252
– typisch stille 201
– Betriebsausgaben, Geltendmachung 93
Betriebserwerb
– mit Schuldübernahme 250
– ohne Schuldübernahme 247 f.
Betriebsprüfung, Anschaffungskostenminderung 222
Betriebsvermögen
– Grundstückshandel 196
– kurzfristige schädliche Verwendung 146
– partielle Steuerschädlichkeit 146
Bezugsrecht
– Begriff 45
– unwiderrufliches 46 f., 76
– widerrufliches 46 f., 77
Bürgschaft
– Einsatz zur Sicherung 41
– Gebühren 211

Damnum *s. Disagio*
Darlehen
– fremdes 42
– mehrere 230, 301
Darlehensbegriff
– Eventualverpflichtung 66
– Ratenzahlung 67
– stille Beteiligung 66
– Stundung 67
– Unverzinslichkeit 71
– Zinsen, rückständige 66 ff.
Darlehenshöhe, zulässige 207
Darlehensverwendung
– Ausschließlichkeit 244
– Festgeldkonto 238
– Girokonto 238
– Unmittelbarkeit 238
– Verbot der Mischfinanzierung 244
Direktversicherungen 23
Disagio
– bei Ablauf der Zinsbindung 282
– Ablösedarlehen 324
– Abtretungsbegrenzung 210
– Billigkeitsregel 214
– Erstfinanzierung 210
– Eventualverpflichtung 66
– Heilung 361
– Mischfinanzierungen 324
– Mitfinanzierung 210
– bei Prolongation 282
– bei Umschuldung 284
Dispositionskredit 99
Drei-Jahres-Schonfrist
– Feststellungsbescheid 176
– partieller Verlust der Steuerprivilegien 146 ff.
– Sicherheitentausch 148
– Tilgungsvereinbarung 146
– Ungleichbehandlung betrieblicher und privater Finanzierungen 149
Drei-Monats-Erlaß 121
Drei-Monats-Frist
– Anschaffungskostenminderung 218 ff.
– Arztpraxis 273
– Darlehensinanspruchnahme 226
– Überschreitung 267
Drittelregelung § 34 EStG 142

Eigenkapital, Refinanzierung 269
Eigentumswohnung
– begünstigtes Wirtschaftsgut 252
– Instandhaltungsrücklage 98, 246
– selbstgenutzte 372
Einlagenfinanzierung
– Ausschließlichkeitsproblematik 256
– Festgeldkontenproblematik 254 ff.
– Grundstücksgemeinschaften 254 ff.
– Immobilienfonds 254 ff.
Einsatz im Erlebensfall
– Sicherungabrede 74
– Tilgungsabrede 75

Einsatz während Versicherungsdauer 91
Einsatz zur Sicherung
– Abtretung 41
– AGB-Pfandrecht 44
– Bezugsrecht 45 f.
– erstmalig/nachträglich 302
– Hinterlegung 41
– mittelbare Absicherung 41
– Negativklausel 48
– Policendarlehen 49
– Verpfändung 41, 43 f.
– weite Sicherungszweckerklärung 50
– Zession 41
Einsatz zur Tilgung
– Tilgungsabrede 61
– wirtschaftliche Verknüpfung 62
Erbauseinandersetzung 101
Erhaltungsaufwendungen 209

Festgeldkonto 238
Feststellung, gesonderte 174 ff.
Fettnäpfchentheorie 244
Filmherstellung 198
Finanzierungen, heilungsfähige 341

Garage 98
Gebäuderenovierungskosten 209
Gebühren bei Bauherrenmodellen 213
Geringwertige Wirtschaftsgüter 316
Gesamtfinanzierung, Steuerschädlichkeit 248
Geschäftswert 198
Gestaltungsmißbrauch 43
Gewerblicher Grundstückshandel 196
Girokonto 238
Globalabtretung
– Steuerschädlichkeit 235
– Heilung 235
Grunderwerbsteuer 208
Grundschuldbestellung 213
Grundstücke, selbstgenutzte 96
Grundstücksgemeinschaften 254
Grundstückshandel 196
Gründungsfinanzierung 254

Haus-Zeitschrift 68 ff.
Heilung
– in Altfällen 344
– Baufinanzierungen 368
– Disagio 361
– Fälligkeit der Versicherung vor Heilungstermin 353
– Frist 343
– Immobilienfonds 371
– Kontokorrentkredite 364
– Mischfinanzierung 362
– in Neufällen 361
– Sicherungszweckerklärung 366
– Sondertilgung 362
– durch Tod 78
– Umschuldungen 369
– Wohnung 372
– Zulässigkeit 341
– Zwischenanlagen 370
– Herstellungsaufwand, anschaffungsnaher 209, 222
Hinterlegung
– Abtretungsbegrenzung 234
– Einsatz zur Sicherung 41
– Versicherungspolice 54, 77

Immobilien
– Baufinanzierung 264
– begünstigte Wirtschaftsgüter 198
– gebrauchte 246
– selbstgenutzte 96 ff., 372
Immobilienfonds
– Anteilserwerb 252
– Einlagenfinanzierung 254 ff.
– Heilung 371
Instandhaltungsrücklage 98, 246
Investmentfonds 202

Kapitalertragsteuer 144
Kapitallebensversicherungen 22

Kaufpreisminderung 218 ff.
Kontoführungsgebühren 68
Kontokorrentkredite 364
Kontrollverfahren, Ablauf 172
Kündigungsrecht, Übertragung 51, 77

Langfristigkeit 195
Leasing
– Raten 200
– Sonderzahlungen 199
Lebensversicherungen
– ausländische 31
– fondsgebundene 30
Liebhaberei 95

Maklerkosten 208
Manuskripte 198
Meldepflicht
– Ausländer 171
– Form der Anzeige 162
– meldepflichtige Personen 168
– meldepflichtige Vorgänge 163
– Versicherungsnehmer 170
– Zweck 161
Mietereinbauten 198
Mietvorauszahlungen 199
Minderung der Anschaffungs- oder Herstellungskosten 215
Mischfinanzierung
– Anteilserwerb an Immobilienfonds 252
– Aufspaltung in zwei Darlehen 245
– Bagatellklausel 244
– Fettnäpfchentheorie 244
– Heilung 362
– Kauf von Eigentumswohnungen 246
– Mitunternehmeranteil 252
– Sozietätsanteil 252
– Unternehmenskauf 247
Mittelverwendung, tatsächliche 243, 269
Mitunternehmeranteil 252

Nachversteuerung 143
Negativklausel 48
Neufall
– Begriff 112
– Heilung 361
– Policendarlehen 300
– Umwidmung 311
Notaranderkonto
– Festgeldanlage 242
– Zwischenanlage 242
Nutzungsänderungen 100
Nutzungsentgelte 199

Patente 198
Personengesellschaft
– Einlagenfinanzierung 254 ff.
– tatsächliche Mittelverwendung 269
– Umwidmung 319
Pfändung 43 f.
Pkw-Kosten 93
Policendarlehen
– Abtretungsbegrenzung 236, 297
– Altfälle 120, 299
– Annuitätenrefinanzierung 124
– Einsatz zur Sicherung 49
– Neufall 300
– Umschuldung mit P. 120
– Verfassungsmäßigkeit 127
– Vorauszahlungen 49
– Zinsaufblähungsmodelle mit P. 4
Prämiendepot 22
Praxiswert 198
Praxisfinanzierung 273
Privatdarlehen 99
Prolongation 282

Rabatt 218 ff.
Ratenzahlung 67
Rechtsbehelfsempfehlung
– Beschränkung der Darlehenshöhe 227
– Form der Abtretungsbegrenzung 233

– gesondertes Feststellungsverfahren 174ff.
– bei kurzfristiger Schädlichkeit 149
Rechtsprechungsänderungen 101
Renovierungskosten 209
Rentenstammrecht 204
Rentenversicherung
– aufgeschobene 102
– mit Kapitalwahlrecht 27f.
– ohne Kapitalwahlrecht 25
– Schuldzinsenabzug 102
– Sonderausgaben 24
Risikolebensversicherungen 29
Rückdatierung 121
Rücklage nach § 6b 225
Rückwirkung
– beschränkte 121
– verfassungswidrige 152
Rückzession 361

Schädliche Finanzierungen, Rechtsfolgen 141
Schenkung 275
Schuldübernahme
– Einzelwirtschaftsgüter 205
– (vorweggenommene) Erbfolge 276
– (Anteilserwerb bei) Personengesellschaften 253
– Unternehmenskauf 250
Segelyacht 99
Sicherheitentausch 122, 148
Sicherungsabrede 41
Sicherungszweckerklärung, weite
– Definition 235
– Heilung 366
– Problematik 50
Skonto 218ff.
Software 198
Sondertilgung
– Darlehensbegrenzung durch S. 217
– Heilung 362
– Umschuldung durch S. 321
Sozietätsanteil 252
Sparvertrag, atypischer 23, 28
Steuerprivilegien
– Drei-Jahres-Frist 146
– Sonderausgabenabzug 146
– Steuerbefreiung 146
Steuerschädlichkeit
– Ablauf der Zinsbindung 282
– Altfälle 344
– Erstfinanzierung 210
– Festgeldanlage 238
– Heilung 341
– Mischfinanzierung 244
– Prolongation 282
– Umschuldung 281
– Umwidmung 311
– weite Sicherungszweckerklärung 50
Steuerstundung 67
Stille Beteiligung
– begünstigtes Wirtschaftsgut 201
– bei Darlehen 66
Stundung
– Kaufpreis 67
– Steuerschulden 67
– Zinsen 67ff.

Tausch von Sicherheiten 122, 148
Teilauszahlung
– des Darlehens 114
– der Versicherung 91
Teilbetriebsübertragung
– mit Schuldübernahme 250
– ohne Schuldübernahme 247
Teilvalutierungszinsen/-zuschläge 211
Tilgungsstreckung 285
Tilgungsvereinbarung
– konkludente 62
– mündliche 61, 64
– schriftliche 61
Todesfallabtretung 66ff.
Todesfalleistung 76
Todesfallwagnis 23
Treuhandkonto 239

Übertragung stiller Reserven 225
Umsatzsteuer
– (Teil-)Betriebe 249
– Wirtschaftsgüter 208
Umschuldung
– Ablauf der Zinsbindung 282
– Abtretungsbegrenzung 289
– Altfall 293
– Begriff 281
– Disagio 284, 294 ff.
– Heilung 369
– Immobilienfonds 259
– Obergrenze 288
– Policendarlehen 297
– Prolongation 282
– teilweise 303
– Zinsanpassung 282
– Zulässigkeit 283
Umwandlung 277
Umwidmung
– in Altfällen 317
– Dreißig-Tage-Regel 312
– Festgeld 241
– in Neufällen 311
– Nutzungsänderung 315
– Personengesellschaft 319
– Verkauf des Wirtschaftsguts 314
– Vollabschreibung, Verschrottung 316
– Zwischenanlagen 126
Unternehmenskauf
– Gestaltungsempfehlung 251
– mit Schuldübernahme 250
– ohne Schuldübernahme 247
Unverzinslichkeit 71

Valutierung 114
Verfassungsmäßigkeit
– Altfalldefinition 127
– Ungleichbehandlung privater und betrieblicher Finanzierungen 149
– Rückwirkung in Neufällen 128
Verfügungsbeschränkungen 51
Verknüpfung, wirtschaftliche 64
Vermengung Eigen-/Fremdkapital 243
Vermögensgegenstände
– inmaterielle 198
– materielle 198
Verpfändung 41
Verschrottung 316
Versicherungsbeginn 121
Versicherungspolice
– Einsatz zur Sicherung 41
– Hinterlegung 234
Verwendung, tatsächliche 243
Vollabschreibung 316
Vorausverfügung
– bankinitiierte 65
– routinemäßige 65
Vorauszahlungen 199
Vorkosten § 10e 94
Vorschaltkonto
– Arztpraxis 273
– doppelstöckiges 268
– Steuerunschädlichkeit 264
Vorsteuer
– (Teil-) Betriebe 249
– Wirtschaftsgüter 208
Vorweggenommene Erbfolge 275

Werbungskosten, Geltendmachung 93
Wertpapiere 201
Wirtschaftsgüter
– begünstigte 198
– geringwertige 192, 316
– kurzlebige 192
– Umwidmung 314
Wohnung, selbstgenutzte
– Beachtung der Spielregeln 94
– Förderung § 10e EStG 94
– Heilung 372

Zession 41
Zinsaufblähungsmodelle
– mit Policendarlehen 4

– Steuerschädlichkeit 2
– Vorteilhaftigkeit 4
Zinsbindung, Ablauf der Z.
– Abtretungsbegrenzung 289
– Disagio 284
– als Umschuldung 282
Zinsen, rückständige 63f., 68ff.
Zuflußzeitpunkt 142
Zuschuß aus öffentlichen oder privaten Mitteln 215, 218ff.
Zwischenanlage
– Anderkonto 242
– Bauspardarlehen 240
– 30-Tage-Regel 238
– Festgeldkonto 238
– Girokonto 238
– Heilung 370
– Personengesellschaften 239
– Problematik in Altfällen 126
– Treuhandkonto 239
– Umschuldung 303
– Umwidmung 241
Zwischendarlehen 323